民衆の感じる痛みに応えようとして生まれた自由大学

自由大学運動100周年記念東京集会論叢

はしがき

渋谷定輔、17 歳。細井和喜蔵、25 歳。

時は、ちょうど自由大学発足の翌年 1922 年 12 月、両者はプロレタリア同人誌〈鎖〉発行打ち合わせの会を機に出会う。細井和喜蔵は、尋常小学 5 年限り、13 歳で機家の小僧から 15 年間紡績工場下級職工として働いていた。片や渋谷定輔は高等小学校卒業後、即農業のかたわら旧荒川の改修工事の土方として働いていた。

二人はあることを約束して固い握手をする。細井は紡績工場で働いていた時に旋盤で左手小指を切断していた。渋谷はその時の握手の感触を生涯忘れなかったという。そのあることとは、細井は 300 万女工（細井は「人類の母」と呼んだ）の生活記録『女工哀史』を書くこと、寒村で貧農出身の渋谷は小作争議の最中ではあるが、『農民哀史』を書くこと、の約束であった。細井はその約束から 2 年後の 1924 年、雑誌〈改造〉に『女工哀史』を発表する。一方の渋谷は詩作にも力を入れていたせいもあってか、約束から 48 年後に『農民哀史』を刊行する。

さて、時は 1923 年、渋谷定輔は雑誌〈文化運動〉での土田杏村の論文を読み、「これは机上の空論だ！」「俺たち貧農青年の現実はそんな甘いもんじゃない！」のような趣旨の内容を手紙として土田杏村に送る。

低学歴で貧農で無名な自分に対し、当代文明批評家を代表する土田からの返信は期待していなかったが、一週間ほどして望外にも土田から返信がくる。さらに別便で 5 冊ほどの土田著の書籍も届くことになる。

土田杏村の返信の内容を要約すると、次のようであった。

“君の手紙を近来にない深い感銘をもって読み終えた。僕は君の手紙によって大いに教えられた。どうか僕の良き友人として今後永く交際してほしい。”

土田と渋谷の二人の響き合う友誼は、肝胆相照らしながら終生続くことになる。先程、渋谷は『農民哀史』執筆以前に詩作にも力を入れていることを記したが、渋谷が土田から書簡を受け取った後に、渋谷が自ら思想の原点と呼ぶ詩集『野良に叫ぶ』は、土田が長文の序文を書いている。後になり、両者の姿勢に多少の相違がみられるが、土田は『土田杏村全集』第十五巻では、こんな歌を残して渋谷を送り出している。「左翼陣へ君をおくる、君も要求された、君も僕も分担する動きの一端」、さらに「右と左に分れる、君は爆弾だ、僕は建設の部署へ。」

純粋な哲学を標榜する西田幾多郎門下として土田杏村は〈放たれた鷹〉の異名をとる。土田が放たれた鷹として、あるいは自身のプロレットカルト論の根底として自由大学で学ぶ農村青年から生まれたものだ、と主張しうるのも、この貧農渋谷定輔との深い交流があったからこそだ、と云えるのではないだろうか。かなり極端な云い方をすれば、渋谷定輔なかりしかば、自己教育としての自由大学は存在しなかったかもしれない。

民衆の痛みに応えようとして生まれた自由大学

これは本書のタイトルである。

これは実は渋谷定輔の言葉である。

正確な年月は忘れてしまったが、小川利夫が自由大学研究会の代表として自由大学研究会（何回目かは不詳）が開かれた帰り道に、渋谷定輔さんがあの風貌で私に語った言辞である。〈民衆の痛みに応えようとして生まれたのが自由大学なんだよ〉。渋谷が土田と真剣に時代に向き合ってきたからこその発言である。

自由大学を表現するのに、こんな明確に、こんなに多くの人の心に響く言辞はないのではないか。ぜひ後世に遺しておきたいものと念願している。さらに云えば、こんにち、われわれが考える教育そのものが〈民衆の痛みに応えよう〉として成立しているのか、問わなければならないのではないか。あるいは、われわれの社会の仕組みが〈民衆の痛みに応えよう〉としているのか、吟味する必要がある。われわれ一人ひとりが、仲間の痛みを共同防貧のように応えようとしているのか、心すべき課題である。

ひるがえって、自由大学の山脈は奥深く、そこから溢れ出る水脈は豊富な智慧源となっている。先人の発掘した財産を心棒としながら、自由大学がわれわれに問うている課題をやや無造作に列挙してみると次のようなテーマがある。

大学論。教養（修養）論。学問の自由。学習の主体性。田舎青年から地方青年。国家権力。自由中学・自由小学・自由図書館。学問の独立。公費助成。大学拡張・開放。講師論。カリキュラム論。自己教育論。平和論。地方誌研究。地域社会論。女性教育論。大正デモクラシー・ファシズム。学校制度論。情報伝達論。民主主義。社会教育（史）論。以上の課題を抱えながら、〈近代（現代）とは〉。〈生きるとは〉。〈人間とは〉。等々と臨界なく広がっている。

自由大学研究の記念集会の歴史は、60周年、90周年と継続されてきた。60周年では『自由大学運動と現代―自由大学運動六〇周年集会報告集』及び『自由大学運動60周年記念誌―自由大学研究別冊２』が刊行され、90周年では『自由大学運動の遺産と継承―90周年記念集会の報告』がそれぞれ刊行された。

以上の背景を受け、2022年10月30日、『自由大学100周年記念集会東京集会』が早稲田大学文学学術院を会場として開催された。同集会では、「自由大学100周年の意義」についての基調報告、並びに自由大学における「学問の自由と主体形成」にちなみ、七題にわたって発表が行われた。それらは、人間が人間らしく生きるため、労働と教育の結合を芯としながら働きながら学ぶ民衆のための自由大学運動を検証する諸発表であった。本書は以上に加えて、自由大学に関心をもち、指導的役割をもつ方々の寄稿論叢である。

自由大学運動100周年を契機として、これからの自由大学運動研究のさらなる深みを期待するものである。多くの方々のあたたかいご支援に心からの感謝の意を込め、ここに高らかに本書を世に送ります。

早稲田大学名誉教授
大槻 宏樹

目次

I 報告

II 論文

Ⅲ　自由大学運動関係基本資料　173

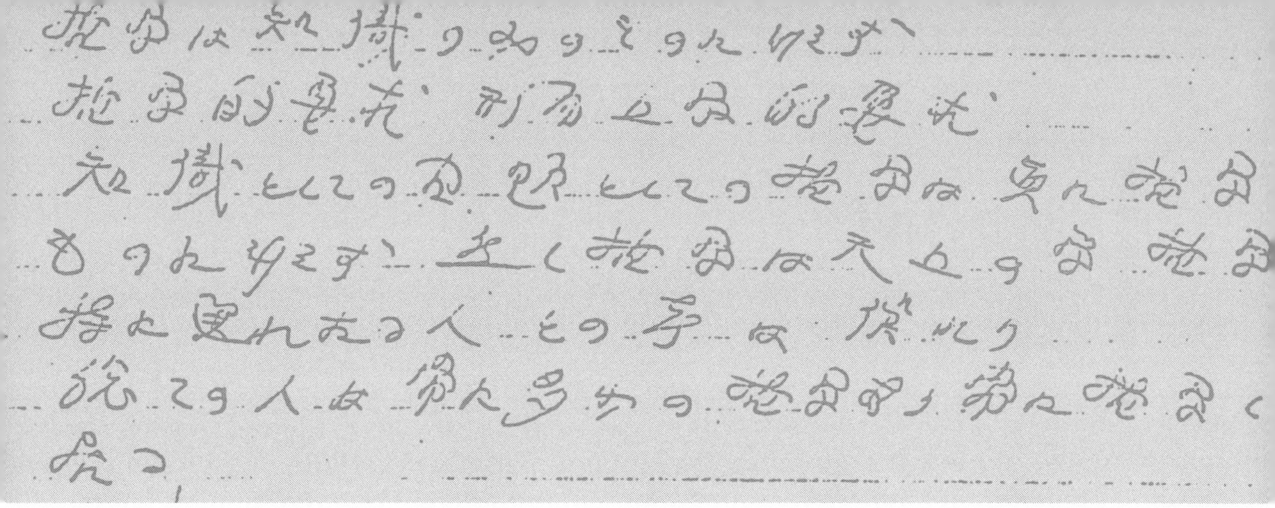

I　報告

開会の挨拶

早稲田大学名誉教授
大槻 宏樹

感謝しきれないほど、多くの方々のご支援ご尽力をいただき本日を迎えることができました。

ここに改めて、自由大学運動100周年記念東京集会を開会いたします。

コロナ禍、日曜日、早朝にもかかわらずご来臨賜わり、厚く御礼申しあげます。オンライン参加の皆様にも感謝申しあげます。

自由大学運動100周年記念東京集会開会に当たり、その前段として、早稲田大学を会場とした意味について一言語りたいと思います。大隈重信は維新前、致遠館において後に明治政府の御雇教師となったフルベッキ（Verbeck）について、1776年「アメリカ独立宣言」を読み、研究をしていました。当時の日本人で独立宣言の平等と自由について学習した数少ない一人が大隈でした。大隈はそれ以前、藩主にオランダ憲法を講じたと伝えられていますが、オランダ憲法は侵略戦争を否定した意味のある憲法でした。

大隈は、平等と自由に思いを馳せながら「独立宣言」を終生書斎に掲げていました。早稲田大学が自由民権運動のうねりの産物と評されるが、大隈の独立宣言学習もその微因となっているのかもしれません。

ところで大隈は、1922年に亡くなりました。今年が没後ちょうど100年に当たります。その前年に自由大学運動が創設されています。いわば早稲田の〈自由〉と、自由大学運動の〈自由〉の襷の輪がバトンタッチされているような深い因縁を感じます。

私自身、自由大学への関心は1967年ころでした。それから上田には何十回となく訪問しました。自由大学に関して、上田で最初にお世話になり、ご教示いただいたのは上田図書館館長の岡部忠英でした。その岡部さんが紹介して下さったのが山越脩蔵さん（1894年～1990年）でした。以降、幸いにも山越さんには長年にわたりご薫陶を受けました。山越さんは、とても小柄で、どこまでも真面目で、朴訥な語り調で、しかも誰にも負けない志の高い信州人でありました。

山越さんの前半生をみると、1918年から自由画運動、農民美術運動に参加、1921年4月には土田杏村との文通で、自由大学構想の発案者となり、同年11月の自由大学第1期生として参加、27歳を数えていました。後半生をみると、1938年に神川村会議員、1949年神川村分村中原開拓団長、1956年上小ミチューリン会主宰、1985年山本鼎記念館長と幅広い活動を続けられました。

ところで、私は、1982年に『金井正選集―大正デモクラシー・ファシズム・戦後民主主義の証言』を編みました。自由大学運動や地域の文化活動において、金井と山越は車の両輪のような関係であったので、『山越脩蔵選集―共生・経世・文化の世界』を兄弟編として上梓したいと考えていました（2002年刊行）。山越さんが亡くなってから、山越さん宅の土蔵を拝見したところ、山越さんの自画像2枚を発見しました。農民美術運動に参加されていた山越さんならではの作品です。

左の自画像は、「He was 35 years old.」と署名があり、1929年に該当します。その年は、信濃自由大学再建の年であり、信南自由大学の最終三講座が実施されていた年でもありました。35歳山越さんの自由大学を＜やりきった＞凛とした表情、迫力ある眼光に圧倒されます。山越さんの高潔な志が、この小さな画面からまさに溢れようとしているのではないでしょうか。一方、右の自画像は、幾重もの仕事を成就した姿そのものとして映し出されている。晩年、山越さんと行動を共にした北川太郎吉さんが「ひたすら菩薩道を歩いた山越脩蔵」（『金井正選集』）と書いているように、悠とした表情が印象的です。

山越さんと初めてお会いしたころ、信南自由大学で活躍された飯田の楯操さんに聴きとりをしたことがあります。楯さんは、自由大学の現代化はヤマギシズムにある、と主張されていました。その真意を知るべく、飯田ヤマギシズム実験地に足を運び討論しましたが、楯さんの意図を正しく十分に汲み取ることはできませんでした。けれども、「文化と農の開拓者」「土と人の開拓者」としての山越さんと楯さんとの共通点は〈共同性〉であったと思われます。

そもそも人間とは、人格相互の関係性の中で理解し合い、助け合いながら形成されるものでしょう。そこでは自由で、お互いの人格の中で、暴力や脅迫ではなく、言語を中心としたコミュニケーションをくりかえす営みです。すなわち、それはヒューマニズムの源流ともいえましょう。山越さんや楯さんの生き方そのものが、共同性というヒューマニズムの体験であったにちがいありません。

いま再び山越さんの２枚の自画像を観て、山越さんは、われわれになにを語ろうとしているのか。われわれは、山越さんになにを語ればいいのか。自由大学は、われわれになにを語ろうとしているのか。われわれは、自由大学になにを語ればいいのか。われわれは、自由大学からなにを学び、なにを語り、なにを語り伝えるべきか。

自由大学運動100周年記念東京集会に当たり、〈民衆の感じる痛みに応えようとして生まれた自由大学〉に、101年以降に向かって語り合い考えていきましょう。

（なお、自由大学運動100周年記念集会は、東京集会と上田集会と一か所で合同同時開催予定でしたが、諸般の事情により二会場で開催することになりました。）

自由大学理解について

明治大学講師
片岡　了

はじめに

本稿は、自由大学について初めて知るような一般参加者に向けた導入知識のために、今回の記念集会の全体報告に先立ち行なった報告に加筆・整理したものである。

1．自由大学運動の概要

1921年に創設された自由大学とその運動については、その歴史的な意義をめぐって、これまで多様に議論されてきた。現代に生きる教育的な意義はどう確認されているのか。あるいは、未来に継承していく教育的な価値はどの辺にあるのか。これらを明らかにすることは、一筋縄ではいかないが、追い求めることは大事なことである。

翻って、自由大学運動についてこれまで私たちにどのように伝えてきているのだろうか。こうした問いを糸口に、自由大学運動について一定の理解を得ることを目指し、まずは現在出版されている中で比較的に入手しやすい辞典類を参照しながら主だった輪郭を掴むことから始めたい。

多くの人びとに利用されている辞書『広辞苑』では、「自由大学運動」の項目で次のように紹介されている。「大正デモクラシー期の1920年代に展開された、各地の民衆・青年の自己教育運動。特に、土田杏村の指導による長野県の運動が有名で、21年（大正10）上田で信濃自由大学（24年上田自由大学と改称）を設立。昭和初期の農業恐慌の影響で終息。」(1)

また、教育学の専門的事典に記載されている項目「自由大学運動」には、「主として1920年代に展開された地域の民衆特に青年の自己教育運動であり，いわゆる大正デモクラシー運動の一環として注目される。」とした上で、その後に、『信濃自由大学趣意書』に示された自由大学の理念について解説がなされている(2)。

他方、社会教育関連の事典に掲載された項目「自由大学運動」には、「1920年代から1930年代の初めにかけて，長野県・新潟県を中心に全国各地で展開された，地域民衆の自己教育運動として知られている．近代日本の教育体系への根底的な批判に基づく新しい形態の民衆自己教育機関を創造しようとした運動であり，学問・教育を民衆の手に取り戻そうとした運動でもあった．」とあり、その後に、自由大学運動の歴史が記述されてある(3)。

このように、自由大学運動とは、1920年代から30年代にかけて、長野県をはじめ、新潟県、福島県、群馬県などの各地で展開された「民衆の自己教育運動」を指している。特に、長野県小県地域から、在野の哲学者で文明批評家の土田杏村（1892-1934）を媒介に、農村青年らの力で1921年11月に開講した信濃自由大学（後「上田自由大学」）を起点としている。その最盛期には、各地に創設された自由大学をつなぐ「自由大学協会」が設立されるとともに、その機関誌『自由大学雑誌』も発行され、自由大学はより広く世に知れわたる。

2．自由大学運動の研究略史

自由大学運動の研究史を振り返ると、社会教育研究において宮原誠一の紹介に端を発し、宮坂広作による研究が初期の頃に見られる。土田杏村研究を手がけた上木敏郎の個人雑誌『土田杏村とその時代』による資料発掘と文献整理を経て、1970年代前半から1980年代にかけて研究史上の興隆期を迎えた。自由大学研究会の発足と『自由大学研究』（1973年創刊）、『自由大学通信』（1979年発行）など、主に民衆史研究や社会教育史研究の分野による調査資料の公開と研究成果の刊行が相次ぎ、その成果を基に1981年に自由大学運動60周年記念集会が上田市で開催されている。その後、90年代から2000年代にかけては新世代や多分野の研究者による研究の成果が次々と発表されてきた。また、2011年には自由大学運動90周年記念集会がやはり上田市で開催されている。

3．自由大学運動の成立

信濃自由大学の創設に至るまでには、当時の大正デモクラシー期に長野県下に生まれたさまざまな民衆運動があった。第一には、山本鼎を中心とする自由画教育運動と農民美術運動であった。第二には、吉野作造らの黎明会に端を発した信濃黎明会による普選運動であった。第三には、小県哲学会に至る哲学講習会を通した哲学文化運動であった。

まず、山本鼎を中心とする自由画教育運動と農民美術運動である。版画家の山本鼎（1882–1946）は、フランス留学からの帰路モスクワに立ち寄り児童画と農民工芸に注目し、帰国後、神川村の金井正（1886–1955）らと児童の美術教育について相談し、1918（大正７）年に小県郡神川小学校での講演「児童自由画の奨励」を契機に、自由画教育運動を推進することになる。また、翌19（大正８）年には、神川小学校の教室を借りて農民美術練習所を開講し、農民美術の振興に取り組みはじめている。23（大正12）年に農民美術研究所が設立し本格的に講習が展開していった。これら自由画教育運動と農民美術運動は大正デモクラシー期の一角を占めるものであった。

次に、吉野作造らの黎明会に端を発した信濃黎明会による普選運動である。政治学者の吉野作造（1878–1933）は、経済学者の福田徳三（1873–1930）とともに、1918年に、当時の国際情勢に逆行する「頑迷思想の撲滅」を綱領に掲げ、「民本主義」を支持する言論団体「黎明会」を結成した。普通選挙制度の実現を目指し、地方でも講演会が開催された。信濃黎明会は、20年２月に組織された小県郡連合青年団の官製的性格の強い組織に飽き足らない青年らが集まり、同年10月に猪坂直一（1897–1986）や山越脩蔵（1894–1990）らが会員となって結成された。神川青年会に属した山越は、信濃黎明会では修養部長として活動し、また猪坂は宣伝部長の任に当たっていた。

さらに、小県哲学会に至る哲学講習会を通した哲学文化運動である。1920年９月23日から５日間、神川村国分寺の客殿を会場に、京都在住の哲学者の土田杏村を講師に招いて哲学講習会が開催された。土田の招聘と交渉に当たったのが山越脩蔵であった。当初に山越が土田に依頼した講義内容は政治動向に関する時局講演会であったが、土田の方から出された提案は哲学講習会であった。この講習会は好評を博し、主催団体を「小県哲学会」と命名し、翌21年2月には2回目の講習会が会場を上田に移して開催され、より多くの聴講者を得ることとなる。これら2回の講習会の成果を得て、次の事業の拡充を求めて山越は土田に相談し、土田から届いた趣意書の提案を基に、金井と猪坂とともに話し合いを行ない、自由大学の開講準備を進めていった。

このように、自由大学の創設に貢献した上田小県地域に在住した金井、猪坂、山越の3人の青年たちによる地域での芸術、政治、文化をめぐる多様な活動が自由大学運動の創設に収斂していった。

4．自由大学運動の展開

信濃自由大学は、1921年11月1日から7日間にわたり、恒藤恭「法律哲学」の連続講座が神職合議所を会場に開講した。これ以後、26年3月までの5期（6年）で通算29回に及んで毎年、農閑期に当たる10月頃から4月頃にかけて開催されていった。信濃自由大学の名称は、信南自由大学（後「伊那自由大学」）の開講を契機に、24年からは「上田自由大学」に改称された。途中に2年間の中断期間を挟んで、28年3月から再建された上田自由大学は、30年1月まで2期（3年）で通算4回に及んで継続され開講した。

その他、全国各地で開講した自由大学の動向を挙げると、新潟県堀之内村（現魚沼市）では、「魚沼自由大学」が、1922年8月から1927年6月まで、堀之内小学校を会場に5期（6年）で通算6回開講している。この間の1924年12月に「魚沼自由大学会」が創設された。上田自由大学とは対照的に、魚沼自由大学では農繁期の8月にも開講していた。福島県原町相馬（現南相馬市）では「福島自由大学（東北文化学院）」が、1923年1月に開講した。新潟県伊米ケ崎村（現魚沼市）では、「八海自由大学」が1923年12月から伊米ケ崎小学校を会場に開講した。1926年12月までに会場を変えながら4年間で全6回にわたって開講を見た。

また、長野県飯田町（現飯田市）では、1923年11月に信南自由大学が設立され、後に「伊那自由大学」として24年1月8日から5日間、山本宣治「人生生物学」講座が飯田小学校を会場に開講している。以後、7期（7年）に及んで29年12月までに通算21回に及んで継続して開講した。また、同県伊那町（現伊那市）では、「上伊那自由大学」が24年9月に伊那町小学校を会場に開講している。

さらに、長野県松本市では、1924年12月に松本自由大学発会式を挙行した後、「松本自由大学」が25年1月11日から5日間、谷川徹三「哲学史」講座を、松本商業会議所を会場に開講した。25年4月までに通算5回、毎回5日間の連続講座の開講を見た。群馬県前橋市では、1925年12月に群馬自由大学創立準備会を経て、群馬自由大学が26年1月10日から県立前橋男子師範学校を会場に開講された。27年3月までに7回の講座が開講されている。新潟県川口村（現長岡市）では、26年10月24日に高倉輝「文学論」講座が西川口小学校を会場に開講した。同じ講座が、翌27年にも開講している。

この間、土田らは1924年8月に「自由大学協会」を設立し、翌25年1月には機関誌『自由大学雑誌』が発行されて、自由大学の普及が図られ、各地の自由大学をつなぐ役割を果たした。

5．自由大学における講座と聴講生

（1）講座数の推移

自由大学の実態に迫るために、自由大学で開講された講座数の推移について見ることにしたい[(4)]。

信濃自由大学が開講した1921年は「2講座」に過ぎなかったが、翌22年には、魚沼自由大学が開講して「8 講座」となる。23 年になると福島自由大学と八海自由大学が加わり「11 講座」に増えた。24 年には、伊那自由大学が開講して、「19 講座」のピークを迎えており、以後、各地で自由大学の開設は増えてはいくが、しだいに 25 年に「17 講座」、26 年に「14 講座」、27 年に「8 講座」、28 年に「5 講座」、29 年に「5 講座」と減少傾向にあり、30 年に「1 講座」を最後に、講座開講に終焉を迎えることとなった。

（2）講座内容の傾向

1921 年から 30 年に至るまでの期間に各地で開講された自由大学の講座内容の傾向別の割合を見ると、人文科学の講座が 6 割、社会科学の講座が 3 割、自然科学の講座が 1 割となっている。特に、上田自由大学では、人文科学の講座が 7 割、社会科学の講座が 2 割、自然科学の講座が 1 割である一方、伊那自由大学では、人文科学の講座が 4 割、社会科学の講座が 5 割、自然科学の講座が 1 割となっている。この点から、全体的には人文科学の講座割合が高く、上田自由大学の場合は顕著である。

実際に、上田自由大学で開講された講座（1921 年 11 月から 26 年 3 月までの開講／ 1928 年 3 月から 30 年 1 月までの開講）について担当講師と主題を見ると、出隆「哲学史」（2 回）、土田杏村「哲学概論」（2 回）、世良寿男「倫理学」（2 回）、中田邦造「哲学概論」（2 回）、恒藤恭「法律哲学」、佐野勝也「宗教哲学」、佐竹哲也「哲学概論」、波多野鼎「社会思想史」、谷川徹三「哲学史」、三木清「経済学に於ける哲学的基礎」（以上、各 1 回）となっており、全体 34 講座中で「哲学・思想」関連の講座が 14 講座（41%）を占めている。これは信濃自由大学が哲学講習会の発展的拡充として開講を見たことからも明らかなことであった。

自由大学全体における講師別の講座出講回数では、自由大学開講講座 87 回中の内訳は、①高倉輝（文学担当）の 19 回が群を抜いて高く、以下は、①新明正道（社会学担当）の 5 回、②山口正太郎（経済学担当）の 5 回、②谷川徹三（哲学担当）の 5 回、⑤出隆（哲学担当）の 4 回、⑥土田杏村（哲学担当）の 3 回となっている。

（3）聴講生の特質

自由大学における平均聴講者数は、全体では 1 講座当たり平均 40 人の聴講が見られた。大学別では、上田自由大学の場合は1講座当たり平均43人であり、伊那自由大学の場合は同じく平均26人であった。これは、単に量的比較であり、どのような聴講の姿勢があったかなどに関して問うものではない。しかし、聴講生の減少は自由大学経営上の危機に直結していた。

また、聴講者数を職業別に見ると、上田自由大学第 2 期（1922 年 10 月から 23 年 4 月開講）272 人の聴講者の内訳は、①「農民」が 47%、②「教員」が 30%、③「官吏」が 8%、④「医師」が 4%、⑤「学生」が 2%、⑥「その他」が 9%であった。

他方、職業別聴講者の聴講科目を見ると、上田自由大学第 2 期（1922 年 10 月から 23 年 4 月までの開講）の中でも上位 3 講座を挙げると、「農民」の場合は、①文学論、②哲学史、③法律哲学という結果であった。また、「教員」の場合は、①文学論、②哲学史、③哲学概論という順番だった。さらに。「官吏」の場合は、①文学論、②哲学史、③法律哲学であった。「医師」の場合は、文学論、法律哲学、経済学、宗教学がそれぞれ同数であった。最後に、「学生」の場合は、①宗教学、②文学論、哲学史であった。いずれにしても文学や哲学など人文科学の講座に聴講者が多い傾向が確認できる。ちなみに、上田自由大学第 2 期の文学論担当講師は高倉輝であった。

1 回当たりの講座の内容構成（連続日数）について、上田自由大学第 1 期（1921 年 11 月から 22 年 4 月までの開講）の場合は、恒藤恭「法律哲学」は 1921 年 11 月 1 日から連続「7 日間」、高倉輝「文学論」は 21 年 12 月 1 日から連続「6 日間」、出隆「哲学史」は 22 年 1 月 22 日から連続「7 日間」、土田杏村「哲学概論」は22年2月14日から連続「4日間」、世良寿男「倫理学」は22年3月26日から連続「2日間」、大脇義一「心理学」は22年4月2日から連続「5日間」開講されるなど、講座当たり4～5日間にわたる連続講座が毎回3時間程開講していたことになる。担当講師の中には、大学での1年間の講座義内容を圧縮して講義したり、専門書1冊分に匹敵する内容を講義したりする場合などが見られたという。

6．自由大学の理念

次に、『信濃自由大学趣意書』に描かれた「自由大学の理念」とは何かについて取り上げてみたい。

1921年7月に土田杏村が起草した信濃自由大学の設立の趣意書によれば，自由大学は「学問の中央集権的傾向を打破し，地方一般の民衆がその産業に従事しつつ，自由に大学教育を受くる機会を得んが為に，綜合長期の講座を開き，主として文化学的研究を為し，何人にも公開する事」(5) を目的としたものであった。

ここで示された自由大学の理念とは、①学問の独占支配的傾向を打破すること、②人びとが労働しながら自由に大学教育に参加できるようにすること、③総合長期の講座を開設して教育の機会均等を目指すなど、日々の生産労働に従事する民衆の立場を前提として、近代日本に確立した教育制度を根本的に批判し、新しい様式で民衆が学ぶ自治的教育機関を創り出そうとするものであった。

こうした自由大学の理念を生み出すに至った背景の一つには、明治期に制定された「学制」（1872年）によって官立の帝国大学に限られていた大学制度が、大正期に訪れた高等教育の拡充政策によって「大学令」（1918年）の制定を見たことにあった。公立や私立の大学の設置がようやく認可されるという状況が生まれていた。大学令に基づいて官公私立の大学が次々と認可されていくのであったが、そこでの大学の目的は「大学ハ国家ニ須要ナル学術ノ理論及応用ヲ教授シ並其ノ蘊奥ヲ攻究スルヲ以テ目的トシ兼テ人格ノ陶冶及国家思想ノ涵養ニ留意スヘキモノトス」（第1条）とあり、学問が国家の管理下に置かれ、大学は国家思想の涵養に留意すべき点が規定されていたのであった。この点から、当時は「学問の中央集権的傾向」が制度化された大学には強かったのである。このような傾向を「打破」しようと始まったのが自由大学運動ということになる。また、生涯わたる自学的に学ぶ機関としての教育機関が前提にあり、自由大学運動は今日の生涯学習の先駆けともなっている。その大学の聴講生に想定されていたのが一般の人びとであり、働きながら学ぶことができる大学が構想されていた。当時は義務教育期間が小学校段階に限られ、小学校を卒業すると社会に押し出されることになる青少年がほとんどであり、青年層の多くは勤労者となっていった。しかも自由大学では、制度化された学校のように卒業してから労働に従事する、ないしは学業を終えてから就職という段階的順序ではなく、働きながら学ぶとことに価値が置かれ、講座を聴講する誰もが社会的創造の営為に参画していくことが目指されていた。

7．土田杏村の社会教育思想

地方の農村青年が創設した自由大学運動を理論的、思想的に支えた人物の一人が土田杏村であった。土田の社会教育に対する考え方や捉え方を探っていくことにしたい。

（1）教育の目的観

まず、土田は教育の目的を次のように考えていた。「教育とは、其れを受けることにより、実利的に何等かの便益を得ることにだけ止まるものでは無いと思う。我々が銘々自分を教育して、一歩一歩人格の自律を達して行くとすれば、其れが即ち教育の直接の目的を達したのである。生きるという事は、我々が生物として自分の生命を長く延ばして行くことではない。生きるとは人間として生きることだ。より理想的に生きることだ。しかし自分より理想的に生かして行く主体は、自分以外の何者でも無く、自分は自分以外の何者からも絶対に支配せられないところに、人間としての無常の光が輝く。此の人間の本分を益々はっきりさせ、人間として生きることは、即ち自己教育である。自己教育が即ち人間として生きることであり、人間として生きることが即ち自己教育である。」(6)

ここで土田は、人びとが「銘々自分を教育」して「一歩一歩人格の自律を達して行く」ことに教育の直接的な目的があるとする。生きることは「人間として生きること」や「理想的に生きること」を指し、人格の自律的な生き方を求めて、「人間として生きること」が「自己教育」になるとしているのだった。

（2）自由大学運動が目指した教育の特質

次に、自由大学運動が目指した教育の特質について土田は次のように述べている。「自由大学の教育は、終生的の教育である。其れは社会的の教育である。其れは各人の固有する能力を完全に個性的に生長せしむる教育であるから、教育が社会の何人かに独占せらるることを否定する。其れは本来社会的創造への参画を目的とするから、社会の労働を奪わず、却って其れの実現に参画しようと努める。其れは自己決定的の教育なるが故に、その方法に於て自学的であり、その設備に於て自治的である。」(7)

土田が自由大学を通じて目指した教育の特質は、「終生的の教育」、「社会的の教育」、「個性的に生長せしむる教育」等々であり、「本来社会的創造への参画を目的とする」ものであるから、自由大学の教育は「自己決定的の教育」であり、方法において「自学的」であり、設備において「自治的」であるとする。

（3）学問の民衆化をめぐって

また、自由大学運動における学問のあり方に関しては次のように表していた。「ゆくゆくは高等学校などの階段を踏まず、自由大学を通って何時でも、何年でも、在学の出来る、本当に民衆本位の単科大学をも創設したい。」、「我々は本当に学問を民衆のものとしたいのだ。学問を空気の如く、水の如く我々の周囲を豊かにしたいのだ。今は学問の飢餓時代だ。」(8)

ここで土田は、高等教育の将来構想を示している。既存の教育制度のように「高等学校などの段階」を踏まないで、「何時でも、何年でも、在学の出来る」民衆本位の大学を、本来的な大学のあり方として描き出そうとしている。「本当に学問を民衆のもの」とするとはどのようにして成り立つのだろうか。「学問を空気の如く、水の如く」するとは、生きるために欠くべからざるものということであろうか。

（4）学校教育から成人教育へ

「学校教育こそは寧ろ成人教育のための準備的段階であり、労働と平行しない意味に於て寧ろ不完全なる教育であるといわなければならない。」(9)

ここで土田は、既存の学校教育と本来の成人教育を比べて、学校教育を「成人教育のためのへの準備的段階」であるとみて、労働と平行して行われる成人教育こそを本来の教育のあり方ではないかとしている。単なる現行の学校教育批判にとどまらず、「成人教育」（民衆の自己教育）を中心とした教育体系のあり方を、来たるべき教育再編計画として打ち出している。

8．自由大学運動の根底にある「民衆の自己教育」

自由大学運動における土田杏村の社会教育思想を見てきた中で、自由大学をより本質的に理解するにあって「民衆の自己教育」とは何かという点が改めて大切になると思われる。そのために、自由大学運動を理解する際に、「自己教育」という考え方に触れておくことが必要である。これまでの自由大学運動における自己教育の研究の成果を確認しておきたい。

まず、自由大学研究会の代表であった小川利夫によれば、「自己教育」は「『自律教育』ともいわれるが，より広く社会的に，『労働者（階級）の自己教育』『国民の自己教育』さらに『自己教育運動』というような意味をふくんで用いられる場合も少なくない。いずれにしろ、自己教育における『自己』の意味づけと位置づけが，そこでは重要な意義をもち，今日なお論争を呼んでいる。」のであり、それは歴史的に自覚されてきたものであると述べる。「今日では生涯学習の見地から，[…] その意味づけや位置づけをめぐって国際的な議論を呼んでいるのが注目される。」とした上で、「自己教育の課題は，基本的人権の実現という人間的価値観の自己形成を基軸に据えなければ，開かれた展望を見出すことは困難だと考えられる。」と課題提起をしている(10)。

また、早くから自由大学運動の研究に取り組み、大学研究室を拠点に自己教育研究会を主宰してきた大槻宏樹によれば、「自己教育」は、「必要条件として，教育者と被教育者の二元論を否定することであり，十分条件として，自己と社会とを弁証法的な関係性で捉え，自己実現と社会変革とを相互媒体として発展させる教育をさす.」と述べている。特に、自由大学運動の中で「土田杏村は,『教育の意義は自己教育』であり,『人間として生きることが自己教育』であると指摘する．土田はここで教育＝被教育者の中で，相互的な他者への働きかけとしての教育を位置づけている. 同時に土田は国家の教権からの自由の獲得という主張とともに，民衆の自己教育を軸として学校制度を包摂する公教育の再編を主張する．この社会教育の自由と学校体制再編の試みは現代の課題そのものである.」としている(11)。

これらの先行研究から窺える「自己教育（運動)」とは何かを整理してみると、①自己教育における「自己」の意味づけや位置づけをめぐる理解が重要な意義をもつこと、②自己教育は民衆による教育運動を通して歴史的に自覚されてきたものであること、③自己教育は基本的人権の実現との関わりがあること。④自己教育は教育者と学習者の二元論的関係を乗り越えるものであること、⑤自己教育は自己と社会を弁証法的な関係性で把握され、自己実現と社会変革を相互媒介として発展させる教育であること、⑥民衆の自己教育を軸として社会教育の自由と公教育再編に向けた課題であること、等々である。ここから「民衆の自己教育」像の輪郭が浮かび上がるのではないか。

9．民衆の自己教育としての「自由大学」理解をめぐって

自由大学と自由大学における自己教育のイメージを喚起するために、近年の長島伸一による「自由大学」研究の成果から、その一部を抜き出してみたい。

①「自己教育とは、講座を聴講する傍ら、読書や対話や討論などを繰り返しつつ、各自が『人格の自律』『自立』を目標に学び続けることを意味する。」(12)

②「(現在の大学教育との―引用者注）違いは、たとえば制度としての大学教育には、通常は入試も単位も卒業もあるが、自由大学は授業料さえ納入すれば誰でも入学でき、試験も単位も卒業もない、〝学ぶ〟こと自体を目的に創られた民間の大学であった。」(13)

③「明治国家は学校制度を導入したが、それは主として国家が求める人材を立身出世の道として用意したものであった。その道程を批判して大正期に創設されたのが『自由大学』である。」(14)

これら引用文の数々には、自由大学における自己教育の大切さ、当時の自由大学における民衆の自己教育と現行の大学教育を比較しての相違点や、近代日本の学校制度の特質に対する反省点などが簡にして要を得て指摘されてある。

10. 現代に問う自由大学運動の教育的価値

以上のように、大正デモクラシー期の民衆運動を背景にして生まれた自由大学運動における「自由大学の理念」にしろ、自由大学運動の中で自覚された「自己教育」像にしろ、民衆の自己教育としての自由大学運動が提起する課題の射程はかなり広く、21 世紀の現代における教育のあり方を遥か遠くから問うているものと思われる。当時の既存の高等教育機関として制度化された大学教育（正規の学校教育）と、自由大学運動における大学教育（非正規の学校教育）を改めて比較してみると、後者には、前者のような入学や卒業のための試験や単位の制度はなく、卒業資格・学歴を取得するための大学ではなかったという点が挙げられるだろう。その点が、地方の民衆が正規の学校教育で学ぶためには当時から数多くの制約があった中で、自由大学は民衆の教育的要求に基づき、民衆自身の力によって設けられ、高等教育の場で学びたいという知的欲求を満たすことにもつながっていた。そこでは、自己の成長と社会の発展との統一的な把握の下で、社会で働きながら自由に学問に接近し、学ぶことに喜びが感じられる学び方とともに、その学びの成果を日々の生活や地域の自治の中に各自の判断で自由に活かすことを目指す教育機関のあり方が問われていた。現代においても求められる教育的価値ではないだろうか。

〔注〕

(1)『広辞苑』第 7 版、岩波書店、2018 年、1369 ページ。
(2)『新教育学大事典』第 4 巻、第 1 法規、1990 年、40 ページ～ 42 ページ、執筆担当小川利夫。
(3)『社会教育・生涯学習辞典』、朝倉書店、2012 年、267 ページ～ 268 ページ、執筆担当山野晴雄。
(4) 本章における自由大学に関する統計データ等は『自由大学運動 60 周年記念誌　自由大学研究別冊 2』（自由大学研究会、1981 年）を参照している。
(5) 土田杏村「信濃自由大学趣意書」『農村問題の社会学的基礎』改訂増補版、1932 年、139 ページ。
(6) 土田杏村「自由大学に就いて」『信濃自由大学の趣旨及内容』1923 年 10 月、1 ページ。
(7) 土田杏村「自由大学とは何か」『伊那自由大学とは何か』1924 年 8 月、3 ページ～ 4 ページ。
(8) 土田杏村「自由大学へ」『自由大学雑誌』第 1 巻第 1 号、1925 年 1 月、4 ページ。
(9) 土田杏村「木崎村事件と農村学校」『地方』1926 年 10 月。『土田杏村全集』第 8 巻、第一書房、1935 年、489 ページ。
(10)『現代教育学事典』、労働旬報社、1988 年、347 ページ～ 348 ページ。
(11) 前掲『社会教育・生涯学習辞典』、207 ページ～ 208 ページ。
(12)『民衆の自己教育としての「自由大学」－上田・魚沼・八海・伊那・福島・上伊那・松本・群馬・（越後）川口』、梨の木舎、2022 年、2 ページ。
(13) 同前、3 ページ。
(14) 同前、3 ページ。

【基調講演】　自由大学 100 周年の意義

長野大学名誉教授
長島 伸一

Ⅰ．節目毎の記念集会と「100 周年の意義」をめぐる私見

ⅰ）40 周年、於：別所温泉。『出隆自伝』（勁草書房、1963 年、68-69 頁の間）に出席者の写真あり。1962 年５月に開催。出隆、高倉輝、半田孝海、山越脩蔵、猪坂直一らが参加。ただし集会の模様は記録の有無も含めて不明。

ⅱ）60 周年、於：別所温泉（柏屋別荘）と上田市内の公民館ホール。自由大学研究会編『自由大学と現代』（信州白樺）、同編『自由大学運動 60 周年記念誌』に記録あり。

ⅲ）90 周年、於：長野大学。大槻宏樹・長島伸一・村田晶子編『自由大学運動の遺産と継承』（前野書店）がその報告集。

ⅳ）a)「上田から始まる自由大学 100 周年！」2021 年９月（上田サントミューゼ大ホール）。報告集『上田から始まる 100 周年！』、上田市教育委員会、2022 年３月。

b）［東京集会］2022 年 10 月 30 日（早稲田大学文学学術院）。

c）［上田集会］同年 11 月 13 日（上田商工会議所ホール）。

＊ 60 周年は研究者の報告を関心のある研究者と市民とが聴く集会。90 周年は、研究者の報告のほか、受講者の遺族（山越脩蔵・深町広子の息女・子息）の話を聴くコーナーがあった。また、市民の論文が報告集に掲載された。100 周年は、初めて東京と上田との二会場で開催された。２つの集会の記録集は、会場ごとに 2023 年４月現在、出版準備中。

「自由大学 100 周年の意義」という演題を与えられ、あれこれ考えてみた。100 周年を迎えるまでには、自由大学の教育運動にも自由大学研究にも膨大な歴史が刻まれてきたことは間違いない。節目に当たって考えておくべきことは、過去の教育運動とその研究から、この論稿は注目すべきだ、この論点は軽視すべきではないという事例や論点を見つけ出し、今後の教育（高等教育への準備教育、大学・大学院教育、社会教育・生涯学習 etc.）や研究への活かし方を考えることであろう。

60 周年や 90 周年がそうであったように、100 周年の節目に「特別の意味」があるわけではないと私は考えるが、それでも区切りの時期に何を考えておくべきか、それは無意味であるどころか、大いに意味があり必要なことだ、と考えている。様々な論点や事例の中から、今後も折に触れて、様々に角度を変えながら考え続けておくことは何処にあるのか。それを確認しておくことは、100 年の節目を経過した現在、極めて重要なことだと判断している。なぜなら自由大学という教育運動で問われた事柄は、過ぎ去りし事柄ではなく、現在においても重要な問題提起となっている事柄が数多く含まれているからである。

「自己教育」とは何か。「学び」や「学習」にはどのような意味が含まれているのか。「教養」の含意と

はどのようなものか。「教養のある状態」とは如何なる状態を指すのか。「人格の自律」「人格の自立」が完成に近づいた状態とは、どのような状態か、等々.。

これらの問いの全てに、十全な回答を提出する余裕も力量もあるわけではないが、自由大学の教育運動や自由大学研究が明らかにした事実や実態を現時点で再確認することによって、与えられた課題に私なりの回答を用意することができれば、と考えている。そのための前提として、ここでは、この間の研究で注目すべき成果を採り上げて、その意義を私自身の基準に基づいて確認することに焦点を絞って、話を組み立て報告をしたいと考えている。

Ⅱ．土田杏村の自己教育論の構造と「社会」の発見

自由大学運動のキーワードの一つが「自己教育」にあることは周知の事実であるが、戦前の自己教育論を俎上に載せ、その思想構造を類型別に俯瞰したうえで、土田杏村の「自己教育」論の主要な論点を抉出した論考、それが大槻宏樹「戦前自己教育論の思想構造」（同編『自己教育論の系譜と構造』早稲田大学出版部、1981 年）である。大槻は、自己教育論を「公民型」、「社会教育施設型」、「社会化型」、「共同社会型」の四類型に整理してそれぞれの「型」の特徴を析出している。

とりわけその第三類型「社会化型」自己教育論では、戸坂潤、池田種生、頼阿佐夫らの所論を採り上げている。戸坂は、社会教育施設の整備という「静的」な施設が果たした役割もさることながら、「終生教育を受けようとする人間側の態度」つまり「動的努力」の意義を強調している。第二類型の「社会教育施設型」を超える戸坂の「社会化型」自己教育論を受けて、大槻は第四類型として土田杏村の「共同社会型」自己教育論を、主として『土田杏村全集』（全 15 巻、第一書房、1935 年）に所収された諸著作や論文を文字どおり渉猟することによって、具体的かつ詳細に論じている。

そこで、100 年の節目に当たって、まず初めに本論文を、この間に公表された代表的論文の一つとして俎上に載せることにしたい。

「共同社会的理念」に支えられた「社会」の発見

大槻は杏村の「文化主義」を、「自然」の上に立脚した世界観である自然主義に対して、「文化」の上に立脚した世界観と押さえ、その上で杏村の文化主義は、マルクスの主張する「社会主義」と、クロポトキンらの主張する「アナキズム」とを共に止揚する思想と位置づける。ところで杏村の「文化主義」は、上田市出身の哲学者・金子馬治〔筑水〕によって、「一層高い精神文化の開発を人生の目的と解する」思想、とみられていた。杏村自身は「文化主義」を、「一個の理想主義」であり、「社会主義、サンディカリズム、無政府共産主義等の何れかと内容的に撞着を来す」ものではない、と判断している。

また大槻は、「アナキズム（略称アナ [A]、無政府主義）」と「ボルシェヴィズム（略称ボル [B]、社会主義）」の「思想的特質」を以下の四点に整理している。第一．社会的義務性 [B] と社会的自由性 [A]。第二．社会的強制の容認 [B] と強制・権力の否定 [A]。第三．人格の形式的一様性 [B] と人格の実質的非一様性 [A]。第四．〔共産主義に至る〕経過 [B] と終局 [A]。その上で杏村は、自らの「文化主義」ないし「理想主義」を、アナキズム [A] と社会主義（ボルシェヴィズム）[B] とを「止揚」した立場と判断しているが、大槻はその点をまずは再確認している。

杏村はまた、アナキズム [A] と社会主義 [B] とを結びつける立場を、「人格の自律」すなわち「規範的の自己が経験的の自己を限定する行為」と設定した。つまり「アナ・ボルの結合が人格の自律」であり、そ

こに「共同社会的理念」が生ずると杏村は考える。他方で、教育の目的は「人格の自由化」「人格の自律」に外ならないとしている。また、「共同社会的理念」が具現化した形態は「教育制度」であると判断している。したがって、大槻によれば「共同社会」こそが杏村の「教育論」の核心であり、キー[鍵]概念ということになる。

ところで杏村は、自己の「人格の自律」に「確固たる意識を持った時」には、同時に「自己に対する他人格」が存在することを「確実に意識」すると判断していた。また、「教育」は複数の、つまり二人以上の「人格の関係を予定しなければならないから、その人格関係は『社会』を成立せしめる要因である」とも説いていた。あるいはまた、「絶対の実在」の人格を「我」とし、「我」を「確信」した時に「他我」の実在を「確信」し、「我」と「他我」とが決定された時には、「我」と「他我」とを統一した「我」、つまり「最後の我」が実在している。その「最後の我」が「社会そのもの」に外ならない、と杏村は判断する。

それら杏村の指摘を踏まえて、大槻はいずれの場合も「真の自人格は他人格を容認し、その人格の相互関係は『社会』を成立させる基因」であるから、これが杏村による「共同社会的理念」——つまり＜各人は各人の能力に随い、各人は各人の要求に随う＞というマルクスの『ゴータ綱領批判』に示された「共同社会的理念」——に支えられた「社会」の発見であった、と改めて確認しているのである。

「学校概念の革命」による教育制度の改造

ところで、杏村によれば、「共同社会」は「眼前に存在する」ものではなく、「構成していかなければならない原理」であった。教育学者も教育者も、また教育者から学んだ被教育者（国民の大部分）も、当時はなお「社会」を発見できていない、という状況に置かれていた。したがって杏村は、「国家と個人」との間に存在する「社会」の「発見・創造」は、**相互教育を含む**「自己教育」を通して行う他にない、と判断していた。

また杏村は、「近代教育制度の矛盾点」を、(1)「国民の必要教育と投資教育」とが、また(2)「被指導者の教育と指導者の教育」とが、さらに(3)「定住者と移住者」とが、確然と分離されている点に見出し、その矛盾を抜本的に解決するために、現状の「教育組織」を「根本的」に変革しなければならない、と考えた（「社会意識と現教育制度の矛盾」『土田杏村全集』Ⅵ-551-53頁）。その際に杏村は、「学校教育」中心の教育を、「成人教育ないし自由大学」中心の教育に再構成しなければならないと考えているが、大槻はその杏村の独自の判断を踏まえて、自らの議論を以下のように進めている。

「近代」は「世襲的・身分的桎梏からの解放」を実現したが、大槻によれば「階級的・特権的束縛からの脱却」を未だ実現していない、と杏村は看做していた。そこで杏村は、「利益社会優位の状態を共同社会関係に編成転換する必要」があると判断して、「学校概念の革命」を主張する。具体的には、従来の「職業準備」教育を改め、労働しつつ人間となるための「生涯教育」、つまり自由大学構想を意図したのである、と。

また、自由大学運動を通じた「社会改造」をめざしていた杏村は、「教育組織の改編」を通じて「教育改革」を進める方向に舵をきった、と大槻は考える。理由は、社会改造は「心的改造」に止まらず「社会制度そのもの」を改造しなければ不充分であると考えたからである。また、杏村は「教育制度の原理」は、「自己教育」の原点である「共同社会的理念」に支えられなければならないと判断したからでもある、と大槻は見ているのである。

そのうえで大槻は、杏村が『教育目的論』の末尾で、やがて「教育界の本流」となるべき以下の四つの「教育の新潮流」を指摘している点に注目する。

(1) 現行の教育は「理想主義的、文化主義的」な教育に改造されなければならない。

(2)「実用本位の教育目的論」を廃止し、「学校の概念」に「革命」を起こす必要がある。換言すれば「学校は社会化」され、教育を「労働しつつ学ぶ生涯の仕事」にする必要がある。

(3) 教育は、国家の「教権」を必要とせず、「強制なしに」行われる営為であるから、「軍国主義」や「ブルジョア階級」の「宣伝」教育は「完全に取除かれ」なければならない。

(4)「個人主義的教育」は「排斥」され、「〈共同社会〉主義的」教育、「理想的共同社会」を「実現する」教育を「追究」しなければならない（『全集』Ⅵ -247 頁）。

〈自己教育＝自己教養〉と「自己教育の共同化」

杏村の自己教育論として、大槻は「生きるとは人間として生きること」であり、「人間として生きることは即ち自己教育」である、という指摘を重く受け止める。さらにまた、「労働と教育との結合」という杏村の観点から、「生涯労働をなしつつそれと平行してなされる自己教養」、「教育の根基は被教育者（生活者）の自律的な自己教育」、「人間が生長することは、結局人間が自己を教育すること」、「終生労働しつつ終生教養を得る生活」、という杏村の指摘を、含蓄のある重要な指摘として敬意を払いつつ書き留めている。

また、生涯教育と成人教育にとって必要なことは「自己教育の習慣」それ自体であって、「教育内容」に関わるものではないという杏村の指摘と、学校教育は成人教育（自己教育）への「準備段階」に過ぎないという指摘とを、大槻は併せて確認している。生活者が自己の生活を完成させるものは「一般教育ないし教養」であるが、その一般教育ないし教養教育で育まれる「教養」とは、杏村のいわゆる「文化学的研究」、つまり自由大学で学びの主たる対象とされた人文・社会科学研究を裏付けとした自己教育を生涯続けることを意味するものであった。杏村はまた、「教養自身が生活の目的」とも述べているが、大槻はこの点にも留意している。

杏村はまた、「各個人は同時に自己を教養し、同時に他人の教養を助け」るべきだとしているが、この指摘から大槻は、杏村の「自己教育」が決して＜個人的・孤立的＞に行われるだけに留まらず、「自己教育の共同化」を通じて行なわれるものであることを指摘している、と判断しているわけである。この判断は軽視すべきではない。

さらに大槻は、自由大学の最初の講師、恒藤恭の発言──「『我々の社会の改造に向って、何等かの意味ある貢献をなさんとする使命』をもつ団体としての意識のもとに第一声を放った」──を引用している。ところで、この「改造に向って、何等かの意味ある貢献」をなすという抑制的で抽象的な恒藤の指摘は、極めて重要であると私は考える。なぜなら、教育改革運動の目標は、社会運動のそれとは異なり、具体的な目標を定めることに困難を伴う運動だからである。

杏村はまた、「反権力による自己の確立」を「自己教育」に求めた。大槻は以下のように指摘している──伊那自由大学の受講者の一人・楯章は、自己改造から社会改造への歩みを必然の道筋と理解していた。社会改造で生まれた社会は共同社会に違いない。自己教育「運動」は、元来の「共同社会的理念」を忘れてはならない。自己教育とは、自己と共同体との内面を対象化させることに他ならないからである、と。

ところで、杏村の自己教育は、孤立した自己教育ではなく「自己教育の共同化」であり、近代公教育を「超克」するものであり、現代自己教育論の種々相は、杏村の自己教育論の「復権」として位置づけることができる、と大槻は考えている。大槻論文の末尾に近い箇所に置かれた次の指摘──「個化の優先は、全体の名による個への桎梏を忌避し、公共の場を消滅化する閉鎖的個別的共同体の束に陥りやすいスローガン的教育を否定する」という大槻の指摘の含意は、そのことを物語っているとみて間違いない、と私は判断している（強調点筆者）。

というのは、この指摘には、個は優先されなければならないが、個を極端に優先することによって公共の場が失われることのないようにくれぐれも注意する必要がある、との留意点が含まれていると判断できるからである。

以上の大槻の、杏村の言説の纏めとその評価とは、40年を超えた現在でも古くなってはいない。いやそれどころか、むしろ未だに輝きを放っている。節目の時期に与えられた基調講演の機会の冒頭で、その点を確認することができたことを、改めて記録に留めておきたい。

Ⅲ．柳沢昌一による杏村の「自由大学の理念」形成過程の追究（1980-87年）

柳沢昌一の５つの論考と第ｖ論文第４節までの概要

土田杏村の「自由大学の理念」を詳細に検討した柳沢昌一の論文は、以下の５点である――ｉ）「信濃自由大学成立過程の再検討」『社会教育の研究』〔大槻宏樹ゼミナール論文集〕第８号、1980年。ⅱ）「自由大学運動と〈自己教育〉の思想」大槻宏樹編『自己教育論の系譜と構造――近代日本社会教育史』早稲田大学出版部、1981年。ⅲ）「『自由大学の理念』の形成とその意義――民衆の自己教育運動における〈相互主体性〉の意識化」『東京大学教育学部紀要』第23巻、1984年３月。ⅳ）「民衆の自己教育運動における知識人と民衆の関連性」『日本教育史研究』第３号、1984年５月。ｖ）「自由大学運動における自己教育思想の形成過程」（『叢書 生涯学習』Ⅰ、雄松堂出版、1987年（以下では、論文ｖと略記）。

とりわけ重要な論文はⅲ～ｖだが、そのうちのⅲとⅳの内容はｖの論文にほぼ含まれているので、ここでは論文ｖを各節毎にその論旨を辿っていくことにしたい。

なお､「自由大学の理念」は､柳沢によって「教育思想･教育変革構想」とも言い換えられている（論文ｖ，p.234 & 240)。重要な指摘ゆえ念のため確認しておきたい。

第１節 三つの研究アプローチ〔(1)小林利通､山野晴雄､(2)佐藤忠男､黒沢惟昭､(3)上木敏郎､稲葉宏雄〕と共通の難点。三つのアプローチは、それぞれ研究の幅を広げ深めるものであったが、土田杏村の教育思想は当初から完成したものではなく農村青年との交流の中で深化し完成したものである。その点が捉えられていないことが三アプローチ共通の問題点、と柳沢は判断している。その難点を克服したのが信州大学の上條宏之、それを大幅に敷衍したのが柳沢昌一であった。柳沢論文の課題は、知識人の土田杏村と農村青年・山越脩蔵との主体形成史を青年期に遡って跡づけ、両者の相互連関を明らかにすることにある。

第２節 杏村の「三崎日記」(1914年５月、『土田杏村全集』第14巻pp.41～48）に見られる個人主義的唯我論的な問題点を指摘し、検討を深掘りしている。柳沢は、若き杏村が自らに〈超人〉を実現すべく独行を決意し、他者から超絶した耽美的なナルシシズムに陥り、社会改革の志向との間に乖離を生じている、と見なす。同年11月に『文明思潮と新哲学』が田中王堂に推奨され、自由思想家として立つ宣言を行うが、東京高師本科を卒業後（研究科在籍中）に、湿性肋膜炎で倒れ病床につく。いわゆるidentity crisis（アイデンティティが崩壊するような心理的危機状態）に陥る。小石川丸山町の下宿から東京高師へ通う途中の貧民（「彼の人達」『全集』第14巻pp.63～73）の家並を眼にして、苦痛を味わう。しかし同時に「彼の人達」の方がそうでない人達より絶対多数という現実をも知ることになる。

ならば進んで「彼の人達」に熱意を注ぐべきではないか。自己中心の観念から他者､つまり「彼の人達」を含む「民衆」にとってという視点に転換して、彼らとの日頃の交流を通じてそれを達成できないだろうか。そのために､「彼の人達から手紙を貰ふことが出来ないか」。そう思案していた矢先に、山越脩蔵からの手紙が届く。埼玉県南畑村の渋谷定輔からも手紙が届き、念願の「民衆」との親しい交流が生まれる。

第３節 金井正の小冊子『社会主義管見』（1915）と『霊肉調和と言ふ意義に就て』（同）の検討。両著は金井自らの力の自覚と（地域）社会創造の必要性とを生みだした。金井の資金提供によって実現した西田幾多郎の上田での講演は、山越の哲学への関心が生まれる契機になる。杏村に先行した山本鼎との出会いによる自由画運動と農民美術運動に、金井は山越と共に全力を注ぐ。金井の小冊子『軍備に関する卑見』（1916）の「政治的判断力」を持たねばならないという視点が、普選への志向と対になっている点が柳沢によって確認される。金井は、８歳年少の上田中学の後輩・山越を、家が近かったこともあって精神的にバックアップした。山越も金井をロールモデル（role model.「あの人のようになりたい」という模範になる人物）と見做していた。

第４節（1）山越は金井のバックアップを得て、哲学講習会（1920/09/23～５日間、第２回 1921/02）を開催する。第２回講習会後に小県哲学会が創設される。金井の「自己変革⇄社会変革」（自己変革を通じた社会変革の繰り返し）における人間の主体性を重視する考え方は、山越にも影響を与えた。杏村にとって山越・金井との交流は、高師卒業以来求め続けてきた「民衆との交流の回路」が生れる重要な契機になった。

山越は、「哲学」ばかりでなく「人間として均衡のとれた円満な完成」を目指して、「文化全般に亘る学問を総合的に勉強のできる機関」、つまり〈自由大学〉を組織することを決心する。言い換えれば、人文・社会科学の学問を学ぶことにより、バランスのとれた人間になるための総合的な学習の場を生みだす決意を固めることになる。

（2）山越の杏村宛の書簡に対する杏村の返信（1921/05/09）。杏村の「哲人村としての信州神川」が『改造』（1921/08）に掲載される。中田邦造はこれを読み山越宅に長逗留。なお、1921/06/30 & 07/08 付杏村の山越宛書簡に、「〔８月〕22 日頃から南佐久へ参ります」、「一日お話をして万策を議しませう」とある。これを契機に四者（杏村、山越、金井、猪坂）会談が開かれる。自由大学は杏村と山越・金井との「相互主体的な」交流の結果として誕生した。つまり自由大学は、「杏村→山越」ではなく、「杏村⇄山越（・金井）」の相互主体的な交流の結果として誕生したものであった。「自由大学」の名称提案者も山越であったことが、山越による『信州白樺』誌上での杏村の山越宛書簡の公表によって明らかになる。猪坂には「杏村⇄山越・金井」の意思疎通の後に、猪坂の経営する蚕糸雑誌社を二人で訪ね了承してもらった。柳沢論文ⅰ）を参照。

「自由大学の理念」の形成とその意義（第５節の内容）

柳沢は、以上の経過を踏まえて、「自由大学の理念」（『信濃自由大学の趣旨及内容』1923/10, p.6）の「重層的」発展を明らかにする。その際の時期区分は、以下の通りである。第１期（1921/ 夏～ 1922/ 春）は自由大学第１年度の学期と重なる。第２期（1922/ 夏～末）は新しい理論化の始まる時期。第３期（1923/冬～夏）はプロレットカルト論をめぐって活発な論陣が張られる時期。最後の第４期（1923/ 秋～ 1924）は、「自由大学の理念」（＝教育思想・教育変革構想）の到達点が示される時期に当たる。

第１期（1921/ 夏～ 1922/ 春＝第１年度）。〈大学拡張としての自由大学〉理解の時期と重なる。「我国に於ける自由大学運動に就て」（1922/01）が第１期の主要な論考である。自由大学を「大学拡張」と結びつける認識は、第２期に至ると消滅する。つまり「大学拡張」という認識は、やがて消えゆく残滓である。言い換えれば、自由大学の理解は第３期以降に安定することになる。その際にはイギリスの WEA（労働者教育協会）の大学拡張運動とは異質の、我が国独自の教育運動が誕生する。

第２期（1922/ 夏～末）。自由大学理解の転換期。この時期を象徴する論考が、「自由大学運動の意義」（22/10）。この論稿に、杏村の自由大学観・教育観の転換が示されている（強調点筆者、以下同じ）。「大学拡張」という概念を持ち込むことなく、民衆を担い手とする教育概念・学校概念への変革という新たな問題視角に立脚する。つまり、自由大学運動は「真の教育」運動であって、当時の大学教育を含む学校教育は、自由大学運動の一部（準備段階）に過ぎない、という新たな視野がこの時期に明確になる。

第３期（1923/冬～夏）。プロレットカルト論が展開される時期。『中央公論』（1923年７月）に掲載された「プロレットカルト論」が代表的論考である。ⅰ）プロレットカルトの意義、ⅱ）精神としてのブルジョアカルト、ⅲ）制度としてのブルジョアカルト、ⅳ）我が国のプロレットカルト運動、の４節からなる。杏村はⅲ）で「教育の目的、精神までが、すべて国家の教権」によって支配されていることを批判し、返す刀でPaul夫妻らマルクス派のプロレットカルト論も「社会主義的宣伝教育」に過ぎないと批判している。ⅳ）では学校は「生涯を尽して永遠に、或は学び、或は討論し、又或は研究する」機関であり、「就学する学科の自由選択、相互的討論、図書館を利用しての自学等」、民衆が下から創りあげる教育改革の必要性を説いている。

第４期（1923/秋～1924）。代表的論文は次の二論文である。「自由大学に就て」（1923年10月）と「自由大学とは何か」（1924年８月）。人間として理想的に生きる「自由大学の理念」が明確になり、その到達点と見なすことができる時期がこの第４期である。ところで「自己教育」には、以下の三つの論点がある。

第一に、個人は社会的個人である。第二に、社会的個人は他の人格に働きかける能動性をもつ。第三に、自己教育は他よりの教育を必然的に要求する。

このうち一は〈孤立〉した個人ではなく、社会を形づくる、その限りで「社会的」個人を意味する。また二でその個人は、他者に働きかける〈能動性〉が埋め込まれて誕生したという前提が含まれている。したがって、三、自己教育は孤立した学びではなく、他者を介した能動的学びである。つまり、自己教育は、孤立無援の〈独学〉とは異なる。そもそも〈社会的〉個人にとって、読書で著者との無言の会話もせず、友人との対話も討論も一切行わない学びなどを考えることはできない。〈独学〉は、制度としての学校の授業には参加せずとも、読書や対話や討論の場は存在する。〈社会的〉個人にとって、それらを外したら〈独学〉そのものが成立しない。〈独学〉（autodidact）も自己教育と同様、著者を含む他者を介した学びである点で変わりはない。

他者に働きかけ、他者から様々な影響を受け、自己形成が繰り返される。つまり人間は、教え教えられる人格、すなわち〈教育的な人格〉として生を享けた、と杏村は考えている。「教師→生徒・学生」という一方向的な関係ではなく、「教師⇄生徒・学生」や「生徒・学生⇄生徒・学生」という双方向的な関係を通して行われる学び、それが自由大学における「学び」である、というのが柳沢の、杏村から学んだ独自の立場である。

そこで柳沢は、自らの解釈を交えて、以下のようなまとめの文章を記している。

「自己の人格を完全に自律」させるだけでは不充分である。個人は「社会的個人」として存在するから、「能動的に他の社会人の判断と行動とへ協同することにより、すべての社会人の人格を自律」させるように「行動」する必要がある。そのような「能動的行動」は、「教育そのもの」である。つまり「教育以外の何物でも無い」。したがって「我々の社会の認識」は、その根底に「教育を前提」しており、また「社会の理想」も「教育そのもの」だと「断言」できる（論文ｖ，p.245）。

「自己教育」は「他よりの教育を必然的に要求する」。「何人も他への教育者であると同時に、他に対しての被教育者なのである」（同上）――以上が杏村の到達点と考えることができる、と柳沢は記しているのである。

そのうえで柳沢は、次のように補足している。

杏村による自由大学の教育は、「強制と伝達の『教育』、他者を自らのめざす方向へと一方的に導こうとする＜領導＞の構図を超えた、＜教育＞と＜自己教育＞との相互性が見通されていると見てよかろう」（同上)、と。

＜領導＞という言葉は少々分かりにくい。しかし＜領導＞の教育を、「他者を自らのめざす方向へと一方的に導こうとする」教育、あるいは「強制と伝達の」教育と言い換えれば、自由大学の教育はそういう（＜領導＞の）教育ではない、と杏村も柳沢も考えていることは間違いない。したがって、「＜教育＞と＜自己教育＞との相互性」、つまり＜教育⇄自己教育＞が繰り返されること、それが杏村の自由大学における教育で「見通されている」（同上)、と柳沢は判断しているのである。

この柳沢の判断は軽視すべき判断ではない。なぜなら柳沢は、その指摘に続けて次のように述べているからである（以下の傍点は、引用中も含めて筆者のもの)。

「専門家から民衆へと一方的な伝達の回路と化し、自発性を＜領導＞する装置と化した教育の否定の上に立って、民衆自らの主体性に基づく自己教育運動による下からの『自由連合』によって働く民衆の＜教育⇄自己教育＞の可能性を切り開こうとした」もの、それが「自由大学の理念」の「到達点」であった（論文 v, p.246)。

既に指摘したように、「自由大学の理念」は、柳沢論文が所収されている著作の二箇所（p.234 & 240）で、杏村の「教育思想・教育変革構想」と言い換えられているが、この「理念」つまり「教育」に関する「変革構想」の着地点は、従来型の「専門家→民衆」ではなく「民衆の＜教育⇄自己教育＞」でなければならない、と柳沢は考えているのである。この柳沢の判断は、間違いなく杏村のそれでもあろう。

そうであるとすれば、教育者は「教える」ことを極力回避しなければならない、ということになろう。教育者は、一方的に導こうとすることを止めて、被教育者（生徒、学生、社会人）相互が、自ら「考える」力を引き出せるような支援方法を編み出さなければならない――これが杏村＝柳沢の辿り着いた「自由大学の理念」の「到達点」だったのである。「具体的にはどのような支援方法があるのか？」と問われても、教育者自らが、あるいは教育者同士が、智慧（知恵）を絞る以外にない。支援方法は様々に考えられ、唯一の解しかない、というわけではないからである。

そもそも教育は、知識を〈詰め込む〉のとは正反対の、被教育者に備わっている潜在的能力を、人間関係を通して〈引き出す〉、つまり顕在化する作業である。教育者は、被教育者に対して、彼らに備わっている自発性を、「自ら（教育者）のめざす方向へと一方的に導こうとする」のではなく、被教育者自らが導き出せるような〈支援〉を考え、それを実行しなければならない存在である。

被教育者の自発性を引き出すような支援を行う教育者、それが教育者の理想像である。「教える」教師、「伝える」教師を脱して、様々なヒントを用意して被教育者自らが考える力を引き出せるような＜よき教師＝支援者＞になることが求められている、と杏村・柳沢の二人は考えているわけである。

ところで、長野県松本市には国宝「開智学校」があるが、「開智」つまり智慧を開く〔拓く〕営為、それが「教育」なのであろう。一方的に＜教え込む＞のは強育であって教育ではない。被教育者が自力で理解できるように支援をすることによって、彼らが自らの智慧を開拓するのを傍にいてサポート（支援）すること、それが教育（education）なのではないか。

被教育者が困っている時に、彼らに寄り添って、彼らが納得のできるヒントを提供して支援することが大切で、困っている人に直ちに“正解”（もしくは好ましい回答）を提供することは、むしろ余計なお節介に過ぎない。

杏村による自由大学の教育は、柳沢によれば「強制と伝達の『教育』、他者を自らのめざす方向へと一方的に導こうとする＜領導＞の構図を超えた、＜教育＞と＜自己教育＞との相互性が見通されている」と判断されていた。つまり、杏村による自由大学の教育は、「強制と伝達の『教育』」ではないし、また「他者を自らのめざす方向へと一方的に導こうとする」教育でもない。

そういう構図を超えた、＜教育＞と＜自己教育＞との相互性が見通されている「構図」、それが杏村の自由大学における教育のイメージである。したがって、この教育には被教育者どうしの教育（被教育者⇄被教育者）も含まれている。つまり、＜教育＞は教育者が被教育者に行う教育ばかりでなく、例えば被教育者Ａが他の被教育者たちに行う教育も含まれているのである。

柳沢は、「専門家から民衆へと一方的な伝達の回路と化し、自発性を＜領導＞する装置と化した教育の否定の上に立って、民衆自らの主体性に基づく自己教育運動による下からの『自由連合』によって働く民衆の＜教育⇄自己教育＞の可能性を切り開こうとした」もの、それが「自由大学の理念」の「到達点」であった、と指摘している（論文ｖ，p.246）。「専門家→民衆」という教育を否定したうえで、民衆どうしの＜教育⇄自己教育＞を見透しているのである。

杏村の「自由大学の理念」の「到達点」は、「働く民衆の＜教育⇄自己教育＞の可能性を切り開こうとした」ものであった、と柳沢は指摘している。そして、その段階では、「専門家→民衆」ではなく「民衆の＜教育⇄自己教育＞」が可能な状態になっている。つまり「専門家」（教育者）がたとえ存在しなくても、「働く民衆」の間で＜教育⇄自己教育＞の可能性を切り開くことができる。その時には、民衆一人ひとりが、テーマ毎に教育者になり、被教育者になる状況が生れているはずである。

教育者（教員）は、最終的には存在しなくなることが望ましい。仮に存在したとしても、できるだけ被教育者たちが暗礁に乗り上げてお手上げ状態になるまでは、介入しないことが望ましい。被教育者の間で解決できない場合には、軌道修正役として教育者が求められる場合もありうるであろう。しかしその場合にも、教育者は問題解決のヒントを提供する役に徹し、被教育者どうしで解決できるようなサポート役に徹すること、それが望ましい姿だ、と判断されているのである。蓋し正論であろう。

もちろん、そういう状態が訪れるまでには、相当の時間を要するであろうが、望ましい状態を目標に行動を重ねることが、結局は近道なのではないかと思われる。

Ⅳ．渡辺典子の「路の会」発見と神川村における青年層の学習活動

渡辺典子は神川村の「路の会」について、５つの論稿を認めているが、そのうちの４論考の要旨は、以下のとおりである。

ｉ）「長野県小県郡神川村における学習集団『路の会』について」『中等教育史研究』第１号、1993年５月。

「路の会」の会員だった北川太郎吉に対する渡辺の貴重なインタビューの記録で、末尾に16人の会員中９名の生没年が記載されている。「路の会」は、神川村の青年・若手グループの組織名で、1921年頃創設された。創設当時16歳から35歳まで（平均年齢25歳）の若手を含む青年たちが、そのメンバーであった。

会員16人は、身銭を切って『神川』（村の新聞＝時報）を1924（T13）年11月に創刊し、27（Ｓ２）年３月まで（２年半弱）発行した。その後も『神川』は、村費の支援を受け青年団が継続・発行し、アジ

ア太平洋戦争中は中断するも、戦後1946（S21）年7月から59（S34）年10月まで発行を継続している。他の町村の「時報」は初めから自治体の財源で発行されたが、神川村では青年有志グループ「路の会」のメンバーが各自で資金を出し合い発行を続けた。それは他の町村にはないユニークな試みであった。自立的精神と気骨のある青年たちの、積極的な行動と見なすことができる。

会員は、金井正、金井栄、山越脩蔵、堀込義雄、山浦国久、矢島二郎、望月与十、北川太郎吉ら16人で、その大部分は自由大学に学ぶ青年団運動の幹部経験者でもあった。つまり、神川村では、自由大学における学びの経験者である異年齢集団「路の会」会員が、自主的に、村の資金援助を受けずに無料の新聞（free paper）を発行、全戸配布して村民に向けて各自の意見を紙上で公表し、相互批判を通じた合意形成を行なう〈学習の紙上空間〉を提供していたわけである。聴き取り調査を通じてその点を明らかにしたのが、渡辺のこの論稿である。なお、『神川』の縮刷版は、二冊に分けて出版されている（『時報「神川」縮刷版』〔戦前編〕1984年。同〔戦後編〕1977年）。

会員の山越脩蔵と北川太郎吉は、戦後（1949年から翌年にかけて）、群馬県嬬恋村中原地区で開拓団の団長・副団長として海外からの引揚者など30人とともに戦後開拓を行っている。詳しくは、中村芳人編『神川村分村・開拓團の歴史』（私家版、1994年）および大槻宏樹編『山越脩蔵選集』（前野書店、2002年、pp.146-239）を参照されたい。また堀込義雄は戦後初の公選村長として、嬬恋村で開かれた開拓団の開所式で祝辞を述べている。

ⅱ）「昭和恐慌期における青年層の学習活動」『日本生涯教育学会年報』第14号、1993年11月。

時報『神川』は「相互啓蒙的な紙面」を村民全員に提供した。他の多くの町村の時報に見られたような「一方的な連絡機関」ではなく、青年・村民のための「学習活動の実践の場」であった。与えられる情報をそのまま受容するだけではなく、活字で伝えられた意見・課題に対して各自が解決策を考え、提案や意見を発信する場が保障されていたわけである。

また、村の「夜学会」や「青年会文庫」は、中等教育機関への進学の叶わぬ青年たちの「学びを支える場」でもあった。「夜学会」の講師は「路の会」会員の金井栄や山浦国久が務め、「青年会文庫」の図書は会員の金井正が寄贈したものであった。その限りで、「村の新聞『神川』」を加えた三者は、「路の会」会員の支援を受けた村の学習活動の拠点であり、「生きる指針」を各自が考える「三者三様の拠点」でもあった。だが、1927年以降は徐々に、とりわけ1934年の第76号からは「公報的性格」を強め、他村の時報の記事とそれほど変わらない＜村の広報紙＝時報＞に変質していく。

ところで『神川』紙上の学習活動の実態は以下の通りである――村の「現実」や「世の中」を知ることが重要、との意見が紙面には数多く掲載されている。青年の考えを「危険思想」と見なす判断に対しては、何が真実かを「自分の力で」見抜く必要を読者に求める意見がある。金井栄が執筆し続けた巻頭言「村の眼」には、例えば「事実」には「発生すべき必然的理由」があり、それを見極める必要がある、との警告が発せられてもいる。

1931年の満州事変の契機となった「柳条湖事件」の後には、「戦争の内容について十分なる批判を持たねばならぬ」との見解が掲載される。「満洲侵略」に対しては、「満蒙の新国家移住奨励を目的」にした「農民」を追い出す目論み、との判断が登場している。時報『神川』の記事からは、村民一人ひとりが他者の声に耳を傾けつつ自らの考えを固め、それを表現できる充足感すら読みとることができる、と渡辺は指摘する。

編集に携わった青年たちは、「社会に対する批判的な眼を培う」ことを読者と共に考えた。読者としての青年たちは、「生活と遊離することのない確かな眼」をもつことに努め、物事を鵜呑みにしない「懐疑」的精神の涵養を怠らなかった。村民もまた、生きていく「路」を見い出すために、投稿者の声に耳を澄ます努力を止めなかった。したがって時報『神川』は、「現状を直視し批判する意思を培う」ことを読者に求め続けることによって、「自由な意見交流の場としての役割」を果たすことになった、と渡辺は判断している。他村の時報とは一味も二味も異なる性格を有していた、と判断できる地域メディアであった。

iii）「ファシズム体制移行期における青年団運動」『人間研究』第30号、1994年3月。

紙面を通した相互学習をめざした「路の会」の会員は、仲間や先輩の記事を読み、自らの“考え”や“判断”を纏め、投稿する機会をもった。「百姓は何も知らなくてもよい。唯働いてさえ居れば食っていけるんだ」といった消極的な態度とは無縁であった。むしろ逆に、「お互いに食わんがために苦しみ、不合理なる経済組織と不平等なる社会制度とを痛感する者の団結」を、紙上で村民に積極的に訴えた。したがって時報『神川』は、会員にとっても村民にとっても「学習の拠点」であった、と判断することができる。

会員の一人は、「討議研究」を禁止することは、「盲目になれ」と言うに等しいと批判した。批判的意見を掲載することにより、議論が湧き上がり、読者の“考える”余地が広がるとの期待があったからである。満州事変は、戦争否定や肯定の様々な意見を掘り起こした。それらを吟味して自己決定を求められることは、青年たちにとっても村民にとっても、極めて貴重な学びの経験であった。

青年たちは、時報『神川』を介して「社会に対する批判的な眼と変革の姿勢」とを持つことが可能となった。ミニコミ紙『神川』は、青年や村民が「様々な立場」から発する「多様な考え」の「混在」する投稿記事を読むことによって、各自の考えを纏める機会を読者に提供した。それを通じて『神川』は学習機能を確実に果たしたのである。紙面に「多様な考えが混在」していたからこそ、同意可能な考えを参考に私見を纏めることができたのであって、その限りで“熟慮する”という学習機能を確かに果しえたのである。

iv）「1920～30年代における青年の地域活動」『日本教育史研究』第13号、1994年8月。

これまで要約してきた三論稿の内容紹介からもある程度明らかなように、上記のｉ）～iii）の渡辺論文には、自由大学再評価のための＜新たな視点＞が含まれている。従来見過ごされてきた「路の会」が渡辺によって〈発見〉され、その異年齢の学習集団にスポットが当てられたことがその出発点であった。最後に採り上げる論稿（本論文）では、「路の会」の三つの活動実績（ｉ．「神川文庫」経営、ii．講習会・講演会の開催、iii．時報『神川』への記事投稿）のうち、『神川』に頻繁に投稿した三人の会員、すなわち山浦国久と堀込義雄・北川太郎吉との視角・視点の違いを分析した箇所に焦点を絞って、参照すべき論点を抉出しておきたい。

山浦は、時報『神川』を当初は「村の現状を見るための手段」と考えていた。しかし村に「思想悪化」論、つまり「社会を改革しようとする考え」が拡がると、それを「危険な思想」と判断し、「社会悪の除去」を叫ぶ前に「自己自らの改造」を優先すべきだ、との主張に旋回していく。要するに山浦は、「社会組織の矛盾」を根本的に解決することなく、むしろ「温存したまま」でも「改良」は可能だ、という立場に移行していくわけである。

それに対して堀込は、「不合理な」経済組織と「不平等な」社会制度とを「政治」的に「改革」する筋道を考えていた。そのため、同じ考えをもつ者の「団結」以外に道は拓けないと考える。政治の現状を憂える堀込は、現在の有産者の議会を「民衆議会」に改造することを通して、生活の抜本的な改善をめざそうと考えたわけある。

「路の会」最年少の会員・北川太郎吉も、社会の改革を「思想悪化」と見なす考えを「思想の鎖国」と批判する。時報『神川』を自分たちの生き方を考える手段と捉えていた北川は、「無智程恐ろしい事はない」と政府の政策を批判する。堀込も「我等に食を、職を、生きる道を」と求めるのは当然のことで、＜社会悪除去＝社会改革＞の叫びには「必然性」があると考えていた。

換言すれば、堀込と北川は＜思想悪化論は危険思想＞という議論が、的外れの議論である点を衝いたが、山浦は逆に「危険な思想」だという大前提を譲らなかった。それ故に、「社会組織の矛盾」を除去して問題を抜本的に解決するのではなく、矛盾を「温存」したまま力で押さえつけようと考えたわけである。山浦と堀込・北川との見解の相違は、結果として読者の青年や村民に自らの立場を鮮明にする機会を迫ることになった。その限りで『神川』は、ここでも学習効果を充分に発揮した、と考えることができるわけである。

ところで、渡辺の第ⅳ）論文の末尾には、二つの「論評」が掲載されている。その「論評」執筆者の一人・山口和宏は、渡辺論文の注（5）～（7）に掲げられた文献〔上記のⅰ）～ⅲ）の論文〕の存在を「論評」の冒頭で列挙しているが、それらの論文の評価には一切触れずにコメントを寄せている。山口は、渡辺論文の「問題点」の「第一」に、「本論文の中心課題であるはずの『路の会』の学習・教育活動について、本論文を読んだ後もその「実態」が具体的に見えてこないことが問題である」と指摘しているのである。注（5）～（7）に掲げられた上掲のⅰ）～ⅲ）の論考に重ねて第ⅳ）論文を読めば、「『実態』が具体的に見えてこない」との指摘は、的を射た「論評」とは言えない、と私は考えている（但し、私は山口自身の著書『土田杏村の近代――文化主義の見果てぬ夢』（ぺりかん社、2004年）や自由大学関係の諸論文は高く評価していることを、誤解無きよう念のため付言しておきたい）。

しかしながら渡辺の第ⅳ）論文が、“誤解”を招くような記述になっていないか、と問われれば、「なっていない」と断言することは必ずしも容易ではない。注（5）～（7）で既発表の論文名に触れただけでは、第ⅳ）論文の読者を説得する材料として必ずしも充分とは言えないからである。

しかし、問題はそれだけではない。第ⅰ）～ⅳ）論文の全てを読み通せば、誤解が生まれる余地は確かに少なくはなるが、それでも第ⅳ）論文には過去に他の研究者が立てたシェーマが含まれている。その代表的なシェーマが、いわゆる「第一世代」＝「哲学的」、「第二世代」＝「実践的」というシェーマである。抽象的な「世代」論といった、いわば焦点が拡散する可能性の高いシェーマに拘わらずに、『時報』記事の内容分析だけに拘って学習活動の実態を明らかにする必要があった、と私は考える。

「路の会」の発見とその「学習活動」の評価だけで、聴き取り調査から始まるこの一連の論文の価値はほぼ完全に実証できるはずだ、というのが私の判断である。初めは会員たちが意見表明を行っていたが、やがて会員以外の青年たちや村民も紙上討論に参加するようになっていった。『神川』は自由闊達な意見表明の場、地域限定の「公器」に替わっていく。そのプロセスを『時報』記事の紹介と分析だけを用いて再構成することになれば、疑問や批判の余地のほとんどない論考に生まれ変るはずである。それに徹することが求められていたにも係わらず、徹しきれなかった点が私としては少々心残りである。

渡辺論文を高く評価する理由

ところで私は10年以上前に、浦里村の宮下周と神川村の堀込義雄との対照的な生涯を論文に纏めたことがある（「上田自由大学受講者群像（1）――宮下周、堀込義雄の軌跡」『長野大学紀要』第33巻第2・3号合併号、2012年2月）。二人の対照的な軌跡はある程度明らかにし得たが、なぜ二人は好対照な歩みを進めることになったのか。その点の解明に言及するまでには、残念ながら至らなかった。当時すでに一連の渡辺論文は読んでいたのだが、それにも拘らずその論文の値打ちを真っ当に評価する力量が充分には備わっていなかった、と反省せざるをえない。

比較的最近になって、偶然にも改めて上掲の渡辺論文を通読する機会に恵まれることになった。その結果、なぜ神川村の堀込義雄はファシズムの嵐に巻き込まれずに済んだのか。他方で、浦里村の宮下周はなぜその嵐にいとも容易く呑み込まれてしまったのか。その違いのヒントが、複数の渡辺論文の中に散りばめられていることを、改めて教えられることになった。

村の新聞（時報）で村民の意見を読み、自分の考えを纏める。どの考えが自分に近く、どれは遠いのか。納得できる意見はどれで、どれは納得できないか。あるいは、それまで気づかなかった考えを読んで、自分の考えが固まったり、そんな考えもあるのかと感心したり……等々。

明らかなことは、神川村には活動的な青年グループがあり、彼らは二年半に亘って身銭を切って時報『神川』を発行し、全戸配布していたという事実である。話題は様々であったが、「路の会」会員による紙上の発言は、やがて会員以外の村民の発言をも引き出し、さまざまな地域問題・社会問題に、多くの住民が自らの独自の意見をもつことになる切っ掛けを作った。堀込は自らの意見を紙上に投稿しつつ、先輩・同僚・後輩の記事を検討し、自らの考えを纏めた。他の「路の会」会員にとっても同様の行動が生まれ、村民の発言もそれに加わった。いわば〈顔見知りの社会〉で、他者の発言に耳を傾け、自らの考えを補強したり、場合によっては考えの一部を変更したりすることのできる紙上空間があること――それは、周辺の村落とは異なる優れた特性をもつことになった。そのことは間違いない事実であろう。

二年半に亘る時報『神川』紙上における学習・教育効果は、編集主体が「路の会」から青年団に移行しても、直ちには薄れなかった。その点も渡辺によって明らかにされている。小県地域の殆んど総ての町村で「時報」が発行されてはいたが、神川村以外では行政の支援を受けずに身銭を切って発行した町村はなかった。相対的に豊かな階層に属する青年たちによるミニコミ紙発行の合意形成ができ、紙上での意見交換によって村民一人ひとりが独自の考えを纏める機会が生まれたという事実、それが他の村とは＜決定的に異なる＞神川村の特徴だった。それを掘り起こしたのが、渡辺論文のメリットであったことも、また明らかであった。

自らの判断で各自が独断を修正したり、各自が正論と見做す論点を受容したりすること。それが村の新聞『神川』の役割になった。堀込にはその機会が与えられた。そればかりでなく、堀込には金井正や金井栄や山越脩蔵ら role models（日常的に意見を交わすことのできる尊敬すべき先輩たち）がいた。ミニコミ紙『神川』の発行は、紙上においてばかりでなく日常会話においても、記事を巡る意見交換を齎すことになったと考えられる。時報『神川』の読者である村民は、記事の内容を吟味して自らの考えを纏めるのに適した媒体として『神川』を受けとめ、結果として村の新聞『神川』は村や地域社会を見つめ直し、それらを活性化するための貴重なメディアの位置を占めることになったのである。その点を掘り起こしたのも渡辺の論考の功績である。

それに対して、浦里村の宮下周は村の中でいわば突出した一匹狼であった。宮下は『浦里村報』の編輯人を創刊号〔1921（T10）年10月〕から46号〔1927（S2）年1月〕まで一人で5年以上務めた。この間、「暁」ないし「暁村」のペンネームで多数の記事・意見と「編輯日記」などを記しているが、村民に原稿を依頼して多彩な紙面を創り出すことには熱心ではなかったようである。そういう努力の跡が紙面から浮かび上がってはこないからである。尤も「村報」であったことから、〈読者の声〉を拾う必要はないと判断したのかも知れないが、『神川』とは好対照の紙面構成であった。

一匹狼であったことから、「あの先輩のようになりたい」という role model は、残念ながら宮下の周辺には見当たらなかったようである。異年齢集団の中で他者と意見交換をする機会にもそれほど恵まれなかった、と考えられる。何よりも時報『浦里村報』はその名の通り「村報」の性格が強く、投稿記事を通じて日常的に投稿者の声に耳を傾けるスペースそのものが限られていた。かなりの頻度で宮下は執筆しているし、その過程で認識が微妙に変化もしているが、それを指摘するような村民の意見が紙上に掲載されるような事実も見られない。つまり、『浦里村報』には紙上討論が生まれる余地は殆んどなかった、と判断せざるを得ないのである。同じような「村の新聞」でありながら、『浦里村報』と『神川』の、浦里村と神川村とに果たした役割は、大きく異なっていたと考えざるを得ないのである。

10年以上前の拙論では、宮下と堀込のそれぞれの村に占める立場の違いには、考えが至らなかった。今ならその違いの大きさをはっきりと指摘することができる。その点を教えてくれたのも渡辺論文であった。論文中に複数の注目に値する論点が盛り込まれている論考、それが読者にとって価値ある論文と言える。渡辺の一連の論文にはそれが含まれていることを、長いタイムラグの後に、ようやく説明する機会を得たのではないかと考えている。

以上紹介した三人の論考は、いずれも100周年の節目に改めて読み直すに相応しい論考と考えてきた。大槻論文からは、自由大学の教育の原点である「自己教育」とはどのようなものか、その内実を過不足なく学ぶことができた。柳沢論文からは、杏村の「自由大学の理念」はどのような内容のものとして形成されてきたのか、そのプロセスを細部に至るまでつかむことができた。渡辺論文からは、「路の会」の発掘と時報記事の分析により、他村にはない学習機能を通じて、優れた指導者たちを輩出した経緯が明らかにされ、学習と結びついた地域経験の大切さを知ることができた。

三者三様の論文は、いずれも含蓄に富んだ味わい深い論考であった。それだけに、腰を据えて充分な時間をかけなければ、筆者の核心が浮かび上がってこないような手強さを感じながら、繰り返し読むことになった。間隔を置きながら読み直すことが、やがて少しずつ、楽しみに替わるような貴重な体験を味わえたことが収穫であった。区切りの時期に改めて気にかかる優れた論文と深い付き合いができたことに感謝して、節目の年に与えられた基調報告を閉じることにしたい。

自己構成としての自由と省察的民主主義 (reflective democracy)
—自由大学運動における「自由」と「デモクラシイ」をめぐる提起の再検討—

福井大学教授
柳沢 昌一

はじめに：自由大学の企図と普通選挙運動

1921年11月初旬、長野県上田市の神職合議所において行われた恒藤恭の「法律哲学」の連続講義(7日間)に始まる自由大学は、上田にほど近い神川村における教育・文化形成への若い世代の取り組み、自由画教育運動・農民美術運動・哲学講習会・信濃黎明会をはじめとする諸運動を背景に、直接的には普通選挙実現への動きに呼応する新たな社会的学び＝「自己教育」の創造の企図として出発する。

「自由大学」の発意の当事者であった山越脩蔵は後に、自由大学創出当時の状況・経緯と判断について回想している。1920年5月、普通選挙の実現を争点の一つとした衆議院解散・総選挙に際し上田小県地域においても普選実現を掲げる憲政党推薦の候補と時期尚早とする政友会候補とが争う状況にあったことを記した上で、次のように当時の自らを含む地域の青年の動きを語っている。

> 当時の吾部落は五十戸たらずで有権者は十二戸で、村内でも有力の部落であったから、他部落はそれ以下だった。このような選挙制度を改革してこそ、文化水準を高める手段の第一歩ではないかと、吾々青年では、普選を標榜する候補の当選を期待した。先輩の意見を求めたところ、同様な意見であった。（山越脩蔵「上田自由大学」『長野』第68号（自由大学研究会『自由大学運動60周年記念誌　別冊2』1981. 所収, p.25）

神川村で自由画教育・農民美術をはじめとする運動の中心にあった金井正も、普選実現を掲げる候補の選挙に携わったことに触れた上で、山越は自身の取り組みとその「反省」とも関わり、自由大学に向かう構想が生まれる経緯を次のように記している。

> 私は当時部屋住の身分であったが、選挙権があった。普選にかゝる選挙であるから有効に行使したいと、意のある友人と計画して、青年層に働きかけ、宣伝文を散布して啓蒙活動をして、側援の活動をした。
>
> この選挙に関係して、自分の行動を反省した。普選が実施される時代が来たとして、吾々国民が、選挙権を完全に行使出来るまでに成長し得るか甚だ疑問である。これは一朝一夕には解決できない重要な問題である。
>
> そこで選挙運動中に、信頼のおける指導者を求め、選挙区内の数カ所で、講演会を開いて、将来の政治の展望と有権者の態度とでもいうような講演をきくのも適切ではないか。

念頭に浮かんだのは、土田杏村であった。（同前 , p.25）

普通選挙にともなう有権者としての選挙権行使、社会的な選択における主体としての「態度」・判断力とその「成長」への問い、それを支える長期的な学習の必要性への自覚が、「自由大学」への発意の直接の契機であることが語られている。

自由大学はその後、山越の回想にも語られているように哲学講習会で接点を持っていた哲学者でありまた市民に開かれた新たな学を志向し日本文化学院・雑誌『文化』を主宰していた土田杏村の参画を得て、信濃自由大学として哲学・法学・文学・社会学等の連続講義のサイクルが展開されていくこととなる。

その後自由大学に深く関わりその構成と展開を支えた土田杏村は、この企図の意義「自由大学の理念」をめぐる討究を進め、著していく。その行程については、とりわけその基軸となる「自己教育」概念に即した追跡がなされてきた。しかし、自己教育・自由と、自由大学の起点にある「デモクラシイ」との内在的な関係、山越の発意、杏村の「自由大学の理念」の連動する主題についての問いは、デモクラシー概念自体をめぐる現実的な、また学的把握の困難さ・混乱・脆弱性もあり、持ち越されてきている。デモクラシーとその把握をめぐる混迷状況は、21 世紀に入ってむしろその深刻の度合いを加速化が露わとなっている。ポピュリズムの急激な台頭とともに、デモクラシーの理念の背後にあるより旧い（そして相容れないはずの）温存された正統性の声高な主張が、これまでにないコミュニケーションネットワークを介して拡散・輻輳し、そのむき出しのぶつかり合いがデモクラシーを体現すると自他が認めていた（幻想していたというべきかもしれない）国々における政治的混乱、そして新たな世界大戦に向かいかねない戦争として、現に私たちの世界を覆っている状況が続いている。その中で、最初の世界大戦の後の秩序のとして提起されたデモクラシーと関わり、自己教育への企図として展開された自由大学の理念について、改めてその意義を問い直していくことは、外れかけている歴史の省察的展開の関節、その軸を問い返し、省察的に構成する営みの一環となる。ここでは自由大学運動にかかわり土田杏村の著した「自由」と「デモクラシイ」をめぐる諸論稿、その論脈を追い、その二つの概念の内在的な連関を探っていくことしたい。まず、自由大学の出発の時期に重なる自由概念をめぐる杏村の考察の検討を出発点としたい。

1．土田杏村の二つの自由論

1）自由のプロセスへの問い：土田杏村「自由といふ事の意義」（1921）

1981 年、上田市で開かれた自由大学 60 周年集会において、中野光は土田杏村の自由概念に焦点を当てた報告を行っている。冒頭、中野は自由への問いの起点として、戦後直後の丸山眞男の自由と民主主義をめぐる小論に触れている。当時の社会・政治、そして知の正統性の混乱の中、自由（と民主主義）への問いを再定位しようとする文脈の中で、丸山はその基本的枠組みとして次のように二つの歴史的な自由観の対峙に言及している。「フェルマーやホッブズにおいては、自由とは第一義的に拘束の欠如であり、それに尽きているのに対し、ロックにおいてはより積極的に理性的な自己決定の能力と考えられている」としその把握と民主制との連関を指摘している。（丸山真男「日本における自由意識の形成と特質」『戦中と戦後の間』みすず書房 , 1981, p.298）

「この自由の把握のしかたの対立が、フェルマーやホッブズにおける君主（国家）主権と専制主義の、ロックにおける人民主権と民主制の、基礎づけとそれぞれ密接に関連していることは炯眼な読者の既に

看取されたところであろう。（丸山真男 , 同前 , pp.298-299）

丸山の把握する二つの自由をフレームとしながら、中野は専門とする大正自由教育史における自由概念の検討を踏まえつつ土田杏村の自由論の検討を進めて行く。中野が取り上げる杏村の論稿「自由といふ事の意義」は、山本鼎・金井正らの自由画教育運動の機関誌とも言える『芸術自由教育』1-5, 1921.5 に掲載され、後に杏村自身の著作『自由教育論　上巻　哲学的基礎に立てる教育学』（内外出版 , pp.245-278. 引用は内外出版版より）に収録される。この論稿の成立が神川村の運動と関わっていること、その経緯について杏村は論稿の中で次のように記している。

自由教育が到る處で問題になって居ます。そしていろいろの議論を戦はして居ると、最後には「其れでは自由とは一体どういふ事を意味して居るのか」という事が主問題となって来る様に、問題は一展開するのです。何処でも此の議論を聞くということです。現に自由画教育を標榜して熱烈なる実際運動に提はって居られる山本氏からも、信州の農民美術練習所の大囲炉裏を取り囲みながら其のお話を承りました。（土田杏村「自由といふ事の意義」『自由教育論』p.245）

自由への問いが、自由教育をめぐる議論、そして直接には自由画教育に関わって杏村が神川村に招かれた折の語らいに促されたものであることを、杏村は論稿の冒頭に記している。この、自由大学への動きが展開しつつあるなかで書かれた杏村の自由論を、ここでは改めてその構成と論脈をたどり直しながら再検討していくこととしたい。そこには、「拘束の欠如」としての自由に対する「自己決定の能力としての自由」を起点としつつ、自由画・創作の展開をめぐる探究を介して、二つの自由の枠組み、丸山と中野の把握を超えた自由のアクチュアルなプロセスへの問いが展開されている。

カント、ヴィンデルバントの自由をめぐる議論への参照を求めた上（pp.246-247）で、杏村の自由への問いは５つの対概念を通した探究として進められていく。（1. 制約と無制約、2. 唐突と連続、3. 任意と目的、4. 障碍と無障碍、5. 人格と非人格）杏村はその探究の諸サイクルを通して、終始一貫して画家の創作活動のプロセスとそこでの思考を事例として検討を加えていく。それは自由画における自由の主体の創作プロセスとその力能、およびその形成への問いとして語られていく。

最初の対概念（1. 制約と無制約）をめぐる考察において、杏村は自由が往々にして「無制約」として捉えられることを前提しつつ、「画家が一枚の作品を為」とき、他にも「無数に多くの作品を為すことが出来た筈である」にもかかわらず、自らその一枚に限定・「制約」することを「決定」することの内に、「自由の精神の胚胎」を見ている。中野がとらえる「決定」としての「自由」がここでは問いの起点となる（p.254）。

杏村は、次のサイクル（2. 唐突と連続）において、引き続き絵画の創作を例に、創造・構成のプロセスへと問いを進めて行く。「唐突と連続」の対位において、通常「唐突」が自由と捉えられがちであることを踏まえながら、杏村は次のように論を進めていく。

「一人の画家が油絵を書いて居る。そして或る画面へコバルトの一点を置いたといたします。其の一点を置く事は非常に難儀な創造であった。其れを為すまでに画家は煩悶もしたし、又客観的に見れば、其の一点で無い可能の点が無数に考えられはしましたろうが、兎に角此の一点を発見したことによって、其の画家の気分は清々した。其の場合に此の一点は甚だ偶然の新であるが、又甚だ必然の偶然である。即ち画家の創作は、一点一点誠に必然的な連続を採って居る訳であります。若しうまくも無い画家が無闇矢鱈に点を打ったり、線を引いたりして居るとすれば、其れは新は新でありましょうが、少しも自由

ではない。」（p.260）

自由は、初発・起点における「決定」に止まらず、創造のプロセスの中で「連続」的に行使されていくこととなる。「こうした連続の一線が自由であり、其れを離れる事が不自由なのでありますから、自由は進めば進むほど慎ましくなって参ります。即ち純粋になって参ります。」（263）

三つ目の対位（3.任意と目的）においても杏村は「任意」を自由と捉える「世俗的」な理解に対して、連続的な創造プロセスにおける「質」に関わることがらとして「目的」を捉え、「目的に照らし合わせ、目的が礙り無く発展せられて居れば其れは自由である」（264）とし、「決定」・「連続」の方向性を示す自由の構成として「目的」を位置づけている。続く4.障碍と無障碍についても、杏村は画家の創作における苦闘のプロセスと「自由」の感覚を追っていく。

画家が非常に熱心に作品を為して居る。寸陰を惜しんで創作をつづけ、終日其の身を労し切って居る。脇から見る人は、何という困難な仕事だと全く驚いて了うでしょう。併し画家にとっては、此ほど愉快な「自由」を感ずる仕事は又と無いのであります。又其の画家が一枚々々に意図を新たにし、其の技巧に、其の構図に、全く新しい発明を為そうと苦労し切って居る。脇から見る人は、そうした努力をよして了って、機械的に、前の技巧、様式を続ける事を何故しないのであるか、訝かるに相違無い。併し其の機械的の仕事こそ、外観的には安易な途ではあるが、其れには自由を感じないのである。反対に、常に新しい発明をやっていって苦労するのが、我々に「自由」を感じせしめる第一事であるのです。」（p.267）

「自由」は常に新しい障碍を破って居進み行く努力である。新しい障碍を克服して、其処に前とは全く異質的の結果を造っていく精神である。（p.268）

或る一つの目的から、同一程度に必然的なる結果が、無数に可能である。而して其等無数の可能性の何れかを選択する、否寧ろ正当に言うならば、其の一つの可能性を全く新しく創造した、発明したというところに自由の本義が現れて居るのであります。（p.269）

杏村はここで、自由を、無数の可能性からの「選択」と捉えることを超えて、新しい「創造」・「発見」として「自由の本義」を捉え直している。「選択」、自己決定は、より長い、「障碍」を不可避に含む「連続」的な創造のプロセスの中に組み込まれ、そのプロセス・「道途」そのものが「自由」として捉え返される。「甚だ困難な道途ではあるが、常に全く新しい異質を創造するところに自由があるのです。」と杏村は続けている。

自由を「創造」・「発見」の連続的な「道途」と捉え返した上で、最後の第5点目として杏村は、自由の主体の問題に関わり「人格と非人格」の対に問いを進めて行く。児童自由画においてややもすれば想定されがちな「ありのまゝの無邪気」さをもって自由ととらえるような見方（271）に対して、杏村は「自由画の自由画たる尊い所以は、其れが子供の独立的な判断から創作せられたものである点である」（272）とし、次のようにその自由の核心に関わり「判断主体」としての成長について語っている。

教育は其の最大の能力を発揮致しましても、本質に於て一の機縁をつくるだけであります。子供を指導するといふ場合にも、「判断主體」たる人格を指導する事は不可能であつて、若し其れを指導したとすれば、其れは確かに干渉であり、強制であります。其れ程に各人の判断主體である意義は重要なものであります。其れでは被教育者の人格は如何に取扱へばよいか。やはり教育者は被教育者の自治によつて、自律的に自己人格の主体たる意義を自覚せしめて行くより外に仕方が無い。いや実にさうしたが甚だよい事なのであります。多少の失敗があつても、結果としての失敗はさほど問題にはならない。其れよりも自分で判断し、自分で鑑賞し、自分で意欲する人格を、自分で作る事が大事である。此の取扱ひが缺けて居ると、子供は何時になつても独り立ちが出来ません。子供に取つて其れは甚だ不幸の事であります。自由には人格が無ければならない。他人の干渉や命令を押し除けて確固と判断する、鑑賞する、意欲する人間があつたとすれば、其れは甚だ自由な人間なのであります。(p.273)

杏村は自由とその核心としての判断の力が培われている途を、自身で創造に向かい、自ら「鑑賞」し、失敗を経験しつつ取り組んでいくプロセスに求めている。そしてそのプロセスの中での「失敗」の意味について、次のように敷衍している。「自由教育に於て子供らしい奔放さ、大胆さが内容的に尊重せられる」ことに意味についてその第一として「子供の生活内容を豊富にする」ことを指摘した上で杏村はそれが人格を育てていくことにつながるとし次のように続けている。

第二には此によつて子供の人格を育てゝ行く事ができる。尤も子供は其れを以て失敗する事もありませう。併し本當の納得は、一つ失敗した後で無いと、どうも分からないものである。失敗したり成功したりして行く中に子供の人格が次第に確立して來るのであります。換言すれば、判断し、鑑賞し、意欲する主體の力を養つて來るのであります。自由画や童謡の教育は其の作品の鑑賞力を子供が持つ様になつたでなければ、本當のものとは言われない。又さうで無ければ餘り有力なものとは言われない。(pp.275-276)

自らの判断による創作活動、そこでの試行錯誤とそれを通した自身の取り組みのとらえ返しと再構成を通して、「判断し、鑑賞し、意欲する主体の力」「人格が次第に確立して来る」と杏村は捉えている。

杏村の自由論は、絵画・自由画を例に創造の主体的プロセスと構成を追うことを通して、「自己決定」を起点としつつ、自由を創造＝自己構成のアクチュアルなプロセスを把握するフレームを提起している。その道程は一回的ではなく連続的なプロセス（2）であり、それは目指すべき方向性・目的を有する過程（3）であり、その展開において「障碍」との格闘（4）が不可避であるとともにその「新しい障碍を破って進み行く努力」その「克服」を通して「前とは全く異質の結果を造っていく精神」をこそ「自由」として杏村は捉えている。それらを含めて「障碍」との格闘とそこで不可避となる「失敗」を含むプロセス、それを通して「判断し、鑑賞し、意欲する主体の力」＝「人格」の形成過程を杏村は「自由」として定位する。初発の「自己決定」に焦点化する自由把握に対して、杏村の自由把握は、実践・構成の持続的なプロセスの中で、「障碍」「失敗」に直面しつつ、その新たな状況の中で省察的な再構成を続けていく主体（と状況）の構成プロセスへとパースペクティブは転換されていく。

2）もう一つの自由論：土田杏村「カント哲学に於ける「自由」の意義」(1922)

杏村はほぼ同時期、自由をめぐる論稿をもう一つ著している。「自由といふ事の意義」の翌年、1922（大正 11）年 5 月、杏村は自身が執筆・編集・刊行する雑誌『文化』において「カントと社会問題」を特集し、その中で「カント哲学に於ける「自由」の意義」を論じている。12 ページほどの小論において、杏村はヴィンデルバント・リッケルト・コーンをはじめとする新カント派の理解と立論に依拠し自由概念の「要請」について概説している。冒頭、杏村はヴィンデルバントが、多義的にすぎる「理性」概念に代えてその意味することを「規範意識」「価値意識」として捉えなおしていること指摘した上で、「我々が何等かの判断をしたとすれば、其の判断は、凡そ何等かの規範意識あることを前提して居る」とし、同様のことが倫理と美についても認められること、そしてそれは「普遍妥当的なる価値のあること」を前提していることを強調した上で、次のように「自由」の「要請」が不可欠となると論じていく。「我々は道徳的良心の自由を許容しなければ、凡そ人生は全然的に自然必然性の支配する世界となり、人間は自然物の一塊と化せざるを得ぬこととなる。人間の独立的なる品位は維持せらる可くも無い」(p.50)。美についてもまた「美的法則の普遍妥当性を信じないとすれば「美」と「快」［Augenehm］は同一のものとなる」のであり、「此くして一旦、非論理的なる道徳や美やの法則も亦、確実に普遍妥当性を有することが言われたとすれば、其れよりして非論理的なる規範意識は根本的に樹立せられ、実践理性の能力としての自由は否定することが出来ないものとなった」と論定していく。「自由は道徳的法則の存在根拠であるが、道徳的法則は自由の認識根拠であ」り、また「我々の価値判断の根本予想、或は要請である」。

こうした自由の把握を前提にヴィンデルバントに沿って杏村は自然の「衝動」に対置する意志としての「自由」を次のように述定している。「道徳的自由とは、認識された法則の下へすべての衝動の意識的征服であ」り、また「良心の支配であ」り、「自由、ただ此の名にのみ値するものは規範的意識によつての経験意識の決定である」。その上で、杏村は結論的に次のように記している。

> 此くして必然と自由との区別は明瞭にせられた。我々が論理学的規範意識の上に立ち、自然の因果法則的必然性を語つている場合には、我々の行為は少しも自由では無い。其れはすべて他の自然物に於けると全く同一なる自然法則の支配を受けて居る。此れは我々の行為の或る一つの見方だ。然るに若し一旦我々が此の規範意識の純粋行動自身の立場に立つて見る時には、人間の行動は其の一つとして自由ならざるを無しと言つてよいのである。(p.54)

およそ新カント派、ヴィンデルバント・リッケルトに沿ってその自由の理解を祖述するこの論稿の末尾に、杏村はカントの自由をめぐる多重の議論の「目的」であり、また基軸である「自己立法」の概念に触れて次のように記している。

> カントはなほ此の自由を、或る場所では、消極的自由と積極的自由なる言葉で現した。規範意識は、他の内容原理によつては累せられず、其れより全然独立的となり、自律的に自己立法を為す。規範意識のこの独立性を消極的意味の自由といひ、其の自己立法を積極的意味の自由といつたのである。併し自由の自由たる所以が此の後者にあるは言ふまでもないことである。(p.54)

自然必然性と道徳的法則を峻別し、後者においては「自由」がその基盤として要請されることを杏村は新カント派に即して論定しようとする。それはマルクス主義も含む自然科学主義、創造や創作、ひいては社会的な自由の実践と展開の根拠付けたりえない科学への批判としても意識されている。しかし、「規範」を既に（外部より）与えられたものとして前提する、せざるを得ない状況と立場、歴史的にまた発達的にも支配的・現実的な状況に立つならば、「規範」に拠る「衝動」の「意識的征服」という「自由」は、所与の規範への自発的服従にほかならず、与えられた拘束からの解放と「自己決定」に向かう自由の基本的理解とまったく対立するものとなる。実際、歴史的にもまたその当初からも、カント道徳論・自由論への批判はこうした把握に基づいている。この問題とも関わり、「要請」・「判断」・「先験的意識」・「人格」、そして「自由」をめぐる一連のカントを前提とする概念のネットワークを通して語られるここでの杏村の自由論と先述の自由論との整合性、あるいは非整合性をめぐる検討が必要となってくる。カントの自由概念とその解釈をめぐる議論への参照が求められる。手短すぎる概観に止まらざるを得ないとしても、敢えてその遡及・迂回を組み込んだ上で、改めて自由大学における自由とデモクラシーをめぐる杏村の提起の意味の検討への向かうこととしたい。

2. カントの自由概念の多重構成と展開アプローチ

アリソンは、現在に到るカント自由論研究の到達点を示すといってもよい著作『カントの自由論』(1990年) の冒頭において「カントの批判哲学において自由の概念が中心的な役割を果たすということ」、「自由の概念は、空間と時間の観念性の理論とあわせて、三批判のすべてを通貫する共通の主題をなしている」ことを指摘するとともに、「残念なことに、カントの自由の理論はカント哲学のなかで、擁護はおろか解釈するのにさえ最大の困難をはらむ側面であると述べても誇張ではない」としている。

カントにおける「自由」・「自律」概念への問いの「困難さ」の共有は、同時にその探究の決定的な重要性の自覚とその飛躍史的な展開と連動している。1971年『正義論』を中心とするロールズの一連の研究は、法論をも含むカントの包括的な理解を基盤に置きつつ、社会契約論の歴史的再構成を通して現代における民主主義の理論的な基礎構築を目指している。ロールズのインパクト以後、マウス『啓蒙の民主制論―カントとのつながりで』(1992)、ハーバーマス『事実性と妥当性』(1992) をはじめとする民主主義と法をめぐる議論から Deliberative Democracy の展開、そしてケアスティングス『自由の秩序―カントにおける法および国家の哲学』2007以後、カントの法論・国家論をめぐる研究の渦が形成されていくこととなる。

1) 自由概念の歴史的展開過程におけるカントの「自由」「自律」概念の地平

そして1998年のシュナイウィンド『自律の創成』は中世以降の自然法と道徳性をめぐる理論の展開を組織的に再構成しつつ、カントの自由・自律をめぐる定位をその展開の帰結であると同時に、それを超えて近代における自由を規定するまったくの「創成」として捉える長大な歴史的な眺望を描き出す。カント以前において、たとえばロックやライプニッツ、そしてアメリカ独立宣言においても、宗教的な自然法的秩序、全知全能の造物主の先在、万物と法・道徳の創造という前提は明示的暗示的に保持され続けている。時の秩序・権力への抵抗と打破は、それらが原初に与えられた秩序・法に反していることによってなされ、その抵抗自体が神の法に従い、あるいは回帰することであるとして正統化される。こうした予め (造物主によって) 完全な形で与えられた秩序を前提する構成、所与の完全な意志のもとでの人間の道徳の「他律」としての構成は、ロック・ライプニッツを含め、ヒューム・ルソー・カントの批判以前には問い返されることが無かった。ロールズは道徳思想史をめぐる講義の中で、ヒュームを経てカントによって創成される「自律」の地平を次のように表現している。

> 道徳的秩序はなんらかの仕方で、人間本性そのものと、わたしたちが社会のなかで共生することの必要条件から生ずる、と考える。彼らはまた、わたしたちが行為すべき仕方に関する知識や自覚は、普通に思慮分別と良心をもったすべての人にとって直接的に到達可能である、とも考える。そして、最後に、彼らは、わたしたちはわたしたちの組成からして、外的な制裁を必要とせずして、少なくとも、授けられる報奨や、神または国家によって科される刑罰という形での外的制裁を必要とせずして、為すべき仕方で行為することへとわたしたちを導く十分な動機をみずからの本性のうちにもっていると考える。ジョン・ロールズ『ロールズ哲学史講義』(バーバラ・ハーマン編　坂部恵監訳　久保田顕二・下野

正俊・山根雄一朗訳 , みすず書房 , 2005, p.37 ）

シュナイウィンドはその転換を次のように語っている。「ライプニッツ派にとっては」、（そしてロックも含むライプニッツに到る主意主義の中世以来の伝統においては）「この世界が必然的に最善の可能世界でありうるように神が責任をもつ。カントは、この世界もわれわれ自身も完成させる責任をわれわれに委ねるのである。」（J.B. シュナイウィンド『自律の創生 : 近代道徳哲学史』田中秀夫監訳・逸見修二訳 , 法政大学出版会 , 2011, p.774.）

2）カント自由論の形成的多重構成

カントの自由をめぐる探究は、『純粋理性批判』（1781/1787）・『人倫の形而上学的基礎づけ』（1785）、『実践理性批判』（1788）、『判断力批判』（1790）をはじめとする批判期の主要著作、そして「啓蒙とは何か」（1784）・「理論と実践」（1793）・「永久平和のために」（1795）等の多くの社会的な発言を通して、連動する形で探究・構成・表明されていく。それらの叙述は多階層の、相互に前提され連動した企図としての構成を成しているために、個々の層に限定し多重構成を切断した枠内で整理しようとする（通常の専門研究の「客観的な」）分析では整合的な把握は導きがたい。しかし、逆に、カントが当時の状況への社会的な発言の中でより積極的に語っている自由と社会をめぐる展望と構想、その企図と志向に沿って多階層の議論を辿ろうとするならば、カントの理路はむしろ鮮明に浮かび上がってくることとなる。

『純粋理性批判』、認識批判の層において、カントは人間における現象の認識・観察が、空間と時間のフレームを不可欠の前提としていること、したがって、経験しうる空間・時間の外部を認識することが不可能であることを四つの二律背反の検討を通して論証し、それを超える世界の始原、造物主、世界の終わりをめぐる立論の基盤を「破壊」する。神学、そしてニュートン、デカルト、ロック、ライプニッツの展開においても前提されている理神論的構成に連なり、みずからをも深く捉えていた暗黙の大前提を「独断のまどろみ」として打破していくこととなる。自由は 4 つの二律背反の一つに含まれて居る。造物主的自由、すべてを時間的展開なしに創造する宇宙論的自由についてはこれを否定しつつ、同時に人間自身の自由意志について、客観的認識の枠内ではそれを証明することも否定することもできないと留保する。その基礎づけは、議論の次の層、人間の実践、道徳性をめぐる行論の中で、客観的実在としてではなく、実践の主体としての不可避・不可欠な「要請」として展開されていくこととなる。

『人倫の形而上学的基礎づけ』、『実践理性批判』を通して、カントは人間の自由の積極的な根拠付けをめぐる議論をここでも多層の構成として展開していく。カントはまず「自然」の「傾向性」への従属を超える人間の意志、「義務」に沿う意志として自由を定位するが、その「義務」は外部から与えられたものではなく、「自己立法」、自らの判断によって選択されたものであることへと問いを旋回させていく。そして自己立法としての判断の基準を示していく。

（一）あなたの意志の格率が同時に普遍的立法の原理として妥当し得るように行為すべきこと（「人倫の形而上学の基礎づけ」,『カント全集』7, 岩波書店 , 2000, p.54, A421）

（二）自身の人格のうちにも他の誰もの人格のうちにもある人間性を、自分がいつでも同時に目的として必要とし、決してただ手段としてだけ必要としないように、行為すべきこと。（同前 , p.65, A429）

（三）理性的存在者はいつでも自分を、意志の自由によって可能な目的の国において立法する者として見なすべきこと（同前 , p.72, A434）

道徳的実践の層で提起されるカントの自由と「自己立法」をめぐる考察は、しかし、むしろ予め、社会的な立法、社会契約に基づく立憲共和制への企図に向けて、そしてその可能性の根拠付けとして構成されている。続くカントの法論、そして並行する公論・平和論・国際法とその組織をめぐる立言は、そうした理論的構成を前提として展開されていく。全知全能の神の与えた法をめぐる神学、自然の法を捉えたとする理神論の根拠を奪ったのちに、限界ある人間の協働の知、不可避の試行錯誤と省察の展開を通して進む協働の知よって自己構成される法と秩序への展望、その実現可能性に向けて、カントの立論と発言は重ねられていく。

第三の批判、『判断力批判』においてカントは美と崇高に関わる判断をめぐる考察を重ねながら、与えられた規則を適用する判断力（規定的判断力）とは異なる、個々の特殊的な経験から普遍的な法（則）を探り構成する判断力（「省察的判断力 die reflektierende Urteilskraft」）、そしてその行程を将来にむけてひらく「目的論的」＝プロジェクト的時間展望へと問いを旋回させていく。省察的判断力は「実践理性の概念に従う判断力」として捉えられその漸成的、目的試行的発展こそが、実践理性の妥当性と可能性の拠り所となる「力」として、だからこそ第三批判の主題として提起されている。

人間の認識、そして価値をめぐる実践を、既に外部に与えられた秩序を内に映すこと（ロック）、あるいは予め内に埋め込まれたものを引き出すこと（デカルト）と捉える認識と価値の二つの先在論を超えて、カントは知と実践的価値の秩序を人間自身の（構成・後成・漸成的な、さらには省察的な）自己構成として捉え返す根本的転換・「コペルニクス的転換」を提起する。その新たなフレーム・地平に立つならば、知と価値の根拠と妥当性は、すべてその漸成的・省察的な自己構成プロセス＝構成的学習プロセスとそのひらかれた自己検証の展開・発展に懸かっていることとなる。

3）自由の形成への二つのアプローチ

カントはその実践・学習のプロセスとその持続的な展開をどのように想定していたのだろうか。その想定・構想を、カントはある意味ではほとんどすべての著作を通して提起し、その探究へのより多くの読者の参画を呼びかけ続けていたと言えるだろう。そこで目指されている協働探究としての学習の構成はおよそ二つの、密接に支え合うアプローチとして捉えることが出来る。第一のアプローチは、ハーバーマス、フーコー、ロールズをはじめ多くが最重要視してきた批判的公共性、省察的討論・コミュニケーション過程をめぐるカントの提起である。「啓蒙とは何か」が、そのもっとも鮮明な表現であるといえようが、三つの批判のそれぞれの末尾に置かれた「方法論」をめぐる提起においても、その論点は繰り返し語られている。そしてその三つの批判の論述そのものが、二つの根本的に対立する立論を相互的に検証し、自らの判断を読者に求める、相互的な批判的探究への企図、誘いとして構成されている。

しかし、認識と実践をめぐる知の妥当性の検証は、討論プロセスの内部で（それがいかに拘束なき「理想的発話状況」（ハーバーマス）を求めようとも）完結することはない。そこでの把握を、その後の実際の知と価値をめぐる探究・実践・実験を通して検証し、さらに省察と実践を重ねていくプロセスが不可欠となる。カントは『純粋理性批判』第二版のエピグラム（題辞）としてベーコンを置き、また『プロレゴメナ』において「私の立脚点は経験という肥沃な低地である。」（p.259）「真理は経験のうちにのみ存する」260 と述べているが、真理が予め与えられているという前提を取らない以上、事後的な経験・実験のみが認識・価値の妥当性の基盤となることは必然である。晩年の『諸学部の争い』（1794）におけるフランス革命への言及においても、カントは歴史的な企図に深い共感を寄せつつ、自律への企図の当事者の一人として、その現実の展開に目をこらし、検証を重ね、求めるべきアプローチを模索し続けている。死の前年刊行された『教育学』（1803）の中で、カントは改革のための、新たな教育への実践の企図、デッサウの学園（汎愛学舎）に触れている。それまでの「機械論的」な「躾け」・「調教」の教育、いわば他律の教育に対して「子どもが［みずから］思考することを学ぶ」教育、自律への教育、「革命」ともいうべき新たな教育を実現していくための企図と関わってカントは次のように述べている。

> 教育には実験は必要ではなく、ある事柄が善であるかそうでないのかはすでに理性に基づいて判断できるであろうというように、一般的にはたしかにそう思い込まれている。しかしながら、この思い込みには非常に大きな誤りがあるのであって、われわれが実験を行う場合にはしばしば、期待していたのとは正反対の結果がよく示されるということを、経験は教えてくれる。
> したがって、実験［すること］が重要であるわけだから、どの時代も完璧な教育計画を提示できるわけではないことがわかる。この点に先駆的に端緒を開いた唯一の実験学校がデッサウ学院であった。デッサウ学院は、非難されても仕方がないような欠陥を多く抱えていたけれども、こうした名誉が授けられて当然である。というのも、そうした欠陥とは、実験から導き出されるあらゆる結論に付帯して見出されるものであって、それゆえにこうした欠陥に対しては、つねにまた新たな実験が必要となるからである。このデッサウ学院はある意味では、教師たちがみずからの独自の方法と計画にもとづいて研究教育活動をする自由を持っていた唯一の学校であるとともに、そこでは教師たちは同僚間と同じように、ドイツのあらゆる学者とも連携を保っていたのである。（「教育学」，『カント全集』17, 岩波書店 , 2001, pp.234-235, A451）

実験的な企図とその経験・検証の展開と、それをめぐる同僚間・そして学的コミュニケーションとの連動がそこでは語られている。カントの批判的公共性、省察的コミュニケーションへの提起は、実践者としての実践と省察の企図、「失敗」や「欠陥」を露呈しつつそれを踏まえて省察・再構成していく自己構成プロセスと対になって提起されている。カントの「実験」をめぐるアプローチは、パース、そしてデューイの実験主義に引き継がれていくことになる。

カントの自由とその形成における実践・経験の中での省察的判断力へのアプローチ、そして杏村が自由画教育における創造過程を踏まえた自由論、省察的自己構成としての自由を前提に、最後に自由大学に関わる自由と「デモクラシイ」をめぐる杏村の宣言を読み進めていくこととしたい。

3. 自由大学における「自由」と「デモクラシイ」

土田杏村の自由把握、そして杏村が拠り所とするカントの自由概念とそれを基軸とする社会構成への問いの展開を探ってきた。そこにある試行錯誤を必然的に孕む探究・創造のプロセスとしての自由把握、省察的自己構成としての自由とも呼ぶべき把握を踏まえつつ、杏村の自由大学論、自由とデモクラシーへの学習過程の組織としての「自由大学の理念」をめぐる提起を、改めて検討していくこととしたい。1923年10月、自由大学のパンフレット「信濃自由大学の趣旨及内容」に寄せられた「自由大学に就いて」においては、「人格の自律」・「自己教育」と自由大学の企図の意味に関わり、改めて自由とデモクラシー、そして自己教育をめぐる議論が展開される。

> 教育とは、其れを受ける事により、実利的に何等かの便益を得る事に止まるものでは無いと思ふ。我々

が銘々自分を教育して、一歩々々人格の自律を達して行くとすれば、其れが即ち教育の直接の目的を達したのである。生きるといふ事は、我々が生物として自分の生命を長く延ばして行くことでは無い。生きるとは人間として生きることだ。より理想的に生きることだ。しかし自分をより理想的に生かして行く主体は、自分以外の何者でも無く、自分は自分以外の何者からも絶対に支配せられないところに、人間としての無上の光りが輝く。此の人間の本分を益々はつきりさせ、人間として生きることは、即ち自己教育である。自己教育が即ち人間として生きることであり、人間として生きることが即ち自己教育である。(土田杏村「自由大学に就いて」『信濃自由大学の趣旨及内容』p.1.)

教育の意義は自己教育にあるが、併し我々の生活創造は、個人の孤立によつて達せられず、社会を組織して個人が相互に影響し合ふことにより、反省の機会を得、創作の資料を持ち、その創造を豊かならしめることが出来るやうに、自己教育は又、他よりの教育を必然的に要求する。何人も他への教育者であると同時に、他に対しての被教育者なのである。(「自由大学に就いて」, p.3)

杏村の行論は「人格の自律」に向かう「自己教育」「生活創造」が、相互的な「影響」＝相互的な学習プロセス、「反省の機会」・「創造の資料」を含む協働的な学習プロセス、省察的コミュニケーションを要すること、そしてその相互的・協働的な自己教育のプロセスを支える企図と組織・自由大学が求められるとし、次のようにその「人格の自律」・相互的な自己教育のための構成を提起する。

「下より上へ」は、至るところで現代のモツトオになつた。あらゆる組織が個人としての自覚に始まり、個人を基礎として組合的に数人の機能的集団を造り、其の集団が漸次に抽象的に組織せられて行くことをいふのである。我々は個人の自律に出発する。個人の自律とは、我々の内なる全体性の理念を生かすことだ。此の二つは結局同じものを意味する。我々の社会は、全体性の理念に導かれつゝ、下から上へ、個人の積層的集団を造つて行かなければならない。断じて天降り的の概念を上より注入せられる可きものではなは無い。(同前, p.2)

そして結論として次のように自由大学のあり方を表現している。

我々の学校は、すべての点に於て我々自身によつて組織せられ、支持せられる。其れは終生的な学校である。労働しつゝ学ぶ学校である。其の教育程度は最も高いところまで達する。我々はすべてが何等かの方面に於て教育者であり、何等かの方面に於て被教育である事を自覚して居る。徒らに就いて学ぶが我々の学校の本義では無い。我々の学校は討論もすれば、談話もするであらう。さうした独立の学校は、理想的に組合の形式を持つ。其の組合は前後左右に、積層的に教育組合の連盟を作る。下より上への連盟組織、それはピラミッド型の一の独立した教育組合社会をつくる。此の全体の学校の理念を今より我々は「自由大学」と呼ばう。(同前, p.6)

「自由大学に就いて」において、杏村は人格の自律・自己教育から「デモクラシイ」への問いを進めて行くが、「自由大学とは何か」(1924) の中では「デモクラシイ」への問いから出発しその「前提および目的」として「教育」と「自己教育」、そして両者の内在的な、関係把握について提起している。冒頭、杏村は「自由大学とは何か」への問いの起点としての「デモクラシイの前提および目的としての教育」について次のようにその捉えを示している。

　現代の社会的要求は、最も廣い立場から見て、すべてデモクラシイの要求だと考え得ると思ふが、凡そデモクラシイには、次の要素が含まれて居なければならない、デモクラシイは、個人的に見れば、この人格が其の判断と行動とについて他より強制せらるるところなく、完全に自律することを意味し、社会的に見れば、個人は其の個有する能力の凡てを完全に成長せしめ、個性的に社会の創造に参画することを意味する。此の意味のデモクラシイには、当然或る前提が予定せられる。その判断と実行とを通して完全に自己の人格を自律せしめ得る人格は、完全に自己を教養し、判断と実行に於て自己決定をなし得る完全なる能力を持つていなければならない。また次に、その固有する能力の十全なる生長を通して社会的創造へ個性的に参画することのできる人格は、また当然其の固有する能力へ完全なる教養を与えたと予定しなければならない。此くしてデモクラシイの要求が実現せられ得るためには、此を個人的に見るもまた社会的に見るも、個々の人格は完全なる教育を経過した後のものとなることを前提しなければならない。（土田杏村「自由大学とは何か」, 伊那自由大学『自由大学とは何か』, 1924, 土田杏村『農村問題の社会学的基礎（改版）』第一書房 , 1932, p.151）

「デモクラシイ」が、その構成員における「判断と実行」の「自己決定」、さらには「社会的創造」の能力とその形成を前提として要請することを確認した上で、杏村は「デモクラシイ」と自由のとらえ返しを求めていく。

　個人は既に社会の中に生まれ、其の要求の何れ一つでも社会的着色を帯びないものは無いに拘らず、かゝる社会的個人の性質を社会から取り離して個人的なるものと考え、更にその抽象化せられた個人の要求を根基とし、機能的に社会に投射しようと努める、この社会哲学を信奉するデモクラシイは、元来個人主義的となり、且つ其れの消極的側面のみを高揚することゝなる、即ち個人が他より強制せられず、自己決定をなす、人格の消極面のみが注意せられ、進んで積極的に他の人格に働きかける人格の能動的自由の側面は閑却せられ易い。（同前 p.152）

「自己決定」はここではむしろ「人格の消極面」として捉えられ、それに対比して「積極的に他の人格に働きかける人格の能動的自由」に注意が向けられている。社会と個人をそれぞれに対象化し、隔離してとらえる見方に対して、人格の相互関係として社会をとらえる観点から杏村は次のように社会と人格的相互関係と教育の理想とを捉え返していく。

　デモクラシイの目的は何処にあるか。個人的に見れば。各人は自己の人格を完全に自律せしめることより進んで、更に社会人としての自覚に立ち、能動的に他の社会人の固有する能力の十全なる生長へ協同することにより、すべての社会人をして社会的創造へ個性的に参画せしむるやう行動しなければならない。（中略）
　社会は個人の相互関係により組成せらるゝものであるが、その相互関係は今述べ来つた人格的意義のものでなければならぬから、抑々我々の社会の認識は、其れの根底に教育を前提し、且つ社会の理想もまた教育そのものだと、我々は断言しうるのである。（同前 , p.153）

その上で、そうした「デモクラシイ」と「教育」「自己教育」のための組織として、杏村は「自由大学の理念」を次のように宣言している。

我々の自由大学の理念となるものは、実に右に論じたデモクラシイの前提及び目的となった教育の理念其のものに外ならぬ。自由大学の教育は、終生的の教育である。其れは社会的の教育である。其れは各人の固有する能力を完全に個性的に生長せしむる教育であるから、教育が社会の何人かに独占せらるゝことを否定する。其れは本来社会的創造への参画を目的とするから、社会の労働を奪わず、却つて其れの実現に参画しようと努める。其れは自己決定的の教育なるが故に、其の方法において自学的であり、その設備に於て自治的である。

かくして自由大学とは、労働する社会人が、社会的創造へ協同して個性的に参画し得るために、終生的に、自学的に、学ぶことの出来る、社会的、自治的の社会教育設備だといふことが出来るのである。(同前, pp.153-154)

本稿の前半において検討した杏村の「自由」概念把握、その中心にある創造プロセス把握を踏まえるならば、「社会的創造」とそこへの「協同」の「参画」の企図としてのデモクラシーは、その協働的な「創造」過程に否応なくともなう試行錯誤、「失敗」の経験とそれをめぐる省察的な学習過程、協働的な省察としての学習を不可避の、というよりもむしろその本体としてともなわざるを得ない。そして自由大学は、その当事者自身による省察的な学習過程の協働組織として展開されていくべきものとなるだろう。だからこそそれは「終生的に、自学的に、学ぶことの出来る、社会的、自治的の社会教育設備」であることが要請される。生涯にわたる省察的自己構成としての自由、その社会的、そして歴史的展開としてのデモクラシー、そして両者を貫く試行錯誤とともなう省察的学習過程とその組織への展望として自由大学の理念を捉えることが求められる。

結びに代えて：自由・自己教育・省察的民主主義への歴史的な希望

カントの自由論・道徳論・法論を手がかりとして〈公正としての正義〉の理念・理論により「立憲デモクラシーの哲学的な擁護」、そしてその理論的基盤構成をめざしたロールズの『正義論』、ロールズのインパクトを受けつつカントの「啓蒙とは何か」における「批判的公共性」の理念を梁とする『公共性の構造転換』の歴史的把握から『コミュニケーション的行為の理論』への展開を踏まえ deliberative democracy 討議・熟議の民主主義論を展開するハーバーマスの『事実性と妥当性』。長い自身のカント研究を基盤に、伝統的・宗教的・国家的な他律的秩序への批判し「パレーシア」(ひらかれた公共空間における意見表明)と「自己統治」の主体への問いを求め続けたフーコー、そして「公共性」と「カントの政治学」をめぐるアレントの議論。民主主義の理論の現在までの到達点ともいえる企図は、カントがひらく自由と公共性、そして自己立法としての法秩序の可能性をめぐる理論的地平への追攀として展開されている。

しかしなお、民主主義が与えられた秩序、あるいは一回限りの決定・選択によって成就される秩序であるかのような錯認とそれを前提とする「不満」は再生産され続け、冒頭にも触れた現状、新たなコミュニケーション状況におけるより旧い正統性へのスリップダウンとそれにともなう混乱のただ中にいま私たちは置かれている。しかし、それに対し、状況を一挙に打開･転換させる方途を求めようとすることもまた、旧い正統性へのもう一つの囚われ･誘惑に他ならない。限界ある探究と実践、その省察を再構成的に重ね、その経験を結びひらき、世代を超え、そして記録を介してその「失敗」･「欠陥」も含む経験の蓄積を批判的に継承し、自らの世代の企図に活かし、次の世代に発展的に継承していく、長い省察的実践とそのコミュニケーションの歴史的な積み重ねを続けていくことによってこそ、次の展開はひらかれていく。自由大学の企図の100年にあたる苦境の時に、その歴史的省察と展望のためのコミュニケーションの機会を構成してくださったみなさん、そしてそこに集ってくださった、またこの論集を読んでくださっているみなさんとともに、自由大学がひらいた自己教育・自由、そして省察的民主主義への企図、その基盤形成への長い展望と希望を共有したいと念う。

〔参考文献〕

自由大学

(1) 伊那自由大学『伊那自由大学とは何か』自由大学パンフレット（1）
(2) 土田杏村「自由といふ事の意義」『自由教育論　上巻　哲学的基礎に立てる教育学』内外出版, pp.245-278.（『芸術自由教育』1-5, 1921.5）
(3) ―――『農村問題の社会学的基礎（改版）』第一書房, 1932.
(4) ―――「カント哲学に於ける「自由」の意義」,『文化』, 1922.5.
(5) 恒藤恭『批判的法律哲学の研究』内外出版, 1921.
(6) 山本鼎『自由画教育』アルス, 1921.
(7) 猪坂直一『回想・枯れた二枝』上田市民文化懇談会, 1987.
(8) 中野光「大正自由教育と自由大学」『大正自由教育研究の軌跡』学文社, 2011.
(9) 松田義男編『土田杏村著作目録』, http://ymatsuda.kill.jp/Tsuchida-mokuroku.pdf, 2022.
(10) 長島伸一『民衆の自己教育としての「自由大学」』, 梨の木舎, 2022.
(11) 山野晴雄『上田自由大学の歴史』自由大学研究・資料室, 2022.
(12) 柳沢昌一「『自由大学の理念』の形成とその意義―民衆の自己教育運動における〈相互主体性〉の意識化―」,『東京大学教育学部紀要』23, 1983.
(13) ―――「自由と大学をめぐる歴史的な省察：「自由大学の理念」の再考」『教師教育研究』7, 2014.

カントの自由論・共和制論をめぐる諸研究

(1) E. カッシーラー［中埜肇訳］『自由と形式―ドイツ精神史研究―』ミネルヴァ書房, 1972.
(2) O. ヘッフェ［品川哲彦・竹山重光・平出喜代恵訳］,『自由の哲学―カントの実践理性批判』法政大学出版局, 2020.
(3) O. オニール［加藤泰史監訳］『理性の構成―カント実践哲学の探究―』法政大学出版局, 2020.
(4) H. アリソン『カントの自由論』［城戸淳訳］法政大学出版局, 2017.
(5) J. ロールズ,「カントⅧ　自由の法則としての道徳法則」（B. ハーマン編［坂部恵監訳］『ロールズ哲学史講義』みすず書房, 2005.
(6) J. B. シュナイウィンド［田中秀夫監訳・逸見修二訳］『自律の創成：近代道徳教育史』法政大学出版局, 2011.
(7) カント研究会『自由と行為』［現代カント研究6）晃洋書房, 1997.
(8) M. キューン［菅沢龍文・中澤武・山根雄一郎訳］,『カント伝』春風社, 2017.
(9) W. ケアスティングス［船場保之・寺田俊郎監訳］,『自由の秩序：カントの法および国家の哲学』ミネルヴァ書房, 2013.
(10) 網谷壮介『共和制の理念―イマニエル・カントと一八世紀末プロイセンの「理論と実践」論争』法政大学出版局, 2018.
(11) K. ポパー「イマニエル・カント　啓蒙の哲学者」『開かれた社会とその敵』1下, 岩波書店, 2023.

カント

(1)『天界の一般自然史と理論』（1755）［福田喜一郎訳『カント全集』3, 岩波書店, 2001］
(2)「汎愛学舎論」（1776）［福田喜一郎訳『カント全集』3, 岩波書店, 2001］
(3)『純粋理性批判』（1781/1787）［有福孝岳訳『カント全集』4-5, 岩波書店, 2001］
(4)「啓蒙とは何か」（1784）［福田喜一郎訳『カント全集』14, 岩波書店, 2000］
(5)『人倫の形而上学』（1785）［樽井正義・池尾恭一訳『カント全集』11, 岩波書店, 2002］
(6)『実践理性批判』（1788）［坂部恵・伊古田理訳『カント全集』7, 岩波書店, 2000］

(7)『判断力批判』(1790)［牧野英二訳『カント全集』8-9, 岩波書店 , 2000］
(8)「理論と実践」(1793)［北尾宏之訳『カント全集』14, 岩波書店 , 2000］
(9)『永遠平和のために』(1795)（遠山義孝訳『カント全集』14, 岩波書店 , 2000］
(10)『諸学部の争い』(1798)［角忍・竹山重光訳『カント全集』18, 岩波書店 , 2002］
(11)『教育学』(1803)［加藤泰史訳 ,『カント全集』17, 岩波書店 , 2001］

民主主義

(1) I. マウス『啓蒙の民主制論—カントとのつながりで—』［浜田義文・牧野英二監訳］法政大学出版局 , 1999.
(2) 南原繁『政治理論史』東京大学出版会 , 1962.
(3) 丸山真男『戦中と戦後の間』みすず書房 , 1976.
(4) Th.W. アドルノ［原千史ほか訳］『自律への教育』中央公論新社 , 2011.
(5) J. ハーバーマス［細谷貞雄訳］『公共性の構造転換』未来社 , 1973.
(6) ——— ［河上倫逸ほか訳］『コミュニケーション的行為の理論』未来社 , 1987.
(7) ——— ［河上倫逸・耳野健二訳］『事実性と妥当性』未来社 , 2003.
(8) ——— ［三島憲一訳］「民主主義と認識－経験的研究と規範理論」(J. ハーバーマス『あゝヨーロッパ』, 岩波書店 , 2010.)
(9) ——— ［三島憲一編訳］『デモクラシーか資本主義か 危機の中のヨーロッパ』
(10) D.A. ショーン［柳沢昌一・三輪建二監訳］『省察的実践とは何か』鳳書房 , 2007.
(11) D.A. ショーン［柳沢昌一・村田晶子監訳］『省察的実践者の教育』鳳書房 , 2017.
(12) R.E.Goodin, *Reflective Democracy*, Oxford University Press, 2003.
(13) 千葉眞『デモクラシー』岩波書店 , 2000.
(14) 宇野重規『〈私〉の時代のデモクラシー』岩波書店 , 2010.
(15) ——— 『民主主義のつくり方』筑摩書房 , 2013.
(16) ——— 『民主主義とは何か』筑摩書房 , 2020.
(17) 山本圭『現代民主主義』中央公論新社 , 2021.
(18) 空井護『デモクラシーの整理法』岩波書店 , 2021.
(19) M.J. サンデル［金原恭子・小林正弥訳］『民主制の不満』（上・下）勁草書房 2010.

伊那自由大学とは何か

飯田市歴史研究所市民研究員
清水 迪夫

はじめに

「伊那の地には戦前に民主的な青年運動の輝かしい歴史があったのだ、ということを、私達は幼いときから折にふれ父祖、先輩から語りきかされていた」(『下伊那青年運動史』

（資料１）大正期の下伊那青年運動と伊那自由大学関連年表

２．　下伊那郡青年会（以下郡青）代議員会、規則改正。（正副会長は会員より選挙する。会員の年齢は２５歳までとする）。

１９２２（大正１１）

５．６　下伊那文化会結成（歌誌『夕樺』のメンバー、羽生三七、代田茂ら青年運動家九人によって結成された飯田・下伊那最初の社会主義研究会）。

８．１４～１６　郡青主催巡回講演会（土田杏村。このとき信南自由大学の創設者三名（横田憲治、平沢桂二、須山賢逸）と初めて会う）。

９．２４　自由青年連盟発会式（下伊那文化会を核にした大衆的青年組織）。

１９２３（大正１２）

１．１３　下伊那文化会を「ＬＹＬ」に改組。

２．１１　デモ（スローガン：過激運動取締法反対・普選獲得）。（二千人、伊那谷最初のデモ）。

４．２０　自由青年連盟機関紙『第一線』創刊。

１１．２３　「信南自由大学設立趣旨書」土田杏村（『南信新聞』）。

１９２４（大正１３）

１．８　信南自由大学第１回開講。

２．６　デモ（スローガン：普選断行・清浦内閣打倒）。

３．１７　「ＬＹＬ事件」起こる（ＬＹＬの中心的メンバーの検挙）。

５．２８　『第一線』第七号発行、最終刊となる。

８．１０　伊那自由大学、パンフレット『自由大学とは何か　土田杏村』

１０．２１　自由青年連盟解散。

１０．２７　政治研究会下伊那支部発会（自由青年連盟の後継組織）。

１９２５（大正１４）

２．１５　デモ（スローガン：治安維持法反対・真正普選要求・貴族院制度改革）。

１９２６（大正１５）

１２．３　軍教問題討論会

１９２７（昭和２）

１０．２２　伊那自由大学千代村支部発会。

１９２８（昭和３）

３．５　伊那自由大学千代村支部機関紙『飢餓』発刊。

５．６　全下伊那郡青年会創立大会、大会後郡青解散。

１９２９（昭和４）

３．５　伊那自由大学機関紙『伊那自由大学』第一号発刊。

１２．２０　伊那自由大学最終講義（高倉輝）。

「当時、進歩的学者や思想家が信州飯田へ行ってこなければ箔がつかない。飯田はわれわれのメッカだ」(『下伊那青年運動史』)

（資料２）大正期下伊那の青年たちが招いた講師

１９１９（大正８）
　５．２４　郡青・教育会共催講演会（三宅雪嶺）
１９２０（大正９）
　８．２・３　早大伊那会、飯田町青年会講演会（大山郁夫）
１９２１（大正１０）
　　　　　　　　　　　１．１『夕樺』創刊
　　　　　　　　　　　２．２６　郡青、自主化達成
　８．郡青夏期哲学講習会（野村隈畔）
　８．郡青巡回講演会（田川大吉郎）
　１０．２５　上郷村青年会講演（長谷川如是閑）
１９２２（大正１１）
　　　　　　　　　　　３．２７〜４．２早大文化会「社会問題講習会」
　５．６　下伊那文化会結成（田所輝明、西雅雄、荒井邦之介）
　６．２９　郡青年会講演（伊藤證信）
　６．　竜丘村講演会（西田天香）、平岡村講演会（伊藤證信）
　6.中　下伊那文化会勉強会（田所輝明）
　８．１４〜１６　郡青主催巡回講演会（土田杏村）
　８．１５　下伊那文化会講演会（西雅雄、小川信一）
　　　　　　　　　　　８．２０「自由青年連盟趣旨書」『信濃時事』
　９．２４　自由青年連盟発会式（平林初之輔、西雅雄、仲宗根源和）
　１０．１１・１２　郡青主催社会問題講演会（鈴木文治、赤松克麿、上条愛一）
　１０．１７　郡青主催、自由青年連盟後援、上郷村電問題演説会（沓野信蔵）
　１０．２９　郡青・教育会共催講演会（和辻哲郎、速水滉、高橋穣）
　１２．１５〜１７　自由青年連盟主催、郡青後援社会問題講習会（鈴木茂三郎、猪俣津南雄）
１９２３（大正１２）
　１．１３　下伊那文化会をＬＹＬに改組（荒井邦之介）
　１．１４　自由青年連盟総会（荒井邦之介）
　２．８　神稲村社会問題講演会（赤松克麿）
　２．１１　第１回過激運動取締法反対・普選獲得示威運動演説会（赤松克麿）
　３．２８　郡青巡回講演会、郡青第五支部講演（帆足理一郎）
　４．１０　上郷村青年会講演（猪股津南雄）
　４．１２・１３　竜丘村講演会（野口雨情、中山晋平）
　５．２０　国際青年デーについて打ち合わせ（川合義虎、北島吉蔵、金子健太）
　　　　　　　　　　　６．５第一次共産党事件
　７．５〜７　郡青主催巡回講演会（大山郁夫）、飯田小学校、千代村、会地村、座光寺村
　８．１４　上郷村青年会講演会（北沢新次郎）
　８．１５〜１６　自由青年連盟主催社会問題講習会（森崎源吉、北原竜雄、中沢弁次郎）
　８．１６　自由青年連盟主催農民問題講演会（森崎源吉、北原竜雄、布施辰治）
　　　　　　　　　　　９．１関東大震災
　１０．２８　郡青主催講演会（永井柳太郎）
　１１．４　千代村青年会講演（奥むめお）
　１１．２３〜２５　郡青主催経済学講習会（北沢新次郎、阿部賢一）

１２．４　自由青年連盟主催普選問題講演会（三宅正一、鈴木文治）
１９２４（大正１３）
１．８～１２　信南自由大学（山本宣治）
１．１４～１６　上郷村青年会講習会（三和一男）
１．２８～２．１　信南自由大学（高倉輝）
２．２７～３．１　郡青主催支部連合研究会（風見章、桝本卯平）
３．４～８　信南自由大学（水谷長三郎）
３．１０～１４信南自由大学（新明正道）
３．１５～１８郡青主催青年教育講習会（新明正道、蝋山政道、本間誠、河西太一郎）
３．１７　ＬＹＬ事件
８．１５～１６　郡青講演会（千葉亀雄）、千代村、上郷村
１０．17～18　下久堅村青年会講演（牧野英一）
１０．２１～２５　伊那自由大学（山口正太郎）
１０．２５　千代村青年会講演（佐野袈裟美）
１０．２７　政治研究会下伊那支部発会式（荒井邦之助）
１１．２０　政治研究会下伊那支部総会（佐野袈裟美）
１２．１～５ 伊那自由大学（谷川徹三）
１２．１４　千代村青年会講演（秋田雨雀）
１９２５（大正１４）
１．８　伊那自由大学講演会（高倉輝、猪坂直一）
１．８～12　伊那自由大学（高倉輝）
１．中　民友社活版所に滞在（渡辺政之輔）
２．１５　第3回治安維持法反対・真正普選要求・貴族院制度改革示威運動演説会（高津正道、嵜野信蔵）
２．２２　郡青・千代村青年会講演会（三輪寿壮）
２．２２　上郷村青年会講演（風見章）
３．２～４　郡青第五支部主催講演（黒田寿男）
３．１５～１６　千代村青年会文学講座（高倉輝）
３．１５～１９　伊那自由大学（波多野鼎）
３．２０～２２　政治研究会下伊那支部主催政治学講習会（三徳岩男）
５．１　メーデー祝賀演説会（稲村隆一）
６．下　郡青の運動指導（荒井邦之介）
８．１４～１５　郡青主催夏期講習会（大山郁夫、市村今朝蔵）
８．１５～１９　郡青主催巡回講演会（山本宣治）
８．１７　政治研究会支部大会（荒井邦之介、山本宣治、吉川孟文）
１０．下　荒井邦之介、下伊那から追放される
１１．７～１１　伊那自由大学（新明正道）
１１．３軍教問題対談討論会
１２．５～９　伊那自由大学（谷川徹三）
１９２６（大正１５）
２．１　千代村青年会講習会（八木沢善次）
２．３～６　伊那自由大学（高倉輝）
２．２５～２８ 伊那自由大学（西村真次）
３．１１～15　伊那自由大学（佐竹哲雄）
１１．１３　下久堅村青年会講演（長谷川如是閑）
１１．１９　下久堅村青年会講演（奥むめお）
１１．　三穂村講演（奥むめお）、川路村講演（長谷川如是閑、奥むめお）
１１．２０～21　伊那自由大学（高橋亀吉）
１１．２１　千代村青年会講演（平林初之輔）
１９２７（昭和２）
１．１２～14　伊那自由大学（谷川徹三）
２．９　千代村青年会講演（高倉輝）
３．２５～27　伊那自由大学（新明正道）
６．２８　郡青協力、霜害救済演説会（大山郁夫）
７．３　新興文芸研究会主催講演会（前田河広一郎、葉山嘉樹、林房雄）
８．　郡青主催夏期講習会（大山郁夫、増田豊彦、中野重治）
１１．１５～１９　伊那自由大学（今川尚）
１１．　郡青主催巡回講演会（山本宣治、平林たい子、小堀甚二、藤森成吉）
１１．１９～２０　千代村青年会講演（山本宣治）
１１．２４　下久堅村青年会講演（平林たい子）
１１．２６　全郡青年研究雄弁大会学術講演会（村山知義）

１２．４　　郡青第五支部主催（藤森成吉）
１９２８（昭和３）
３．１５　三・一五事件
５．６　全下伊那郡青年会創立大会（郡青の解散決定）
５．１３　下伊那郡青年会第一回代議員会
１１．１～2　伊那自由大学（佐竹哲雄）
１２．１～4　伊那自由大学（タカクラ・テル）
１９２９（昭和４）
４．１６　四・一六事件
２．１５～17　伊那自由大学（三木清）
３．５～６　千代村青年会講演（桐生悠々）
１１．３０　　下久堅村青年会講演（千葉亀雄）
１２．１２～１４伊那自由大学（藤田喜作）
１２．２０～22　伊那自由大学最終講義（タカクラ・テル）
１９３０（昭和５）
３．１５　　千代村青年会講演（秋田雨雀）
１９３１（昭和６）
８．１５　　千代村青年会講演（中條百合子）
１１．14～16　郡青秋期講習会巡回講演（布施辰治）

『長野県下伊那青年運動史』、『長野県下伊那社会主義運動史』、『千代青年会々史』、『上郷青年会史』、『創立二十五週年記念帖』（下久堅村青年会）より作成。

伊那自由大学運動とはなにか

自由大学運動：土田杏村の指導で長野県の青年たちが起こした自主的自己教育運動

土田杏村：思想家・批評家。佐渡生まれ。京大卒。個人雑誌「文化」を発刊し、文明批評活動を展開。長野県上田など全国に９つの働きながら学ぶ、「労働と教育の結合」を目指した自由大学の創設に尽力。

土田杏村が全国に設立した自由大学

長野県の信濃自由大学、伊那自由大学、上伊那自由大学、松本自由大学の他、
福島自由大学、魚沼自由大学、八海自由大学、群馬自由大学、川口自由大学

信南自由大学設立者：横田憲治（上郷村）、平沢桂二（河野村）、須山賢逸（鼎村）

（資料３）「信南自由大学設立趣意書」

「戦前日本にあって社会（成人）教育に関して語られたもろもろの提言のなかで、もっともすぐれたものの記念碑的な文書」（宮坂広作『近代日本社会教育史の研究』）

地域青年たちの期待と『胡桃澤盛日記』

信南自由大学設立趣旨書　土田杏村

現在の教育制度によれば、学習の能力さえあるものならば、小学から中学、高等学校、大学と、何処までも高い教育を受ける事が出来る様になって居る。此の学校系統は、早く既に十七世紀に於て、コメニウスの創見したものであったが、彼の創見の趣旨とするところは、個人の稟賦を何処までも完全に伸長し、我々の持つたゞ一つの要求も其儘に萎縮させられてはならないという事であった。然るに其後各国の制定した学校系統は、此の肝要なる趣旨を忘れ、其の創見した学校系統の形式だけを無批判的に踏襲する傾向を示した。いかにも制度の形式は、すべての民衆に教育の機会を与え、最高学府としての大学は其の門戸を何人にも開放して居るであろう、併しその教育を受る為めには、人は莫大の経済的資力を必要とする、其莫大なる教育費を持たないも

のは永遠に高い教育を受ける機会を持たず、結局高い教育は有資産者のみの持つ特権となるのである。

今や各国の教育はコメニウスの学校に帰らねばならぬ必要を痛感しはじめた、其の結果として、理論的には社会的教育の思潮が盛んとなって来るし、事実的には成人教育の運動が前世紀に比類の無い発達をしめした。そして、コメニウスの学校の本義から言えば、民衆が労働しつゝ学ぶ民衆大学、即ち我々の自由大学こそは教育の本流だと見られなければならぬことが、強く主張せられるに至った。

教育は僅かに二十年や三十年の年限内に済むものでは無い。我々の生産的労働が生涯に亘って為さねばならぬと同じ理を以って、教育は我々の生涯に亘って為される大事業である。教育により自己が無限に生長しつゝある事を除いて、生活の意義は無い、随って教育の期間が、人生の中の或る特定の時代にのみ限られ、其の教育期間には人はすべて農圃と工場とより離籍することは、不自然であると思う。我々は労働と教育との結合を第一に重要なるものと考える。マルクスは、幼年者の労働には必ずしも反対せず、其れにより労働と教育とが結び付けられ得るならば、却て悦ぶ可きことであるとさえした、我々は労働しつゝ学ぶ自由大学こそ、学校としての本義を発揮しつゝあるものと考える。自由大学は補習教育や大学拡張教育では無い。

我々の自由大学は、最も自由なる態度を以て思想の全体を研究して行きたい。併し教育は宣伝では無いから、我々の大学の教育は団体として特に資本主義的でも無ければまた社会主義的でも無い。講師の主張には種々の特色があろう。其等の批判を自分で決定し得る精神能力と教養を得ることが、我々の教育の眼目である。我々は飽くまでも其の自由を保留し得る為めに、すべての外的関係とは没交渉に進んで行きたい。我々の自由大学こそは、我々自身の方を以て、我々自身の中に建設した、最も堅固なる一の教育機関である。

『南信新聞』一九二三（大正一二）年一一月二三日

（資料４）『胡桃澤盛日記　一』より　（※）略

１９２３（大正１２）年

一一月二六日

飯田へ此度信南自由大学が設立される事に決定した。講座別に出来て居て法、経、文、社会、生物、哲学、宗教の講座を設けて総合的に教授す、期間は十月より翌年四月迄の七月で毎晩三時間、各専門の大家が講義する、本学の採るべき点は労働に従事しつゝ側ら学業に励むと云ふ最も適切なる教育である、農村の振興として此の峡谷で大なる思想団を建設して社会に新機運を産ませたい。

１９２４（大正１３）年

一月八日　晴

（＊）飯田の信南自由大学へ行く、山本宣二（治）氏の性教育、新人の新意見、而かも未開の天地を研究する大家の意見（＊）

一月九日　晴

（＊）四時四十八分の電車で行く、本日の分は生殖器の構造、生理であった。

一月一〇日　曇

（＊）自由大学へ行ク様に為ッタノデ夕方の時間がツカヘテ居ル為馬鹿ニ非常ナ勢イデ働ク様ニナッタノヲ自分ナガラ感心シテ居ル。四時十五分平常ノ如ク行ク。

今夜ハ日本人男学生ニ於ケル性的生活、遺（射）精、自慰、最初性交、春季蠢動ト四科目ニ亘ル、八時半終ル、山本氏蔵書ノ曲線美ト言フ独書ヲ見ル、至ル処全裸体ノ美人バカリダ、未ダ自分は凡俗ノ界ヲ脱セヌ為カ挑発サレ易クテ悪イ、此ノ本ハ京都辺の古本屋へ行ケバ七八円デ求メラレル層ダ（＊）

山本から初めて女性の裸体図を見せられ、「挑発サレ」て戸惑う胡桃澤の様子が目に浮かぶ。

一月一一日　晴

（＊）三時迄やって筒井君と二人自由大学へ行く（＊）本夜の講義は主として避妊法であって、其の他血族結婚の弊はなぜか、処女の是非を血清で診断する方法等を東西学界のあらゆる研究の程度価値等を上げて批評して行く処は堂々たる大家である、十時帰る。

一月一二日　晴

（＊）四時開講、生ー死ーに付きて生物学上の歴史を引いて講義をされた、六時講義を終りて会食する、山本先生も大きな丼をかヽへて大口を開く。運動具屋の中上君がおーと言いながら笊をさげて集金に出懸けると山本先生も五拾銭投げ込む。

規約を制定した、次の講座は何時開くかに付き本月下旬は御成婚式　で関係はないが影響があると言ふと須山君が初めての性交をとやるのでどっとくる。

会員になる人は自書して廻る、時間が無いので帰る（＊）

（資料５）「伊那自由大学講座一覧表」

開講年月日	日数	講師	講座名	聴講者数	会場	聴講料（円）（＊１）
１９２４．１．８	５	山本宣治	人生生物学	７３（＊2）	飯田町飯田小学校	３
（T13）　１．28	５	タカクラ・テル（＊3）	文学論	５２	飯田町正永寺	３
３．４（＊４）	５	水谷長三郎	唯物史観研究	２７	飯田町天龍倶楽部	２
３．10	５	新明正道	社会学概論	３２	〃	３
１０．21	５	山口正太郎	経済学	１６	〃	３
１２．１	５	谷川徹三	哲学史	２３	〃	３
１９２５．１．８	５	タカクラ・テル	文学論（ダンテ研究）	２６	〃	３
（T14）　３．15	５	波多野鼎	社会思想史	２４	〃	３
11．７	５	新明正道	社会学（社会の観念について）（＊５）	２２	飯田町飯田小学校（＊６）	
１２．５	５	谷川徹三	哲学史	２４	〃	３
１９２６．２．３	４	タカクラ・テル	ダンテ研究（続講）	１５	〃	３
（T15）　２．25	４	西村真次	人類学	１６	〃	２
３．11	５	佐竹哲雄	哲学概論	１７	〃	３
１１．20	２	高橋亀吉	日本資本主義経済の研究	２６	飯田町天龍倶楽部	２
１９２７．１．12	３	谷川徹三	哲学史	１０	飯田町飯田小学校	３
（S2）　３．25	３	新明正道	近世日本社会史	１２	〃	会員２　聴講生３
１１．15	５（＊７）	今川尚	経済学原論		千代村米川公会堂（千代村支部）	
１９２８．１１．１	２	佐竹哲雄	哲学概論		飯田町飯田小学校	２
（S3）　１２．１	４	タカクラ・テル	日本民族史		千代村米川公会堂（千代村・下条支部合同主催）	
１９２９．２．１５	３	三木清（＊８）	経済学の哲学的基礎		竜江村大願寺（千代村・竜峡両支部合同主催）	
１２．12	３	藤田喜作	農村社会について		大郡楯操宅（千代村支部）	
１２．20	３	タカクラ・テル	日本民族史研究		千代村米川公会堂（千代村支部）	
１９３０．２．１４	３	三木清	経済学の哲学基礎	８６	龍江小学校（中部青年会、千代、竜峡支部）	50銭

（　）内は主催団体

表は自由大学研究会編集『自由大学運動と現代』（1983年10月発行）を参照にして、筆者が加筆した。

＊１：聴講料についてはすべて『南信』から引用した。

＊２：山本宣治の土田杏村宛て書簡は57名。『南信』（1924年１月10日）は60名。

＊３：国語国字改革を推進する立場から「タカクラ・テル」と自称したので、ここではこれを採用した。

＊５：『南信』（1925 年 11 月５日）は「社会進化論」となっている。
＊６：『南信』（1925 年 11 月５日）は「実科高女校舎」とある。
＊７：『南信』（1927 年 11 月 14 日）は「11 月 15 日より 30 日迄」とある。
＊８：三木清に関して、1930 年２月 14 日から３日間、中部青年会と伊那自由大学千代・竜峡支部主催（会場竜江小学校）によって、「経済学の哲学的基礎」の講座が実施されたとする資料が『長野県史』近代史料編にある。しかし、主催団体である千代青年会発刊の『千代青年会々史』には何の記載もない。千代村支部の中心人物楯操が「その時（1929 年２月の三木清の講義─筆者）文学論について講義をもつことを約束されたが、農村経済を支えていた養蚕業の不振は再びその声咳にふれることを奪ってしまった」（『自由大学研究』第五号 68 頁）と書いてあり、1930 年２月、三木清の二回目の講座については不確かな部分がある。

伊那自由大学千代村支部の設立（1927 年 10 月）

（資料６）「伊那自由大学千代村支部設立趣旨書」

伊那自由大学千代村支部設立趣旨書

　吾々は農村生活者として暗い宿命で今迄の如きかの如く卑々しく悲しくものゝうけに生てゐる。まことに今日の百姓程無意義なものはあるまい。しかもその生活は明日は吾々がそのまゝ承けつぐべきものがあり明後日はまた吾々が吾々の子にそのまゝ承けつがさなければならない止むなき一つの流れである。吾々のもってゐる生活と云ふ意味は最も低い意味の居食住をつゞけると云ふことにだけしか外ならない　換言すれば、吾々は物質的な意味に於ての其の日暮しを繰り返してゐるのであって精神的な意味の生活と云ふものは全く持ってゐないと云ふ有様である。従ってこの生活は吾々の精神を愚鈍ならしめ非科学的ならしめ遂には人間的な色を全く塗りつぶして牛馬同様な暗澹たる生活に吾々を歩かしめてゐる。
吾々は長い間の此の生活の殻を破って新に吾々の生活を築きあげねばならない。晴れたる蒼空の下で自らの生活に意義を感じ健康なる百姓として快活に働き得る理想社会を作りあげねばならない　恐らくこれは吾々と同じ環境にある人々の長い間の希求であったろう　では何故その間の万人の共通な希求は実現されなかったのか　社会的関係　経済的環境、そう云ふ要因の最も大きなものとして吾々は一つの事に就て述べたい。それは当然果されなければならなくて果されなかった一つの重要な仕事が残されてゐると云ふ事である　其の道をさへ吾々が突進したら　その仕事をさへ果したなら吾々は必ずもっと吾々の理想に近い生活を今日もつ事が出来たであろう　一つの路―それは教育の仕事である　自我教育の大業である吾々の生活の底を流れてゐる一つの力―それが教育である　吾々はその根底的な力に関して不注意ではなかったろうか　先に吾々の持ってゐる教育を反省して見よう。小学校教育は補習教育は概念的なパンフレットはどれだけわれ等を教育したか　吾々が社会を構成して行く為の人格識見をどれだけ作ったか、経済的関係の批判力をいつ与へたか　われ等は科学の時代に生てゐると云ふが果して吾々はどれだけの科学を摑んでゐるか　誠に吾々は昔乍らに無智無恥なる生活者の悲哀を感じずにはゐられない、真実の人間を作る為に真実の社会を作る為に吾々は早く忘れられた路標を作って、其の教育の道を進んで行かねばならない、しかも中央集権（的一欠落か）な今日の時代は都市中心の文化組織であって教育の上に於ても吾々の欲する機関は全く無いと云ってよい状態である　かくの如き時代にあって吾々の希求を代表する一つの教育運動がこの六七年前から日本の中央―信州を中心として全国的に拡りつゝある　即ちこれが自由大学運動である　伊那地方に於ても大正十三年末より伊那自由大学が設立され爾来幾多の困難と闘ひて営々として所期の目的を果すべく成力強く自由大学運動の一角に旗幟をなびかせてゐる　其処では現代日本の新進学者の粋をあつめたと云ってよい講師が哲学、経済学、社会学、文学、生理学と其々の精粋を担任して年数回の講座を飯田で開いて来た　将来社会の黎明を吾々はその貧しき教育の窓から感受した　講座の度毎に吾々は吾々の無智に戦慄し新に展開する視野に驚異の眼を開き何とも知れない脈々の力を受けて帰った　此の四年間の自由大学へ集る人々を見て如何に教育の力が吾々の人間に影響するかと云ふ事実を吾々は思はずにはゐられない　いつか知らぬ間に吾々は其れ以前と違った吾々を発見した　自由大学の斯の如き特質を吾々が理解すればするだけ深い物足りなさが吾々をおそった　それは自由大学がもっと徹底的に普遍化されねばならない事を感じたからである　例へば千代村の青年会員が其間の労働の傍ら斯の如き自我教育の時間を持たなければ駄目だと云ふような考へ方が吾々の心を動かしたのである　一つの吾々の心に燃え揚った炎は遂に今日次の様な伊那自由大学千代村支部を作らせるに至った　吾々は此の冬より毎年一ヶ月間の講座を経済学　社会学　哲学　生理学　文学等々数ヶ年に亘って計画をたて総合大学的な教育組織を作る、これ以外に自由大学の講師の来伊を機として講演会講習会を開く　又吾々の仕事と最も密接不可離な関係にある補習学校、図書館等の理想的改革に努力する　又一月一回研究会を開いて社会現象の批判解剖を試み自らの啓蒙に努めよう。この研究会には總て二三年の後には経済学社会学等専門的な研究を発表する会員の出て来るのを吾々は期待してゐる　或いは又千代村の経済統計などが作られ現実的な生産関係に裨益する事も出来なければならない　斯の如き集団が出来てこそ初めて吾々の正しき生活が指示される事を吾々は信ずる。
　二十六才になって青年会を脱ければ去勢された馬の如く昨日の理想を捨て、黒み絶え暗澹たる百姓の宿命を背負ってこの習慣的な惰力的に全く反発しなくなってお互の不幸を形作る―今迄よく見るような人間生活はなくならねばならない
　真理に忠実な正しき人間の社会生活が新千代村の黎明期を作るであろう　其の不断の鉄の如き意志と火の如き熱情ある同志の来り加らん事を切望せる所以である

一九二七・九、

伊那自由大学千代村支部

「学習こそ変革の『根底的な力』との認識から、学習と実践の統一を目指す志向で」
書かれており、「自由大学の文章のなかでも画期的な意義を持つ文章であり、
高く評価されねばならないと考える」。
（山野晴雄『自由大学運動資料、伊那自由大学関係書簡』）

伊那自由大学千代村支部機関紙『飢餓』発刊（1928年3月）
伊那自由大学機関紙『伊那自由大学　第一号』発刊（1929年3月）

『伊那自由大学　第一号』巻頭言

自由大学運動は文化下伊那の建設である。我々はその建設の手段を自我教育に拠らうとするのである。
我々はこゝで真理に飢へたる仲間を呼び合う狼である。
されば雪に凍る二里三里の山道も自由の学燈の輝きあれば毎夜通うとも我々の決して苦難とする所ではない。
寒中払暁五時からの共同作業にも我々の仲間は霜をふんで出揃う、この真摯と情熱が我々の唯一絶対の生命である。
灰色の空の下に鉛の様に活きて居る百姓の生活の中へ我々は自由大学の旗を揚げんとするものである。　　　　（編集印刷発行人林源『伊那自由大学　第一号』

（資料7）「伊那自由大学の思い出」

①「知的飢餓心があったわけですね。その飢餓心を満足させるために先生のところへ行って、先生といろんな話をして、先生はいろんな自分の知識があるから。そこで青年たちの知的欲求がだんだんと高まったと思うのです。下伊那の青年たちには小学校の先生の影響が非常に大きいと思いますね。そして先生によって育てられたものが、自分達の自主的なものに発展していったと考えられますね」。（林源）
（前出『自由大学研究　別冊一』）

②「農村の青年達は冬の農閑期、毎月夕方四時頃まで働き、十キロ－十五キロの道を自転車で飯田の町へ出て来た。多くは握り飯を持って来て会場で食べて居た。十時まで講義を聞いて帰っていく」。（林源）
（自由大学研究会『自由大学研究　第五号』）

③「昼間労働して、夕方早目に作業をおわり、腰に提灯を燈し轍の坂道、（当時荷物の輸送は馬車で、道路は今日のように舗装されず冬間は大きな轍になる）を通った学問に対する情熱を偲ぶもいとほしい」。（楯操）　　（『自由大学研究　第五号』）

④「小生は当時若輩にて只学問の面白さに魅せられて馬車馬的に講義を聞いたにすぎず必死に筆記をしたものです。大学にいきたいということも考えましたが、七人の兄妹の長男であり、当時の農家としては高校に入る者も稀な時代で之も許されず、幸い新聞紙上で自由大学の記事を見て大学で一年かゝる講義を五日－七日、然も夜間二、三時間できかれると言うことで誇りに感じて、昼間労働して四里の道を自転車で提灯の透明を頼りに通ったものです」。（楯操）
（山野晴雄編著『伊那自由大学関係書簡（横田家所蔵）』、自由大学研究会）。

⑤「講師も聴講生も若く実に熱意あふるゝものであったことが思い出される。鉄筋コンクリートになる前の飯田小学校の古い裁縫室で雪のふる夜など火の気なしで随分難しい講義をきいたものだ」。（平沢桂二「自由大学に就て」『下伊那青年　第六号』）

⑥「三木（清）氏のは竜峡支部との共催で三夜に亘り竜江の大願寺で行われ、内容は弁証法的なものが加わって意義のあるもの、而も１２月の厳寒の中で行われ、今も記憶新たなものがある」。（嶋岡潔『伊那自由大学運動六〇周年記念の集い』）

⑦「二人（佐々木忠綱、松下重光）にとって「伊那自由大学」は、その青春に決定的な影響をあたえた疾風怒濤（シュトルム・ウント・ドランク）であった。山本宣治、高倉テル、新明正道、谷川徹三、

土田杏村、三木清、出隆、恒藤恭の名がいきいきと話し出される。高倉テルの文学論が午前九時から開講されるとなると、彼ら二人は午前二時に村を発った。提灯のあかりを頼りに文学や政治や社会正義を論じながら、夜道を急ぐ青年の影は谷のいたるところで見られたにちがいない」。

（甲田寿彦「西富士開拓に生きた人たち」『月刊　エコノミスト』第七巻第九号）。

まとめとして

1．「青年はあらゆる時代あらゆる社会において歴史を創造する力であった。この意味で青年が持つ自然的純粋と正確と正義的情熱を創造的進展欲」に現す。（『上郷青年会史』）

2．「平和のために何ができるか、誰にでもすぐできる第一歩は、学ぶこと」

（早乙女勝元）

「経済格差をますます拡大させかねない資本主義のゆくえを注視していくことは、きわめて重要です。どうすればいいのか。その難題に対抗する一つの方法として、僕は『勉強』を勧めてきました。勉強とは、学校のように自分を固定するものではありません。今あるシステムから逃れる糸口をつかむために、学ぶ」。

（哲学者：千葉雅也）

3．高森自由大学（演題一覧）

第一期（２０１９－２０２０年）

第１回　「消費税増税と日本経済の破壊」

第２回　報告「リニアってどんなもの？」

第３回　食の安全

第４回　食の安全（実践編）

第５回　報告「辺野古から人権と平和を訴える」

第６回　「伊那自由大学とは何か」

第７回　「ゆとりと希望の学校をつくろう」

第二期（２０２１年）

第８回　「嚥下障害があっても安全に食べ続けるには」

第９回　「自助・共助・公助をズタズタに斬る」

第 10 回　平和音楽祭

第 11 回　作物に学ぶ炭素循環農法

第 12 回　５Ｇがもたらす電磁波汚染・管理社会

第三期（２０２２年）

第 13 回　中村哲医師が遺したもの―戦をしている暇はない―

（平和音楽会：コロナ感染拡大のため中止）

第 14 回　「『人新世』と現代の課題

第 15 回　日本経済と消費税、インボイス制度を考える

第 16 回　飯田市平和祈念館見学

第 17 回　ジェンダー平等・LGBT に関わる教育現場の取り組み

第四期（２０２３年）

　第 18 回　教育・スポーツをめぐる問題「中学校部活の地域への移行」

　第 19 回　「安保３文書」をめぐる問題

　第 20 回　リニアをめぐる問題

あち自由大学の現状と課題

あち自由大学運営委員会代表
林　茂伸

あち自由大学の出発　―2015年から―　　2022.10.3

あち自由大学世話人会　前代表　北原明倫

2015年、集団的自衛権を容認した「新安保体制法制化」を巡る攻防が激しさを増しました。憲法9条を踏みにじったこの暴挙に、日本中で抗議行動が展開されました。

阿智村でも多くの村民が反対運動に立ち上がり、6000人あまりの村で100人を超える抗議集会・デモが、3回にわたって繰り広げられました。新聞はこれを「村デモ」として報道し、多くの市町村に影響を与えました。残念ながら9月に法案は成立しました。

運動の中心を担った私たちは、この湧き上がったエネルギーをそのまま寝らせてはならないと、強く思いました。その結果、その後の運動展開を2つに定めました。一つ目は運動中で形成された、「戦争止めまい☆あちの会」を存続して、毎月第1土曜日に「憲法9条を守れ」のプラカードを持って、スタンディング行動をすること。この活動は7年たった現在でも1回も途切れることなく継続されています。

二つ目は、自覚した住民を増やすために、学習サークルを結成することでした。当初は政治、経済を中心にして「阿智社会科学研究会」を組織する計画でした。しかし世話人会の議論の中で、できるだけ多くの人に参加してもらうことが大事となりました。そのためにも、学習テーマを村づくりの課題や医療、環境、文化、科学などを含めて、住民が関心のあるテーマに拡げ、自由に何でも取り扱うことになりました。

2015年11月の開講の方針では「大学」の目的を以下の3つにまとめています。

1) 当面する社会的重要問題（政治、経済、環境、文化など）について、国の政策や国際的背景、地域に及ぼす影響等について、文献的学習と討論と通じて問題の核心を掴む。学習を通じて、自由と民主主義的考えを学習する。
2) 常に阿智村の「立ち位置」を確認しながら、住民主体で自律的民主的な村づくりに協力していく。
3) 青年層を始めとして、多くの人々に学習の場を提供して、学びを通じた自己成長を図る。

「大学」の名称を「あち自由大学」とすることで、テーマを幅広く取り扱い、参加者の窓口を広げようとしました。戦前の「自由大学」の名を使わせていただき、その歴史に重ねられればと思いました。勉学機会に飢えていたかつての青年が、燃えるような熱情で学問に取り組んだ時と事情が異なりますが、テーマ・取上方法・参加も全く自由の中、社会諸課題の核心を見る目を養い、本質を見抜く目を持とうとする心持は同じと思いました。

「大学」のキャッチコピーを「知らないって心ワクワク、学ぶって力モリモリ」としました。前半は当時のNHK－Eテレのキャッチコピーのパクリですが、後半は私たちのプライドを示したと思います。

阿智村は従来から住民の自主的活動を尊重してきました。「あち自由大学」も「村づくり委員会」の一サークルとして登録することで、チラシ類の印刷代や講師代は村から支援され、参加者は無料で受講でき、活動の経済性安定性を確保出来ました。

開講は16年２月の予定でしたが、突発的事件のため１ヶ月遅れて、第１回を３月にテーマ「村づくりと自治会」、第２回を４月「マイナンバー制度って何？」から開始されました。

あち自由大学 活動記録　（2016年度）

第１回　３月23日(水)　会場 阿智村中央公民館　参加者 14名
テーマ 村つくりと自治会　テキスト「住民と自治」
報告者 役場協働活動推進課 大石真紀子氏　助言者 岡庭一雄氏(前村長)

第２回　４月27日(水)　会場 阿智村中央公民館　参加者 14名
テーマ マイナンバー制度って何？　テキスト「住民と自治」
報告者 (世話人)北原明倫氏

第３回　５月25日(水)　会場 阿智村中央公民館　参加者 ９名
テーマ「保育園落ちた」の衝撃・女性労働者の実態　テキスト「経済」
報告者 (世話人)松井徳彦氏

第４回　７月27日(水)　会場 阿智村中央公民館　参加者 ６名
テーマ オバマ広島所感を読む、その裏も読む(読み合せ)　テキスト 中日新聞

第５回　８月30日(火)　会場 阿智村中央公民館　参加者 15名
テーマ 地方版総合戦略と人口問題　テキスト「住民と自治」「季刊地域」
報告者 大石真紀子氏　助言者 岡庭一雄氏

第６回　９月28日(火)　会場 阿智村コミュニティ館　参加者 30名
テーマ 伊那谷と自然災害・その地形・活断層は何を語るか
講 師 理学博士 松島信幸氏

第７回　10月25日(火)　会場 阿智村中央公民館　参加者 10名
テーマ 高齢者の不安とその支援　テキスト 経済 他
報告者 ①阿智村包括支援センター 岡庭弘子氏
②あち訪問看護ステーション 脇坂幸子氏
③(世話人)細山俊男氏

第８回　11月22日(火)　会場 阿智村中央公民館　参加者 12名
テーマ 村を耕す・明日の農業を語る
報告者 ①阿智村産業振興公社　多田佳則氏
②あち有機の風　市川勝彦氏

第９回　１月24日(水)　会場 阿智村中央公民館　参加者 11名
テーマ 捨ててはいけないゴミ問題
報告者 ①阿智村ゴミ処理について 阿智村生活環境課長 矢澤敏勝氏
②県最終処分場問題の顛末　前阿智村長　岡庭一雄氏

第10回 ２月28日(火)　会場 阿智村駒場区自治会館　参加者 29名
テーマ 歴史秘話―中馬街道の昔むかし　雛祭り街道イベント協賛
講話 中馬街道の歴史 阿智村文化財委員 下原恒男氏
報告 雛人形物語　駒場区文化財委員 林茂伸氏(世話人)

第11回　３月28日(火)　会場 阿智村中央公民館　参加者 15名
テーマ 住民による公民館100%活用術
報告者 ①そもそも公民館とは何か　細山俊男氏(世話人)
②公民館利用の現状　阿智村公民館長 岡庭啓真氏
③村つくり委員会の現状　阿智村協働活動推進課 実原信夫氏

あち自由大学活動記録　（2017年度）

第12回　4月25日(火)　会場　阿智村中央公民館　参加15名
　テーマ　村の家計簿入門　地方自治体の財政
　　講師　阿智村副村長　山内常弘氏
第13回　5月30日(火)　会場　阿智村中央公民館　参加:31名
　テーマ　小児科医から見た子どもの貧困
　　講師　健和会病院副院長　和田　浩氏
　報告:「子育ての現場から」前阿智村子育て支援室室長　今村雅氏
第14回　6月27日(火)　会場　阿智村中央公民館　参加17名
　テーマ「阿智村総合計画キックオフ」
　(1)「阿智村第5次総合計画」を読み直す
　　講師　前副村長　佐々木幸仁氏　前村議　原利正氏
　(2)「村の未来に向けて思うこと」　講師　村長　熊谷秀樹氏
第15回　7月16日(日)＜特別講座＞　会場　阿智村中央公民館　参加31名
　＜特別講座＞「小さな自治体の可能性と阿智村の未来」
　　講師　京都大学大学院教授　岡田知弘氏
第16回　8月29日(火)　会場　阿智村中央公民館　参加14名
　テーマ「核兵器禁止条約」を読む　世話人会分担で条約全文を読む
第17回　10月3日(火)会場　阿智村中央公民館　参加55名
　テーマ　ふるさとづくり事例研究(自治会単位での地域つくり)
　第1弾「園原の地域づくりの歴史」〈共催:智里西自治会　智里西公民館〉
　　講師　元智里西地区開発協同組合専務　他　熊谷時雄氏
　　報告「地域おこし協力隊というお仕事」智里西協力隊員　植松史歩氏
第18回　11月7日(火)会場　阿智村中央公民館　参加30名
　テーマ　ふるさとづくり事例研究　〈共催:清内路自治会〉
　第2弾「人口増を実現した清内路」講師　清内路振興室　櫻井佑介氏
　「清内路青年会の活動」　講師　清内路青年会　櫻井拓巳氏
第19回　1月9日(火)　会場　阿智村中央公民館　参加　18名
　テーマ　ふるさとづくり事例研究
　第3弾まとめ－「住民自治の充実と発展」
　　講師　前村長　岡庭一雄氏
　　(テキスト)「社会教育・生涯学習研究所年報」12号
第20回　3月6日(火)　会場　阿智村中央公民館　参加29名
　テーマ　古代東山道の世界　＜共催:智里西自治会・はゝき木館＞
　　「神々の通い路-東山道」　飯田上郷考古博物館館長　市澤英利氏
　　補論「木賊刈る古典文学の世界」　駒場区文化財委員長　林　茂伸氏

あち自由大学活動記録　（2018年度）

第21回　6月17日(日)会場　阿智村中央公民館　　　　　参加20名
テーマ　若いあなたに伝えたいこと「阿智村婦人会60周年記念誌」に寄せて
歴代婦人会長他によるシンポジウム　<共催:阿智村婦人会>
（テキスト:阿智村婦人会60周年記念誌）名古屋市からの研修生も参加

第22回　7月16日(月・海の日)会場　阿智村中央公民館　　参加18名
テーマ　親子で学ぶ「恵那山系の自然と生き物」<鉱石および昆虫の標本展示>
「恵那山はこうしてできた」　飯田美術博物館　学芸員　村松　武氏
「恵那山系の動物と植物」　飯田美術博物館　学芸員　四方圭一郎氏

第23回　9月11日(火)　会場　阿智村中央公民館　　　　参加16名
テーマ「地域に<学校>がある」ということ-<浪合学校>とその意味
<共催:浪合自治会・浪合公民館>
講師　地域政策プランナー　高橋寛治氏

第24回　12月1日(土)　会場　阿智村中央公民館　　　参加11名
テーマ「県子育て家庭生活調査」が語ること（県政出前講座）
講師　長野県県民文化部次世代サポート課　　稲玉　稔氏
(テキスト:県「子どもと子育て家庭生活調査」まとめ(概要版))
<共催:子ども応援隊>

第25回　1月15日(火)　会場　阿智村中央公民館　　　参加15名
テーマ　介護保険制度の現状と課題
講師　阿智村民生課介護保険係　大島大地氏

第26回　3月6日(火)　会場　阿智村中央公民館　　　参加11名
テーマ　伊那谷さくら紀行―西部地域を中心に―〈阿智村内の桜写真展示も行なう〉
講師　田中和子氏(飯田桜守の会)
講師　原知冨美氏(天竜峡観光案内所)
報告　林　茂伸氏(世話人)

あち自由大学活動記録　（2019年度）

第27回　5月21日(火)　会場　阿智村中央公民館　　参加11名
テーマ　消費税増税と私たちの生活
講師　西尾三雄氏(税理士法人西尾会計)

第28回　7月16日(月・海の日)会場　阿智村中央公民館　　参加11名
テーマ　あなたの寿命は社会が決める－SDHという考え方
講師　阿智村保健師　畠山幹恵氏
補論　阿智村の健康プラン　　阿智村保健師　山本昌江氏

第29回　9月17日(火)　会場　阿智村中央公民館　　参加16名
テーマ　万葉集の散歩道
講師　伊那北高校　蛯名優太氏

第30回　11月19日(火)　会場　阿智村中央公民館　　参加21名
テーマ　人生の仕舞い方
第一講　終末期について
講師　浄久寺住職　兼子達運氏　　羽生医院・浪合診療所　羽生郁久氏

あち自由大学活動記録（2020年度）

第31回　1月21日(火)　会場　阿智村中央公民館　　参加17名
テーマ　人生の仕舞い方
第二講　終活こと始め　グループトーキング
アドバイザー　畠山幹恵氏(世話人)

3・5月分は　コロナ禍のため中止

第32回　7月21日(火)　会場　阿智村駒場区自治会館　　参加22名
テーマ　幕末の阿智村－水戸浪士行軍の軌跡〈浪士の残した遺物展示〉
講師　阿智学会会長　林　茂伸氏(世話人)

第33回　9月15日(火)　会場　阿智村中央公民館　　参加44名
テーマ　寝たきりでも窒息させない－「完全側臥位」摂食法の奇跡
講師　健和会病院リハビリセンター長　福村直毅氏

第34回　10月11日(火)　会場　阿智村中央公民館　　参加11名
テーマ　コロナ禍の地方自治
講師　前阿智村長　岡庭一雄氏

あち自由大学活動記録（2021年度）　1・3・8月分は　コロナ禍のため中止

第35回　5月18日(火)　会場　阿智村中央公民館　　参加27名
テーマ　森とともに生きる－日本の森林・林業の課題と展望
講師　信州大学名誉教授　野口俊邦氏
報告　Iターンして森に生きる　本柳寛人(元地域おこし協力隊)

第36回　6月22日(火)　会場　阿智村中央公民館　　参加32名
テーマ　子どもの貧困その2－コロナ禍を生きる母と子－
講師　健和会病院　院長長　和田　浩氏

第37回　11月9日(火)　会場　阿智村中央公民館　　参加15名
テーマ　伊那自由大学と青年運動　―満蒙開拓に反対した村長の学び舎―
講師　郷土史家　清水迪夫氏
※コロナ禍で中止・延期する事が多かった。

知らないって心ワクワク　学ぶって力モリモリ

村づくり委員会

学習サークル

あち自由大学

組内回覧

自由大學パンフレツト（1）

伊那自由大學とは何か

1924

伊那自由大學

飯田・下伊那地方は大正期以降青年運動が盛んでした。それは官製青年団からの自主化に始まり普通選挙の即時実施、過激思想取締法反対など積極的な社会運動を展開しました。

当時大学へ進めるのは一部の富裕層の青年に限られていました。しかし青年たちは貧しい農民でも労働しながら学ぶ民衆大学こそ重要だとして昭和 3 年「伊那自由大学」を発足させます。山本宣治、谷川徹三など当時の著名な学者が講師を務めました。

その講座の一聴講生であった青年が後に大下条村長として満蒙開拓に反対した佐々木忠綱だったのです。

第 37 回講座
「伊那自由大学」と青年運動
－　満蒙開拓に反対した村長の学び舎 －

● 講師：郷土史家　清水廸夫氏

後援：満蒙開拓平和記念館

○　8月9日（月）　夜7時から

会　場：阿智中央公民館　2階会議室

● **必ずマスクを着用のこと**

体調の悪い方は出席をご遠慮下さい。

お問い合せ TEL：林：090-1868-5973　北原：43-2212

＜次回講座予定＞　第38回

10月19日（火）予定

テーマ未定：ご希望のテーマ、講師があればお聞かせ下さい。

自由大学から現在の大学を問い直す
—自由大学に関する現在の大学生の感想—

常葉大学准教授
古市 将樹

はじめに

「自由大学１００周年記念集会（東京集会）」（於早稲田大学大学院文学学術院）において、私〔古市〕は演題「自由大学から現在の大学を問い直す」の報告をおこなった。これは、授業（2022年度春学期早稲田大学文学学術院「生涯学習概論１」：受講者117名）でおこなった自由大学についての説明を聞いた学生諸君が、それに対してどのような感想をもったのか、特に、講座について、学問について、教養について、学ぶことについて、大学についてなど、自由大学の事例と比べての現在の日本の大学に関する学生諸君の感想の紹介を中心とした発表であった。本稿は、その報告をできるだけ再現しつつ、そうした感想について紹介、考察をおこないたい。

なお、学生諸君の感想は、私がおこなった授業を受けてのものであるため、以下ではまず授業の概要を記す。この際、本稿自体が自由大学研究の具体的な資料の紹介も兼ねるべく、授業に用いた具体的な記録や先行研究をできるだけ紹介・引用したい。次に、それに対する受講者の感想を紹介する。ただし、感想自体をそのまま引用することが難しいため、どのような論件が出されたのかの要約的な紹介としたい。おわりに、以上のことを踏まえて、自由大学研究から抽出される学習原理と今後の研究の方向性について若干の考察をおこなっている。

（1、2・・・など各引用文の前にある囲み線の番号は、授業および記念集会での報告用に便宜的につけたものであるが、本稿においても記し利用することとしたい。また、カッコ〔 〕内は古市による）

1．自由大学運動の概要

1．自由大学運動に関する評価や設立の経緯

まず、1920年代初めからの自由大学運動が、当時地方にいて家業などの仕事に従事しながらもその土地では難しかった大学の授業を経験し学問をすること望む青年たちと、同運動の理論的支柱といわれた土田杏村（以下本文中では「杏村」と記す）との協議から始まったことを以下の資料をもって示した。

1　大学拡張の実体をもち、しかも純粋な民間運動であった点において世界的にも稀少な事例。（宮原誠一「日本の社会教育」（宮原誠一『社会教育論』、国土社、1990年、（初出1960年）82ページ））

2　大正五年一月号の中央公論に発表された吉野作造博士の“憲政の本義を解いて其の有終の美を済すの途を論ず”という論文は、〔中略〕私も〔中略〕いち早く読んで、これなるかなと案を打って感嘆したものだ。そしてそれ以来私は吉野博士の論文を怠らず読み、一時はすっかりその“民本主義”のとりこになった。（猪坂直一『枯れた二枝』、1967年、10ページ）

3　ものを考える態度をつくり、自分の生活で、自分の到達した範囲の“哲学する態度”を確立しよう。（山越脩蔵「対談」（『月刊社会教育』、1976年11月））

4　村の青年が哲学の講習を聞く、非常に喫驚したのである。が行つて見ると成るほどと思つた。それの計画を立てた、中心になつてゐる二人の青年は、家業に熱心なのは言ふまでもないが、その忙しい家業のひまひまに実によく読書をしてゐる。その蔵書を見ても、ちょっとした学者の書斎ほど沢山の哲学書を備へ附けてゐる。何にせよ大したものです。聞きに来た人達は主として小学校の教職員諸君でしたが、その熱心さも又大したものです。（土田杏村「我国に於ける自由大学運動に就て」（『文化運動』、1922年1月））

5　僕は何処までもアカデミックの学風を嫌ふので、あゝして一般の民衆に講演するのが何より愉快なのです。一般の民衆さへ哲学化して来たら、アカデミイの連中が却つて覚醒させられて了ふだろう。〔中略〕文化運動の方も大いに信頼して居ます。新らしい人達のまどゐをつくって下さい。ガサガサした労働運動などにはうんざりして了ふのです。（山越脩蔵宛土田杏村書簡、1921年3月4日）

ここでは日本の社会教育史の中で自由大学運動が全般的にどのように評価されているのか（1）と、学問を希求していた農村青年の声（2）、そして自由大学の創設にかかわった当事者たちの残した文章（3～5）を紹介している。さらに、このような自由大学設立の動きは、長野・新潟を中心としてその他各地にみられたことや、それぞれの自由大学ではどのような講座を開講したのかを確認するべく、自由大学研究会『自由大学研究　第二号』1974年においてまとめられた「自由大学講座一覧」を用いた。この「一覧」から、基本的に自由大学運動は、都会の大学でおこなわれていた講座を、自分たちが暮らす地方に創設した自由大学で、その担当講師がおこなおうという試みだったことを説明した。

2．自由大学の理念

次に、自由大学運動がもつ教育的・制度的理念についての説明に、以下の杏村の文章を用いた。これらからは杏村たちの、当時の日本の社会や教育（教育行政や制度、教育観、教育方法など）、庶民の生活や人間観などに関する問題状況の認識と、それ故に杏村たちがどのような教育・学習の機会を自由大学に求めようとしていたのかが読み取れるであろう。それは当時の、事実上、社会人にとって教育を受ける機会が不平等な状況にあり、学校を終えたら学ぶ機会は皆無となり、学習者自身による学ぶ内容についての自治（選択）が叶わない状況に対して、〈教育の機会均等〉〈生涯にわたる自己教養の機会〉〈教育の自由〉などを保証する教育運動であり教育機関設立につながる理念であった。

6　教育とさへ言へば何でも文部省が自分でやるものと思ふのが抑もの間違いだ。〔中略〕我々は断じて成人教育を、文部省や内務省やの手に渡してはならない。（土田杏村「自由大学の危機」（『自由大学雑誌』第一巻第二号、1925年））

7 学問の中央集権的傾向を打破し、地方一般の民衆がその産業に従事しつつ、自由に大学教育を受くる機会を得んがために、綜合長期の講座を開き、〔中略〕何人にも公開することを目的と致しますが、従来の夏期講習等に於ける如く断片短期的の研究となることなく統一連続的の研究に努め、且つ開講時以外に於ける会員の自学自習の指導にも関与することを努めます。(土田杏村「信濃自由大学趣意書」、1921年、[『土田杏村全集』第14巻、304ページ])

8 〔社会は学校を卒業した青年を〕出来上がつた一個の機械として〔処遇し〕、いかによく能率的に此の機械を消費可きか〔を研究することはあっても〕、生涯に亘つて永遠に教育の機会を得る人間的権利を持つもの〔として容認しないため〕、〔卒業後の青年たちは〕朝夕其の勢力の有りつたけを会社や工場の為めに割き、自己の教養の為めの纏つた余暇を得る事が出来ない。〔その結果〕教育とは、民衆に取り学校を卒業すると同時に終りを告げるカルト〔カルチャーとなり〕、生涯に亘り永遠に自己教養の機会を持つもの〔は、学問を職業にする学者だけに限られてしまう〕。(土田杏村『教育の革命時代』、中文館、1924年、22～23ページ)

9 我々は被教育者の判断の自発的進歩を尊重するために、自由大学の組織を被教育者本位とし、其の講師の選択を全く被教育者の判断良心に委ねて居る言ひ換えれば自由大学では学ぶことの自由が完全に擁護せられ、教育の自治が十分に実現せられて居るのである。(土田杏村「自由大学とは何か」、1924年[自由大学研究会『自由大学運動と現代』、1983年]、254ページ)

なお、6に関しては当時の日本の、いわば新概念としての「成人教育」について、さらになぜ「内務省」が登場するのかについて、授業で解説をしている。また、8については、この年度の早稲田大学の授業に限らず過去毎年のように、「当時の状況が現在の卒業後の生活とさほど変わらない」、という学生からの感想があった資料である。

3．自由大学の「社会群団的方法」

自由大学がいかにして一般の受講者を集めたのか、自由大学運動の理念にもとづいたその方法論が「社会群団的方法」だった。これの説明に10～12の資料を用いている。10はこの集団・組織づくりの方法について、つづく11と12はなぜこの方法をとるのか、その根底的な理由としての杏村の人間観や社会観の説明となっている。

10 我々の方策は、人生観的に一致し難い人達、言ひ換えれば要求の根本を異ならしめる人達と協同して、其の事業を進めるものでは無い。我々は我々と要求や、利害や、理想を同じくする人達だけと協同純粋の途を進む。(土田杏村『社会哲学原論』、内外出版、357～358ページ)

11 人間がすべて完全に発達し、理想的な人生観を懐抱するものならば、すべてを包容しての方策も亦有効ではあらう。併し我々は到底其の事実を信じ得ないから、我々の運動の効果を挙げる為めに根本的に分離主義を取るのだ。(同前、359ページ)

12 彼等を教化するには、言論によつてだけでは十分の力を持たない。実行的模範は、徹底的に他の人生観を動かすことが出来る。我々は自らと人生観を同じくしない民衆の社会の中に、理想を同じくするもの丶小集団を作り、其れの理想的構成によりおのづからよき社会的模範を示す。其れは全社会に暗黙裡の影響を与へる。我々は此の経過の拡充によつてのみ全民衆の社会を理想化し得ると自信するものだ。（同前）

4．受講者の減少

設立当初はおしなべて盛況だった自由大学の各講座だが、徐々に受講者が減少するようになる。⑬はその頃についての自由大学創設にかかわった農村青年の回想であり、⑭はその事態への対応策を記した杏村からの手紙である。

⑬　自由大学はもとより如何なる主義の宣伝機関でもなく、イデオロギイに超越的な学習機関として生まれ且つ育ってきた。そこには大きい矛盾のあることが反省されるけれども、とにかく学習を越えた社会主義運動には批判的であったことは私だけではないと思う。このことは〔大正〕十三四年以後の高倉氏にとっては或は不満であったかもしれないが、われらとしては氏が追々自由大学から遠ざかって行くように思われて悲しかった。（猪坂直一『枯れた二枝』、1967年）

⑭　もう一段聴講者をふやすことについて大宣伝をやっていたゞけませんか。〔中略〕たゞ講義が開かれることを一二度公示した位ぢゃあだめです。各村、各字などにもっと委員を沢山につくり、その人達によって貰ひ、その地方々々で各二三名の聴講者を口どき落として来るという様にしてやはり個別訪問式にしないぢゃあだめだと思います。（横田憲治宛土田杏村書簡、1924年10月30日〔山野晴雄編『自由大学運動資料』、1973年〕）

この中で、⑭に示されている自由大学の運営的・経営的な苦境と理解できる状況からすれば、先の⑫にある自由大学の理想や矜持が実現しなかったとみることもできるであろう。だがそのこと以外にもここでは、当時、理想主義対現実主義、文化主義対自然主義などの、対立的関係として語られてきた各主義を包括するような人格主義の立場を杏村がとっていたことを授業で説明した。この説明は後に記す⑮の資料の解釈にも参考とした。また、やはり後に記す⑲の資料を用いた時に、この⑩から⑭を振り返り、これらの解釈の再検討をおこなっている。

2．自由大学に関する教養主義説をめぐって

1．自由大学消滅の原因

自由大学運動の大半は約十年で終焉を迎えた。その理由として、これまで先行研究で指摘されてきた主なことは、

①生糸価格の暴落による養蚕不況のために自由大学の経済的基盤が揺らいだこと。
②主要講師の何人かが海外留学などで自由大学に関われなくなったこと。
③中でも人気講師であり運営も支えたタカクラテルが自由大学から離れたこと。
④聴講生が社会運動に参加して自由大学から離れたこと。
⑤杏村の思想に内在する教養主義的傾向が学習から実践への経路を妨げたこと。

⑦もともと病身だった杏村の病状の悪化と死。

などであった。この中で、本授業では特に⑤に注目している。それは、これをきっかけにして、できるだけ、現在にも通じる「教養」について学ぶということの意義を授業内で考えることをおこないたいからだった。

2. ⑤「教養主義説」からの評価：自由大学・杏村の思想への批判

⑤に関する指摘を「教養主義説」と示した場合、この説については具体的に以下のような評価があった。

⑮ 自由大学がほんらいもっていた教養主義的・人格主義的性格は、運動の大衆化をさまたげ、「一部の好学徒の研究・修養機関」たるにとどまらせる原因であり、それは労農階級の社会的解放に必要な武器としての理論を提供する民衆教育機関にはなりえなかった（宮原誠一『教育史』、東洋経済新報社、1963年、255ページ）。

⑯ 〔自由大学運動は〕労働と教育との関係を単に外的に結びつけるだけで、〔中略〕結局、生産労働に内在する問題と講義内容とが遊離するところから、一種の教養主義に転落してしまった。教養主義とは、つまるところ理論と実践の分離であり、社会を変革することと人間を変革することとの不統一としてあらわれる（宮坂宏作（『近代日本社会教育史の研究』、法政大学出版局、1968年、460ページ）。

これらの先行研究において教養主義は、社会運動・社会変革のための実践を妨げる立場・思想として位置づけられていた。特に⑯の宮坂は、自由大学運動の理論的な限界が、新カント派の哲学にもとづく杏村の世界観・教育観にあるとして、具体的な階級的立場に関係なく純粋な認識・理性的な認識があり得るかのように考える彼からは、新たな教育機関の組織や運営の構想が出ることはないと指摘している。

3.「教養主義説」への反論

その後、こうした「教養主義説」の評価に対しては反論・異論、さらに教養に焦点化した研究などが出されることになる。たとえば次の⑰〜⑲である。

⑰ 一般の大学で教える教養はいいが、自由大学の教養主義は旦那衆のお道楽だということにはなるまい。〔中略〕教養主義は、権威ある教養と引き換えに社会的な地位を保証してやるというような学歴制度と結びついているかぎり、まことにいやらしいものであると言わざるを得ない。しかし土田杏村がそこでめざしたのは、学歴制度などによって民衆の知性が他律的につくりあげられてゆくことに対抗して、民衆が真に自律的な知性をもつようになることを助けることであった(佐藤忠男「思想史を歩く－土田杏村と自由大学（中）」（『朝日新聞』、1973年、8月6日))。

⑱ 教養は「過程であり達成であると同時に『はたらく教養』であるべきものとして構想されまたそれが確信をもって主張されていた」のに対して、教養の達成内容それ自体が教養観の実体と化したわが国で、教養は「文化の創造による社会の進歩という観点から遠ざかった『はたらかない教養』になって、それが固定化していた」のであるが、この後者の教養の疎外態をひとまず「教養主義」と規定してよいのではあるまいか（黒沢惟昭「自由大学研究についての覚書－教養概念をめぐって－」（一橋大学一橋学会編集『一橋論叢』、1974年5月号)、611ページ)。

⑲　社会教育は、実践（運動）と関わり相互に補完しあわねばならない場合が多々ある〔中略〕。それはもちろん、社会教育がそれに従属するということではなく、「運動をはなれた場面で、文化の全領域にわたって人々の自由への希求をみたし、新しい文化を創造するというしごと」（教育的営為）が、結果的には政治教育を基本とすることを強制し、さらにその結果として運動に寄与する、というのが原則でなくてはならない。〔中略〕しかし、現実の、実践（運動）にはその主体、目標、方法等について分裂や不統一をみることができる。かかる状況下にあっては実践と教育の関連は余程の緊張をもって論じられない限り、「実践」はきわめて狭小なものに限定され〔る〕（同前、615ページ）。

ここで本授業は、自由大学における「教養」に端を発しながらも、やや一般的な「教養」の問題をその内容とすることになる。

4．自由大学／杏村における「教養」

この後、やや一般的な教養についての議論から再び自由大学運動や杏村にとっての教養とは何だったのかを問う山口和宏の研究が登場する。それが次の⑳である。

⑳　杏村にとって「教養」とは、自己の人格を「自律」させるとともに他者に対する「理解」を深めるものであった。「教養」とは本来このようなものであるからこそ、すべての人間にとって「教養」を得ること、「自己教養」することそれ自体が「生活の目的」であり「真の生活の悦び」であると杏村は考えたのである。〔中略〕杏村にとって自由大学とは、「深いところから人間性の睡夢を呼び醒」し、「全体性の理念」に照らして個人と社会の「全体的な完成を追求する」ような「教養」を形成しようとするものだった（山口和宏「土田杏村における『教養』の問題」（日本教育史学会紀要編集委員会編『日本の教育史学36』、講談社、1993年）、83～84ページ）。

なお、前田富祺（『日本語源大辞典』小学館、2005年）によると、明治期の初期の一時期、「教養」は、educationやeducateの訳語とされていたが、その後訳語としては「教育」があてられたため、「教養」と「教育」は別の意味の言葉として一般化する。現在の学生には､「教養」に近い意味の言葉としては「知識」をあげる者がかなりいるが、「教育」をあげる学生を見ることは稀有であろう。そしてこの状態が何を示しているのかは研究の余地があるであろう。

5．われわれにとっての教養について考える。

本授業ではこうした展開において、現代の教養、われわれにとって教養とは何かを考えるためのヒントになると思われる、なるべく様々な資料を提供することにしている。それがたとえば㉑～㉔である。

㉑　教養とは本来「いかに生きるべきか」という問いに対して個人が答えようとするところで始まったものであったしかしこの段階においてはそれはゲーテやシラー、レッシングその他の学者の作品の購読に固定化され、それらを読む読み方も定められ、学位という形で教養も個人の生き方とは関係なしに外から判定されるようになった。特に文学にまで学位が定められたことは決定的な意味をもった。文学博士という名称で教養のあり方が個人以外の大学という組織によって判定されることになったからである。教養はいわば国家によってからめとられてしまったのである（阿部謹也『「教養」とは何か』講談

社現代新書、1997年、71ページ)。

㉒ 教養があるということは最終的にはこのような「世間」の中で「世間」を変えてゆく位置にたち、何らかの制度や権威によることなく、自らの生き方を通じて周囲の人に自然に働きかけてゆくことができる人のことをいう。これまでの教養は個人単位であり、個人が自己の完結を願うという形になっていた。しかし「世間」の中では個人一人の完成はあり得ないのである。個人は学を修め、社会の中での自己の位置を知り、その上で「世間」の中で自分の役割をもたなければならないのである(同前、180ページ)。

㉓ 「教養」のある人はトリヴィア・クイズにも強いので「雑学」者と混同されるけれど、両者はまったく別のものだ。教養は情報ではない。教養とはかたちのある情報単位の集積のことではなく、カテゴリーもクラスも重要度もまったく異にする情報単位のあいだの関係性を発見する力である。雑学は「すでに知っていること」を取り出すことしかできない。教養とは「まだ知らないこと」へフライングする能力のことである(内田樹『知に働けば蔵が建つ』文春文庫、2008年、11ページ)。

㉔ 「知識と教養は違う」〔中略〕。図書館にある本は情報化された知識ですよね。教養というのは、いわば図書館全体の構成を知ること。教養というのは、知についての知、あるいはおのれの無知についての知のことだと思います。〔中略〕知的探求を行っている自分自身の知のありようについて、上から俯瞰できることが「教養がある」ということではないかと僕は思うんです。自分の置かれている文脈を見る。なぜ自分はこのことを知らずにきたのか。なぜ知ることを拒んできたのかという、自分の無知の構造に目を向けた瞬間に教養が起動するんだと思います(鷲田清一・内田樹『大人のいない国』プレジデント社、2008年、24～25ページ)。

とはいえ、完全に自由大学から離れて、現代における教養を考える方向に傾斜するのではない。自由大学運動や杏村に関係してこれまでに登場した、いわば歴史的な教養(概念)から、現在ではあまり使用されなくなっているかもしれない、しかし学生の大半が言葉としては知っている教養について、換言すると、そのような教養をめぐる状態について再考するためである。そして、このことは、自由大学運動や杏村についての授業が終わった後も続くことになる。

6．自由大学運動研究の新機軸(1)

そして教養についての考察は置いておいて、再び自由大学運動についての授業にもどるのであるが、その内容は、先の⑮や⑯に示された否定的な意義とは異なる、自由大学運動における教養主義の肯定的な意義㉕と、自由大学運動が現在の日本の大学の在り方に対してもつ意義㉖についてである。

㉕ 自由大学が受講生にとっても講師にとっても純粋に「学問」する場、〔中略〕として受けとめられ、〔中略〕「真の意味の大学」として実践されたことが、受講生であった〈農村青年〉たちの視野を広げ、「学問する喜び」と「学問の広さ」を知らしめて「本を読む」ようにさせるという〈成果〉をもたらしたとすれば、自由大学運動は〔中略〕全体として「教養主義」であったことにこそ意義を見出すべきではないだろうか(山口和宏「自由大学における『教養主義』再考」(日本社会教育学会『日本社会教育学会紀要30』、1994年)、82ページ)。

[26]　既成の大学の学問でさえも、それが真に主体的に受けとめられ、学問することそれ自身を「喜び」として実践されるときには「自己教育」に役立つことがあるのである。この事実は、学問が「何かのためにではなく、いわば「学問のための学問」として自己目的的に「学問することそれ自身がおもしろいから」おこなわれるときに、かえってその学問が「何かのために」役立つこともあるという、学問というものの孕む逆説的な性格を示している。自由大学はそうした学問のパラドキシカルな性格を実証したことによって、「真理を攻究する所」というよりは「職業を授ける所」（タカクラ）となっている日本の大学の現状に対して、今もなおもっとも手厳しい「Counter University」たりえているのである（同前）。

これらの資料を参考にして、学問する喜びを実践しようとするのが教養主義であるとすれば、現在の日本の大学は、その意味での教養主義の傾向が弱くなっているといえるかもしれない。しかもこれについて、[25]・[26]の指摘がなされてから約20年間を経た現在の学生が読んでも、これに同意する感想が多かった。

7．自由大学運動研究の新機軸（2）

山口の研究では、自由大学の教養主義に積極的な意義を見いだす分析の一方で、新たな問題点の指摘があった。それが次にある、自由大学／杏村における「他者」の不在の指摘である。

[27]「教育の内容、教育の順序等、すべては講師と学ぶものとの協議によって定められなければならぬ」という杏村の「社会群団的」方法が実現するためには、「学ぶもの」に「講師」と「協議」して「教育の内容、教育の順序等」を定めることができるだけの「知識」がなければならないが、そこまでの「知識」をどのようにして教育するかという段階の＜教育＞〔なしには〕、その「教育の内容、教育の順序等」を「学ぶもの」と「協議」して定めることは原理的に不可能である。さらに言えば、「自己教養」するために「講師」と相互主体的な「自己教育」関係に入ろうとする「意欲」（学びたいという欲求）そのものが生まれつきのものでない以上、教育されて初めて形成されるのであるが、そのような「意欲」をどのようにして形成するのかというレベルの＜教育＞を「自己教育」への「意欲」を前提して考えることは出来ないのである。ところが、杏村の「社会群団的」方法は、被教育者の側に「講師」と相互主体的な「自己教育」関係に入りうる「知識」と「意欲」のあることを前提せずには成立しない。すなわち、杏村の相互主体的な「自己教育」論は、教育された「結果」をあらかじめ教育の「前提」とすることで成り立つという一種の「論点先取」になっており、論理的には成立しないパラドックスなのである（山口和宏「土田杏村における『教養』の問題」（『日本の教育史学　教育史学会紀要』第36集、教育史学会、1993年））。

さらに、ここで山口が参考にしているのが柄谷行人の研究（[28]）である。

[28]　われわれが他者との対話において、いつもどこかで通じ合わない領域をもつことは、一般的にいえることだ。その場合、よりよく互いに理解しようとするならば、相手に問いたださねばならず、あるいは相手に教えなければならない。いいかえると、それは「教える･学ぶ」関係に立つということである。共通の規則があるとしたら、それは「教える・学ぶ」関係のあとにしかない。「教える・学ぶ」という非対称的な関係が、コミュニケーションの基礎的事態である。これはけっしてアブノーマルではない。ノーマル（規範的）なケース、すなわち同一の規則をもつような対話のほうが、例外的なのである。〔中略〕私は、自己対話、あるいは自分と同じ規則を共有する者との対話を、対話とは呼ばないことにする。

対話は、言語ゲームを共有しない者との間にのみある。そして、他者とは、自分と言語ゲームを共有しない者のことでなければならない。そのような他者との関係は非対称的である。「教える」立場に立つということは、いいかえれば、他者を、あるいは他者の他者性を前提することである（柄谷行人『探究Ⅰ』講談社、1986年、11ページ）。

ここで語られているのは教育原理的な問題であり、この視点からすれば㉗にあった自由大学の受講者に向き合うときの、「教育・学習」関係における「パラドックス」が見いだせるであろう。

しかしひとつ疑問が生じる。この原理に照らしたとき、自由大学創設から参加して運営にも関係してきたメンバー、いわば自由大学のコア・メンバーともいえる農村青年たち自身の教育はどのようにして成り立っていたのか。言い換えるとこれは、コア・メンバーは、㉗にあったような、「知識」や「意欲」をどのような＜教育＞によって持ちえたのかという疑問である。

これについては他者との関係を、㉘の「教える・学ぶ」関係の「教える」ではなく、「学ぶ」に焦点を当てた方が説明できるのではないだろうか。それはつまり他者に関して、教育者に視点をおいたときに見えてくるのが「教える」対象としての客体的な学習者である他者、学習者に視点をおいたときに見えてくるのが「教わる」判断をする主体的な学習者である他者でという違いを意味している。この後者は、学習者が誰から「教わる」か、という自らの学習における選択を自らおこなう他者のことともいえるであろう。

8．学びの契機としての他者

それでは、学習者に視点をおいた時の他者とは具体的にどのような他者のことか。自由大学や杏村の関連資料、特に関係者の回想には不思議にも思える記述がある。たとえば次の㉙や㉚である。

㉙〔自由大学への出席は〕学問とか智識と言う人生の道標になる大切な宝物が自分なりに得られるよい機会です。一流の学者を目の前に見て直接講義を伺うことの出来ることなどなかなか叶えられることではなかったころです。（深町広子「自由大学と私」（自由大学研究会編『自由大学と現代』信州白樺、1983年）収録、174ページ。

㉚　今日になって考へて見ますと、まことに妙な不思議な事のひとつのやうに考へられます。また偶然が引きおこした何かのご縁でもあるかのやうにも感じられます。それは私が土田杏村先生を存じ上げるやうになつた事で〔す。〕〈中略〉当時の、みちのくの、ことに古い家族制度の、そのままの大家族の中に生活して居りました私が、当時思想界の異才と称せられた杏村先生のお仕事に引き寄せられたといふ其事でした。或は此の極端な相違が私を先生に近づける因になったのではないかとも思はれます。広汎に亘る各方面への魂の接触とでも申したいやうな、其のご研究とご努力に対し、おぼろげながらも、このひろがりのやがての結集が、どんなに見事なものに成らうかと、無心にあこがれをもって仰いだものでした。たしか大正十一年頃の春のやうでしたか、朝日新聞の出版広告で「文化」の文字を見ましたのが病みつきで、以来お著書と申すお著書をかたはしから読みあさりました。何が何だか私にはとても、むつかしくて、よく理解の出来るものではございませんでしたが、そのくせお読みして居ります中に、何かピチピチと自分の中に生まれるもの、揺れ動くもの、理論づけられるもの等々、湧き上がる力を感じて、引き込まれるやうにとびついたものでございました。（鈴木梅子「杏村先生から得たもの」（上木敏郎『土田杏村とその時代』新穂村教育委員会、1991年）、98～99ページ。）

㉙の回想の中で、後半の「なかなか叶えられることではなかった」は当時の一般的な事実であろう。それに対して前半の「学問とか智識と言う人生の道標になる大切な宝物」であるが、「宝物」になるかどうかは出席後に分かることであろうが、なぜこう考えられたのか。この回想は、自由大学への出席の後その経験について記したものではあるが、なぜ受講者はわざわざ自由大学に出席したのか。そこには本を通してではなく、生身の講師の出講があり、その受講への期待があったといえるだろう。また、㉚の中では、「むつかしくて、よく理解の出来るものではございませんでしたが」「何かピチピチと自分の中に生まれるもの、揺れ動くもの、理論づけられるもの等々、湧き上がる力を感じて、引き込まれるやうにとびついたものでございました」と、読書についてのやはり期待があったことが記されている。これらが本授業でいう「学びの契機としての他者」であり、先述した、教える対象としての他者ではなく、自分で教わる（学ぶ）選択をする他者のことである。

そしてこの後者の他者にとって、自由大学の講師はどのような役割を担っていたのか、受講者と講師はどのような関係にあったのか。それについては、㉛と㉜の資料を使うと次のように説明できるのではないだろうか。

㉛　知とは、もっとも美しいものの一つに属していますが、しかも愛の神（エロース）とは、その美しいものへの愛なのですから、当然愛の神は、知を愛するものとなりましょう。そして、知を愛する者である以上、当然、知者と無知者の中間に位しましょう。（プラトーン（森進一訳）『饗宴』、新潮文庫、昭和43年、84ページ。）

㉜　人間的欲望、〔中略〕人間の生成をもたらす欲望、すなわち自己の個体性、自己の自由、自己の歴史、そうして自己の歴史性を意識する自由かつ歴史的な個体を構成する欲望－このような人間の生成をもたらす欲望は、〔中略〕他者の欲望に向かう〔中略〕。つまるところ、人間の歴史は欲せられた欲望の歴史なのである。（コジェーヴ（上妻精・今野雅方訳）『ヘーゲル読解入門』、国文社、1987年、14～15ページ。）

まず、自由大学に出講した新進気鋭の学者たちに、受講者はプラトーンのいうエロース的なものを見いだしており、次に、受講者たちが、自分たち以上に過剰に欲している学者の知への欲望を継承する。こう考えると、自由大学は⑤にあったように、当時の既存の大学に飽き足らない学者にとっては、自分たちの学問を聞いてもらえる場であり、受講者にとっては、過剰な知の欲望を体現する学者に出会える場であったといえるであろう。このような両者の関係、それは様々な「自由大学消滅の原因」によって長くは続かなかったとしても、少なくとも初期の多くの受講者が集まっていた頃には、自由大学運動を支える関係であったと考えられる。

3．学生の感想

それでは以上のような本授業を聞いた学生諸君の感想を紹介したい。同様の内容と判断できるものはまとめ、また古市による要約や一部の紹介となっている。さらに〔　〕内は古市による補足説明である。これらの感想の原文や全文は自由大学１００周年記念集会（東京集会）で配布した『東京集会発表資料集・文献目録』に掲載されている。

・公的な学習環境の格差は現在もあり、たとえば図書館は自治体によって充実度の格差があったり、障害のない人に比べると障がい者の方が手に入れられる文献が圧倒的に少なかったりしている。
・現在の大学は国のための人材育成という露骨な目的こそないが、なぜ若者が大学へ行くのかが不明瞭になっていると感じる。
・教育史をはじめて学んだ。〔上田市や長野県出身の学生が本授業ではじめて自由大学運動のことを知ったということと、それ以外の地方出身者も自分たちが受けてきた各地での教育の歴史をほとんど学んだことがないということ〕
・教養主義に対する、実践につながりにくいという批判からは、現在よく論争のやり玉に挙げられている古典不要論を思い出した。「学んだだけで満足する」ことの何がいけないのか。
・現代の大学では学びの目的が学ぶこと自体ではなくそれ以外のところにあるものが中心で、学びの欲望を感化する他者の存在が少ないように感じた。
・現在の大学には数多くの様々な内容の講義が存在するが、学生はあくまでもその利用者であって大学の自治の主体ではない。自由大学とはその主体にかなり違いがあることがわかる。
・大学で障害学やセクシュアリティ、貧困や差別の問題など、実利に直接結びつく学問ではない分野を専門としていると、政治経済、経営やマーケティング、外国語などに精通している学生の方が、自分よりも優位に置かれる場合があると感じる。「生きていく上で役に立つ」という言葉が、「お金を稼ぐために役立つ」という限定された意味合いに変換されて流通しているように思われる
・日本の大学では学生が学問をせずとも卒業できるため、学生に受験のためだけの暗記による悪感情と学問に対する軽蔑を植え付け、学問にお金を払う価値がないという世論を生み出し、その結果博物館経営を苦しめ、正倉院文書(重要史料)の修復にすらクラウドファンディングせねばならないほど国の教育・学問に対する予算を減らしている。
・役にたつか否かだけですべての物事を考えるのはさみしい気がするし、学問についての視野を狭めるのではないかとも感じる。社会人になって様々な経験を経て学びの楽しさに気づくという話をよく聞くが、自由大学はそのような人たちにとって「役に立たない」学問を純粋に楽しめる場だったのだろうと思う。自由大学について考えることは、私自身の学問への向き合い方を考えなおすことにもなった。
・今では、アクティブ・ラーニングが教育現場でも重視されるようになってきた。生徒が受身的ではなく、能動的に学べるようにということは、自由大学運動の青年たちの姿を思い出させる。しかし、自由大学運動では、それなりに教養があった青年たちにとっては良い学びができたかもしれないが、教養のない人、他の聴講生の全ての人にとって効果があるとはいえなかったと思う。アクティブ・ラーニングも事前となる知識や学力がある程度身についていないと、主体的に学ぶことに意味がなくなるのではないだろうか。
・学校教育の中で興味の対象ごとに１人１人違うカリキュラムを実行するのは限りなく不可能に近い。そこで、自由大学のような社会教育機関がアプローチすればよいのではないか。日本の教育問題は学校教育ですべて解決しようとすることにある。学校はカリキュラムを減らし、最低限の知識と何かを学ぶ意欲を育てることに専念し、自由大学のような社会教育がその学びを自発的に深化させる。そのような学校教育と社会教育が補完しながら教育を行っていくという大きなビジョンが必要なのではないだろうか。
・自由大学では考えるために学ぶという姿勢があるが、現在の日本の大学では知識を詰め込むことに終始してしまう。それではどうすれば教養が得られるか。思い返してみると、これまで趣味で読んだ本

や見たテレビ番組で得た知識がある時突然にそれらと無関係に見えていた学校の勉強とリンクし、唐突に授業の理解度が上がることが何度かあった。これが雑学から教養に変化する瞬間なのかもしれない。教養の芽は意外と身近な場所にある。

・友達になぜ大学に行きたいかと聞けば、学びたいことがあるというよりもとりあえず行ってその中で自分がやりたそうなことを選ぶという人が少なくなかった。自らの強い欲望から何かを学ぼうとする人を自分自身の周りであまり見たことが無い気がする。いつも周りと比べられ順位をつけられて、競うから勉強しなければという思いにつながっていると感じた。

・自由大学が現代に問いかける意義として、現状が広く一般の人が自由に高等教育を享受できているかということよりも、高等教育そのものや被教育者が学ぶことを手段とせずに、純粋に学びたいことを学ぶという根源的な目的となりえているかということだと思う。

・今の自分の学習する理由はまさに自由大学の受講者と同じようなものだろう。それが役に立つかどうかではなく、自分が学びたいことが学びたいことで学びたくないことは学びたくない。だが、そもそも自分は就職のために大学に通っている。この学びたいことと就職のためが両立できることもあるがそうとは限らない。この矛盾が学習の方向性を決める上で悩む原因になっていたと気が付いた

・授業で、現在の日本の学校教育において、学びの欲望を掻き立てるような他者はいるのか？また、そのような運営がなされているのだろうか？という話があったが、自分もこれは非常に問題であると考える。義務教育は強制させられているため、学ぶ意欲がない人がいるのも仕方ないかとは思うが、高校・大学は自己判断で進学すると決めたのに、自分も含め、そもそも学びの意欲が薄れてしまっていると感じる。

・学内誌にある科目情報には「単位の取りやすさ」「内容の面白さ」「課題の重さ」などクチコミが掲載されていて、多くの学生がこれを参考に科目登録をしている。単位が取りやすいとされている授業は毎年とても人気があるが、何を学びたくて大学へ来たのか、と問いかけてみたくなる。自由大学についての知見を得たことで、自分自身の学び方について改めて見直そうと思ったし、反省することもあった。

・自由大学の事例から、何かを得たりすぐに学んだ効果を実感出来たりすることだけではなく、「分からない」という自分が今いる位置を把握することや、学んだ先に何が待っているのか分からないことも学問の面白さの一つであると感じた。

・私たちは自分自身のために学び、生きることを選択できているのか。社会という、見えないものが決めたものを追い求めているだけのような気がして、空っぽの知識で空っぽの人生を歩んでいるような恐怖を感じた。

・現代の日本の大学教育では、従来の座学的な講義よりも学生同士の対話形式の授業を急いでいるように感じられる。この形式を自学自習で取り入れるならまだしも、制度化してしまっては意味がないのではないか。

・私たちが学びの環境に不満を持った時、大学や政府が教育の在り方を変えてくれないと仲間内で文句を言うだけで終わりにするよりも、自分たちで自分たちの学びの環境を変えていく意識がもっと必要なのではないだろうか。

・私は学問とイデオロギーとは不可分ではないかと思う。勿論学問が政治と接近しすぎることがあってはいけないが、教養を深めていく中で得た気付きや社会への不満を外に向けて発信していくことは学問や大学の重要な機能の一つであり、イデオロギーと無関係な学問というのはある意味で無責任にも思える。

・現代の日本の大学を、自由大学のような「学びの目的が学ぶこと自体」という場にするためには、大学だけが頑張るのではなく、大学以前の教育を変えていくしかないのではないかと思う。
・現在学問を通じた社会貢献が唱えられるが、学問を通じての学生の人間的な成熟は軽視されているのではないか。
・自由大学がわざわざ自由という単語を使っているのは、政府などの大きな権力からの解放を意味しているのだと分かった。また自由大学運動が、労働者も生涯学ぶことのできる自治的な大学設立の運動という、学問の自由を求めた運動であることを理解した。
・自由大学運動」を学校教育とは異なる主義を持つものと捉えたときに、それが、学校教育が何をもって自由でないとされたかについての示唆を与える社会現象であったと感じた。
・当時の青年たちの熱意もそうだが、それに応じてくれた講師たちがいた、という事実にも感動している。皆が能動的に、自分から「学びたい」と動いていた空間に対してもとても憧れる。結局、学ぶ側からつき上げていくようにならなければ、勉強はそもそも楽しくないのだと実感している。
・「教養」という言葉は知っていたが、これまではほとんど「知識」同然の言葉として理解していた。しかし自由大学運動を知って以来、それらの明確な区別はまだできていないかもしれないが、「教養」が「知識」とは異なる、学習の重要な側面を意味する言葉であるように感じている。

おわりに

本授業では生涯学習の学習原理を説明するのに、次の論語の一節を用いている。

『論語』

學而第一
子曰。學而時習之。不亦説乎。有朋自遠方來。不亦樂乎。

私〔古市〕は高校生の頃、この前半「學而時習之。不亦説乎。」と後半「有朋自遠方來。不亦樂乎。」がなぜ連続するのか分からなかった。というのも、学ぶことと遠くから友人が来ることがなぜ繋がっているのか分からなかったからである。

その後次の33の安冨歩氏の研究を知って疑問が氷解した〔アンダーラインは古市による〕。

33　先生が言われた。何かを学び、それがある時、自分自身のものになる。よろこばしいことではないか。それはまるで、旧友が、遠方から突然訪ねてきてくれたような、そういう楽しさではないか。」(安冨歩『生きるための論語』ちくま新書、2012年、25ページ)

前半の後に「それはまるで」を入れることによって、後半の「朋」のくだりは、前半についての比喩的表現として了解できたからである。

このように、あることをはじめに学んで（知って）から時間がたった後に、何かをきっかけにしてそれと出会い、以前一般的に学んだことを個人的に習う（くり返し学ぶ）ことでその意味、自分にとっての意味やその時の状況的な意味などを知る。論語ではこのようなタイムラグのある行為として「学習」が説かれており、その時間差を「生涯」を通じてのものと考えてはどうか、と授業では生涯学習を説明している。

そして、先の「それはまるで」に教養のあり方を見いだせるのではないだろうか。というのも、この言葉は、鷲田清一が「『教養』とは、一つの問題に対して必要ないくつもの思考の補助線を立てることができるということである」（鷲田清一『哲学の使い方』岩波新書、2014 年、134 ページ）というところの「補助線」に相当し、それを立てられることは㉓で内田樹が記していた「フライングする能力」に相当すると考えられるからである。そうであれば、生涯学習の学習原理とは教養的な学習の原理であり、それは自由大学運動における学習の原理であったともいえるであろう。

また、近年日本の大学では新たな教養教育の構築のための様々な試みがなされている。それに伴ってのことか、教養（教育）に関する資料の発行も相次いでいる。そんな中、隠岐さや香が次のように語っている（田村哲夫・隠岐さや香「いまこそリベラル・アーツ教育を」『中央公論』2023 年 7 月、117 ページ）。

㉞　経済的に余裕がない環境にいると、勉強の仕方を試験のために最適化して視野を狭めがちで、教養の範囲を自ら縛ってしまう。日本は偏差値による格差社会になっていて、自分が置かれた場に従って教養も選択するような圧力が働いています。生涯の学習環境による格差は問題だと思います。

教養を身に付けることが経済的な生活と無関係ではなく、状況や立場に応じて、隠岐が記している、自分が位置する場に従って「選択するような圧力」があるのであれば、今後の教養教育についてはなにが求められるだろうか。授業のはじめに教養についてどう理解しているか尋ねると、教養と知識の違いがわからない、といった意見が散見される現状では、教養の意義やそれを学ぶことの意味などを、実践例を通じて学ぶことに加え、視野を狭めた自分の選択肢にはない教養も視野の外側にあり得ることを知らしめるとともに、それが経済的事情とも両立できる途を探る方向での研究が求められるであろう。その時、自由大学運動は、教養教育の在り方を探るのに改めて新たな参考、特に生涯学習における格差の解消のための参考となる事例として再検討され得るのではないだろうか。

補遺

既述の感想以外の参考資料として、本授業を受講した、文化構想学部 3 年（当時）古賀有里恵氏によるレポートを紹介する（本稿での使用に快諾いただいた古賀氏に感謝します）。

生涯学習概論 1　最終レポート
―「結果として」役立つ学び―

文化構想学部 3 年
古賀有里恵

生涯学習概論 1 の授業を受講し、一番心に残ったのは第七回の授業で話されていた学びの目的についてである。そこではまず、「自由大学の学びは、役に立たない教養を教えるためダメだった」というそれまでの自由大学に向けられた批評に対し、「逆にすぐに役に立たないものであったからこそ自由大学の学びは良かった」と唱えた山口和宏さんの言葉が紹介されていた。そして、それに付随した先生の解説では、現在の学校教育は「すぐに役立つこと」「目的達成（テストで点数を取る、試験に受かるなど）すること」のための学びになっており、純粋に学ぶことの価値が見出されていないとの指摘がされていた。私はこの、山口さんの言葉、先生の解説に心底共感した。なぜなら私自身が、その「すぐに役立つこと」「目的達成すること」のための学びを強制され、苦しめられた一人であり、学びのあり方に対して大きな疑問を抱いていたからである。私はその苦しみの源泉を「テスト」であると考えていたため、今回のレポートでは「テストは不要」というスタンスの下、テストの問題点について述べようと思っていた。そのため、その論を展開すべく「中間・期末考査の全廃」を実現した千代田区立麹町中学校について調べてみることとした。すると、問題はテスト自体にあるのではなく、「テストという手段を目的にしてしまっている」という点であることに気が付いた。従って、今回のレポートでは、麹町中学校の学校教育の再構築の事例を基に、"「結果的として」役立つ学び"という題の下、学校教育のあり方を考察していきたい。

先ほども述べたように、麹町中学校では、2014年に新たに就任した工藤勇一学校長を中心に学校教育のあり方が大きく変更された。修学旅行が旅行会社とのタイアップによる企画型の取材旅行に変わったり、「クエストエデュケーション」と題した特徴的なキャリア教育が導入されたりなど、再構築は様々な面で行われたが、中でも注目されたのが「中間・期末考査の全廃」だ。工藤校長は赴任2年目から一学期の中間考査を廃止し、まず、年5回あった定期考査を年4回とした。そして赴任5年目の2018年度からは全学年で中間考査・期末考査を全廃したのだ。理由は大きく分けて二つあり、一つ目は、「目的を達成するための手段として適切ではないと感じたから」というものであった。工藤校長が言う学びの目的とは「学習成果を持続的に維持すること」であり、この目的を達成する手段として当時行われていた定期考査を不適切だと考えた。なぜなら、生徒たちは、定期考査前の一週間に日頃の勉強の遅れを取り戻すべく躍起になって勉強し、テストに出そうな部分を一夜で頭に叩き込む、所謂「一夜漬け」の学習を行っていたからである。一夜漬けの学習では、「テストの点数を取る」という目的に置いては有効だが、テストが終わったら、学んだ内容のかなりの部分が抜け落ち、「学習成果を持続的に維持する」ことの達成においては効果的ではない。そのため工藤校長は、中間・期末考査を廃止し、テストの本来の役割である「学力の定着を図るもの」を達成できるような単元テストを実施することとした。単元テストとは、例えば数学であれば「比例と反比例」など、一つの単元が終わったごとに学習のまとまりごとに実施されるテストである。このテストによって、生徒たちは狭い範囲で学んだ内容を確認することができ、理解しきれてない分をその都度確認できるようになった。つまり、「学力の定着を図る」という手段として正しくテストを用いることができるようになったのである。そして二つ目の中間・期末考査の全廃の理由は、「中間・期末考査によって成績をつけたり、学力が付いていると判断することは適切な評価ではないから」というものであった。工藤校長は「一夜漬け」などのプロセスを経て獲得した点数・評価を「その生徒にとっての"瞬間最大風速"」と表現し、学力をある時点で切り取って評価することに意味があるのかと疑問を呈した。そのため、日々の学習のなかで単元テストを実施し、単元テストは何度でも受けられる仕組みとした。また実は、工藤校長はテストだけでなく、「宿題」の撤廃にも成功している。これも、「分からない問題を分かるようにする」という宿題の目的が達成されておらず、ただの作業と化していることに問題意識をもったからだ。そのため、宿題を廃止し、教師が課す場合は「すでに十分できている問題はやってはいけない。よく分からない問題に頑張ってトライしてくるように。」と伝えるよう促している。

ここまで述べた麹町中学校の「中間・期末考査の廃止」「宿題の廃止」について知り、私はテストや宿題自体が悪いのではなく、「テストや宿題という手段が目的となっている」ことが問題なのだと気が付いた。そして、それが目的となってしまう理由として「テストの点数や宿題の提出率による成績評価」があるのではないかと考えた。例えば、私の中学高校では、現代文の授業で扱った文章がそのまま、現代文の中間考査や期末考査の文章として出題される形式となっていた。そのため、授業をしっかりと受けることが良い点数を取ることに繋がり、私は「授業が面白いから」ではなく、「テストで記述を書く際のヒントを集めるため」に先生の話に真剣に耳を傾け、出来る限りその言葉をメモとして残していた。そして、テストの前は、あらかじめ記述を書いてそれを暗記し、本番では記憶を頼りに解答欄を埋めていた。これはまさに、テストが目的となった一例であり、良い点数をとるため、つまり良い評価を得るために、そのようにテストを目的とした勉強をしてしまっていたのだと思う。従って、学びの目的である「学習成果を持続的に維持すること」を達成するために、「学力の定着を図る」手段として用いられるのが、テストの正しい使われ方であると考える。そして、その役割を達成するためには、テストを他者が評価する仕組みを失くし、自分がその点数と向き合い、感じることが必要であると考える。宿題においても同様で、先生のため、宿題だからやるのではなく自分のために用いるものでなければ意味がないと思った。これは、生涯学習概論1の第六回の授業で自由大学運動の始まりについて解説がされていた時に紹介されていた「分からないから青年たちは学びたかった」という事例や開講講座について解説がされていた時になされていた「現代の学校のように分からないから興味を失くし、寝るのではなく、分からないから起きて聞くのだ」という指摘に通ずるものであると思った。

それではなぜ、学びの目的に「学習成果を持続的に維持すること」が掲げられているのだろうか。そう設定する背景も考察していきたい。私はこの「学習成果を持続的に維持すること」が学びの目的に据えられているのは、「学んだことがすぐに役立つため」ではなく、学んだあとに、いつか「結果として」役立つためであると思う。これは、第15回の講義で紹介されていた「生きるための論語」を読んで考えたことである。授業では、論語の冒頭「学而」の一章を構成する32文字の中の21文字、「子曰。学而時習之。不亦説乎。有朋自遠方来。不亦楽乎。」に対する訳への疑問が投げかけられた後で、この本の著者である安冨歩さんの新たな解釈が紹介されていた。私自身も中学の頃、この訳を「学んで折に触れてその内容をおさらいするのは、喜ばしいことだね。友人が遠くから訪ねてくるのは、楽しいことだね。」といった形で習い、どういうことか理解しないまま、それこそ「テストのために」この訳を鵜呑みにしていた。特に二番目の文である、「遠方から友人が来る」という部分については、唐突であり、学びと何が関係しているのかさっぱり出会った。なので、安冨さんの訳を見たとき、そういう意味だったのかと初めてこの論語の一文への理解を深めることができたのだ。安冨さんはこの文を学習過程の比喩的表現だと捉えた。そして、「学」によって何かを身に帯びている段階では、学んだことの本質とまだ出会っていないのだと解釈し、「学」を続けていく中で、ふとした時に「学」が自分に身についたことを実感する瞬間がやってくるのだと述べていた。つまり、このふとした時に自分に「学」が身についたことを実感する感覚が、昔から知り合いだった友人が遠くから訪ねてきてくれたような嬉しさや楽しさのようなものであるということだ。私はこの解釈を聞いて「なるほど」と思ったのとともに、自身の経験を思い出した。それは高校時代の思い出である。高校生の頃私は、委員会の委員長を務めており、人に仕事を上手く頼むことができず悩む経験をした。その時に、ふと思い浮かんだのが、吉野弘さんの「生命は」という詩であった。これは、中学の現代文の時間に習ったものであり、授業のたびに暗唱させられていた。それまで思い出すことはなかったのだが、自分が「人を頼れない」という悩みを抱えたときに、その詩の「生命は　その中に欠如を抱き　それを他者から満たしてもらうのだ」という一説がふと頭に浮かんだのだ。そして、「人は頼り頼られ生きていくのだ」という学んだ内容を思い出し、自分の心を支える経験となった。このように、「学習成果を持続的に維持する」という学びの目的は、テストでいい点を取り続け、学期末に良い評価をもらえることではなく、繰り返すことによって学びを定着させ、いつか「結果として」学びが役立つことが目的となっているのだと強く思った。

私は冒頭にも述べたように、このレポートを書くまで、自身がテストに苦しめられ、それをきっかけに学びを楽しむことができなくなったという経験から、「テスト」という制度自体が悪いと考えていた。なので、このレポートでは、あるべき新たな教育の形として、テストという制度がない教育を挙げようとしていた。しかし、麹町中学校の中間・期末考査を廃止した理由として、「テストという手段の目的化」が挙げられており、テスト自体が悪いのではなく、テストの使い方が間違っているのだと気が付いた。そして、テストが目的となってしまうことによって、本来の学びの目的である「学習成果を持続的に維持する」ということが把握されず、その延長線上にある「結果として役立つ」ということも達成されないのだと理解することができた。もちろん、テストの役割を自分で満たす自律的な学習ができれば、テストも廃止してよいと思うが、ある程度学びの姿勢が身につくまでは、周囲から学びが身についたかどうか確認する機会を提供され、その過程で習慣を身に着けていくので良いのではないかと考える。従って、まず評価方法などを見直し、すぐに結果がでなくとも、いつか「結果として」役立てばよいのだということを本当に感じることができる安心した環境を整えたうえで、持続学習が行われることが良いと考える。また、それを達成するための手段としてテストを用いるのも、一つの効果的な手である考える。このような、すぐに直結しない、いつかのための学びこそが、人々に必要な学びであり、生涯学びを続けていく糧になると私は考える。

〔参考文献〕
(1) 工藤勇一『学校の「当たり前」をやめた―生徒も教師も変わる！区立名門中学校長の改革』時事通信出版局、2020 年
(2) 安冨歩『生きるための論語』、筑摩書房、2012 年
(3) ココロノマチ「私立のような公立中「千代田区立麹町中学校」の挑戦<前編>／千代田区立麹町中学校 校長 工藤勇一先生」 https://itot.jp/interview/4716　最終閲覧日：2022 年 7 月 15 日
(4) ココロノマチ「私立のような公立中「千代田区立麹町中学校」の挑戦<後編>／千代田区立麹町中学校 校長 工藤勇一先生」 https://itot.jp/interview/4731　最終閲覧日：2022 年 7 月 15 日

学びの場のつくられかた
―大正期の上田自由大学を中心に―

日本女子大学・武蔵野美術大学他講師
渡辺 典子

はじめに

2022年10月30日、早稲田大学において「自由大学運動100周年記念集会（東京大会）」が開催された。その「ごあいさつ」には以下のように記されている。

「自由大学運動は、眼前に広がる不自由、格差、係争、不平等に立ち向かい、世の中を、教育を、身のまわりを、自分たちを、少しでも良く変化させようとした民衆の自己教育運動でありました。皮肉にも、人類が求めてきた文明は、いま逆に自然破壊、人間破壊の危機を迎えようとしています。こうしたなか、人間が人間らしく生きるため、労働と教育の結合を芯としながら、働きながら学ぶ民衆のための自由大学の心棒を支え合うときがきました。…いま、学び合いましょう。いま、語り合いましょう。」

本稿では、自分たちを「少しでも良く変化させよう」という試行錯誤の痕跡を振り返り、先行き不透明な時代と称される現在において「人間が人間らしく生きるため」には何が必要なのかを考えたい。なお本稿は、上記の呼びかけのもとに同集会で筆者が報告した「学びの場のつくられかたー大正期の上田自由大学を中心にー」を再構成、加筆したものである。

筆者は1980年代末に長野県の上田自由大学と出会った。自由大学に関する研究は70年代から90年代にかけて精力的に進められ、1981年には60周年記念集会が大々的に開催されるなどしており、膨大な先行研究に教えを乞う立場で学び始めた。その過程で唯一、納得しがたいと感じたのが、鹿野正直著『大正デモクラシーの底流』（日本放送出版協会　1973年）の結論である。そこでは、大正デモクラシーから昭和ファシズムへと変化していく時代のなかで、生き方を模索した青年たちの試行錯誤を「既成の一切への憤怒をこめて、伝統的な価値への依拠」がはじまり「自力更生へなだれをうったとき、青年たちは、ひらこうとした未来を、みずからの手でとざした」と結論づけていた。つまり青年たちがファシズム的なものに引き寄せられたことを、「未来をみずからの手で閉ざした」と評価していたのである。結果を見ればたしかにその通りであるが、研究で明らかにすべきことは、デモクラシー的な試行錯誤がファシズム的な未来に向かわされた客観的要因であり、高等教育機関で学びたくても学べなかった青年たちによる試行錯誤はもっと高く評価されてよいのではないかと筆者は考えた。そこで、筆者は上田自由大学の周囲の状況に着目して研究を進めていった[(1)]。上田自由大学は青年たちの試行錯誤の代表的な学習活動であり、その評価は周囲の状況をふまえて行うことが必要だと考えたためである。

本稿では以下の二つの視点から上田自由大学の周囲の状況を明らかにし、学びの場がどのようにつくられていたのかを描き出すことを目的とする。1つは、上田自由大学発祥の地である神川（かんがわ）村（現：上田市）でどのような学習活動が行われていたかである。その際、「路の会」という学習サークルに着目する。この「路の会」は、上田自由大学研究で必ず名前の挙がる中心的な人物も参加している会である。2つには、大正期の上田自由大学について、上田の自由大学とは別系統といえる他の「自由大学」と比較しその特徴を明らかにすることである。ここで別系統と称する「自由大学」とは、平凡社を創設した下中弥三郎が構想した農民自由大学をさす。この二つの目的を達成することを通して、本稿では、大正期の上田自由大学を中心とした学びの場が神川村においてどのようにつくられ支えられていたのかを明らかにし、現在に受け継ぐべきことの有無を検討していきたい。

資料1　路の会メンバー
（『神川』第５号　１９２６.1.1）

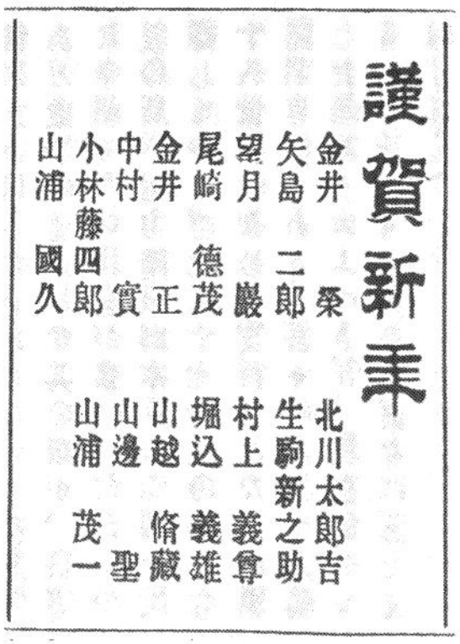
謹賀新年
金井榮　矢島二郎　望月巖　尾崎德茂　金井正　中村實　小林藤四郎　山浦國久
北川太郎吉　生駒新之助　村上義尊　堀込義雄　山越脩藏　山邊聖　山浦茂一

1．神川村における学習活動

ここでは神川村に存在した「路の会」に着目し、どのような学習活動を行っていたのかを検討する。この会には、自由大学がつくられるきっかけをつくった金井正（1886-1955）、山越脩蔵（1894-1990）や、昭和期の上田自由大学の中心となった堀込義雄（1897-1981）、山浦國久（1899-1971）が参加している。

「路の会」とはどのような会であったのか。「会則もなく会員も不定」で､会の名前にある「路」とは「隔意なき談合の機会を作りお互の向上の為引いては社会公共のため奉仕するの路を攻究」(2) すると説明されている。つまり、自由なテーマについて皆で議論しあうことでお互いの向上のため村を良くするための「路」を研究する、そのような意味を込めた「路」との名前を持つ学習サークルであった。

この「路の会」で、メンバー最年少で創設当初から参加していた北川太郎吉（1905年生まれ）は、先輩たちから多くのことを教わったという (3)。

「神川には、いい先輩がいやしてなあ、金井栄さんとか、それから山浦国久さんとか、堀込義雄さんとか。もう。ほんと、いい先輩。そういった人達がね、だいたい、二晩か三晩ずつ、講師でね。山浦国久さんなんかは、大体、一週間分くらいの新聞なんかを持ってきてね、そいで、新聞を説明してね、世の中の動きやね、それからまあ政治のありかたとか、そういったことを話してくれたです。」

「人間いかに生きなけりゃいけねえとか、そのような研究…金井栄先生の話の中にね、自由恋愛とか自由結婚とかね、そういうようなことを初めて耳にするようなね、ことで、大分啓蒙されたですね。」

「みんなもう講師のような偉い先生っきりでね、講師なんて頼んでくる必要なかったです。」

一方で、北川から「路の会」メンバーとして紹介がありインタビューを行った望月巌（のち望月與十を襲名。1904年生まれ）は、筆者がインタビューを行った当時「路の会」に入っていた記憶は全く残っていなかったが、時報『神川』の編集を担っていた昭和初期は「寝ても醒めても神川しか無い毎日、も、どうにか過ごせた。全くの奉仕作業で有っても無事切り抜けた」という。編集の仕事は「自分の仕事を自由に変更できる人にだけ務まる仕事」でその点で自分は適任であったと回想していた (4)。

北川にとって当時の記憶が強いのは、「路の会」での学習の上に、会のメンバーに影響を受けて農民運動などにかかわっていったためだと考えられる。

「別に、『路の会』と農民運動とは、えらい関係はないです。農民運動つうんですか、社会運動のあれは、金井正さんやなんかもとてもわたしどもに影響あるでした。あの人は、あの、共産党員だったですからね。それから山越脩蔵さんね、あすこらはみんな先輩で、きっと、わしどもは、大分影響されたですね。」

北川にとって、「路の会」メンバーは、世の中の動きや政治のあり方を教えてくれる師であり、学ぶモデルであり、学び合える仲間であった。

ところで、この「路の会」が、自由なテーマについて皆で議論しあう以外に行っていた活動は、時報『神川』発行である。村の新聞である時報『神川』を、なぜ「路の会」で発行することになったのだろうか。のちに堀込が明らかにしたところによれば、時報『神川』の発行を「路の会」メンバーが村当局に働きかけたところ「断然拒否され」たとのことであった。その「理由は新聞は地方、中央共に立派なものがあるので社会の事象は敢へて不体裁な小新聞の必要を待たない」、「村の事実を載せるといふが、それは却て不平不満衝突の因媒をなし自治を破壊する事となり、且は徒に所謂三文記者養成機関となつて青年の修養場にもまづい」とのことで、「それなら自分たちでやらうと会則も無く会員も不定な『路の会』の仲間で創めることとなりました」[5] と述べている。

「発行所　路の会」と記された時報『神川』は、1924年11月30日に創刊された。創刊当時の体制は、当時の小学校長の揮毫で「神川」と標したその下に記されており、そこには「路の会」メンバーの一人である山浦が「発行兼編集人　山浦國久」と記載されている。

発行に臨んでの意気込みは「創刊のことば」からうかがえる。「今や村報発刊は天下の大勢で、近村殆どこれ無き所を知らず・・・村の衰退に慨して立ち、之が救済に努力する」とするが、「真面目な努力が何か多勢のお役に立つ…民衆教化を主張として立つことはどうであらう。まあ道楽－ゆるされていい比較的清い道楽の一つとして経営したらどうであらう。元々道楽なら反響が少いからつて怒る事もない、予期に反した収穫だからつて落胆する事も少なからう、人に無理を強いる事もなければ、自らもくれびれ<ママ>入る事も無くて至極安心だらう。」と、「ゆるされていい比較的清い道楽の一つ」と表現することで、より多くの村民に届くような工夫をしたと考えられる。

「道楽」との位置づけで出発した時報『神川』であるが、内容には「路の会」メンバーを中心とした個人名で書かれたものが多く、村の現状に目を向けようとの呼びかけや村の将来を皆で考えていこうという趣旨の文章が紙面のメインであった。その時報『神川』は、第15号（1927年3月1日）以降、発行所が「路の会」から神川青年会に移った。「本紙は従来青年有志によつて組織された『路の会』の経営であつたが、その編集、配布、経費、原稿集めその他の世話は主として青年会員の手を煩はし来たので、1月中旬神川青年会役員会の席上、むしろ経営を神川青年会に移し、各部落青年会長を通信係として種々お世話願ふこととし、会計は別途会計として、続刊することに決議し、三月一日発行第十五号より実行することとした」と報告された。

「路の会」発行時の時報『神川』は、実質的に神川青年会が発行を支えていたことがうかがえるが、その発行費用は「路の会」発行時には村からの補助金を受けておらず、「路の会」メンバーの持ち寄りを中心にメンバーが主催した活動写真会の売上金や寄付金で賄っていた。自分達で発行費用を担うことで外部からの介入を防ぎつつ、ファシズムへと移行する時期に、村に住む者の立場から、自分たちで学び合いながら将来の「路」を試行錯誤しながら考えていたことがうかがえよう。

ここで、「村報発刊は天下の大勢」と称された状況を見ておきたい。当時の神川村の属する小県（ちいさがた）郡の時報は1920年代に創刊されており、その発行主体に注目すると、青年有志が発行主体になった時報はわずかである（巻末資料参照）。この意義を「路の会」の学習という視点から言うと、青年有志がメンバー内でお互いの向上のためや村を良くするための「路」を研究するだけでなく、時報『神川』を通して、村民を巻き込む形で自分達や村の将来を考えようとしていたといえる。最年少メンバーの北川は、「路の会」に誘われて入り、時報『神川』に毎号のように投稿しながら、青年団運動や農民運動など地域の活動を積極的に行っていた。このことから「路の会」は、村を担う若者を探し出し育てていた側面もあったと考えられる。

ここまで「路の会」を中心に学習機会を検討してきたが、当時の神川村において青年たちが学ぶ機会といえば、神川村の青年団が経営していた神川文庫や青年団が行っていた講習会や講演会、小県郡の青年団が行っていた各種講習会、金井ら個人が講師を呼んできて行う講習会など、多様な学ぶ機会があった。いわゆる上からの学習機会－国家主義的立場から準備される教育－だけでなく、自分たちで学びたいことを学べる機会を作り出す、いわゆる下から作り出した学習機会と、両方の立場の学習機会が併存していた。神川村は、明治時代に繰り返し発禁処分を受けた『平民新聞』にしばしば名前が挙がるなど下からの動きが盛んな地域であった(6)。神川村は、児童自由画運動・農民美術運動発祥の地としても知られている(7)。このような神川村のことを、「哲人村」と、土田杏村が称して雑誌『改造』において発表したのは1921年7月、上田自由大学開講より数か月前のことであった。

以上みてきたように神川村とは、多様な学ぶ場の中でいろいろな人とつながり学び合い人を育てていく、ということが伝統的になされてきた地域といえる。この伝統の上に「路の会」の活動があり、大正期の学習機会の最たるものが上田自由大学であった。

2．丹荘自由大学の創設と展開

ここでは、上田自由大学の特徴を、下中弥三郎構想の農民自由大学（埼玉県児玉郡旧丹荘村において展開された丹荘自由大学）と比較して明らかにするため、丹荘自由大学の概要を確認する。

丹荘自由大学は、下中が埼玉師範学校で教鞭をとっていた時に教え子であった高橋守平（1894-1960）が地元に創設したものである。高橋は旧丹荘村出身で小学校訓導をつとめ、のちに丹荘村の村長、そして衆議院議員（立憲民政党）となった人物である。高橋家は旧丹荘村における大地主であり、村長を務めていた父親が早くに亡くなり兄弟姉妹の中で唯一の男子である守平が6歳にして継ぎ戸主となっていた。そのため、早稲田大学に入学したものの家の事情で半年で退学させられ、その後に埼玉師範学校に進学した。ここで高橋は下中と出会い、卒業後は下中と共に啓明会の活動や平凡社の経営など様々な活動を行っていくのである(8)。そのひとつに丹荘自由大学の創設・展開がある。

この丹荘自由大学は、啓明会と何らかの関わりがあったことが推測される。1919年に埼玉師範学校出身の教師を中心に結成された啓明会の、創設当初の幹事13人の中に下中と高橋が名を連ねており、啓明会が発行していた雑誌の記述によると、当時5か所（埼玉県下2か所、東京府下1か所、新潟県下1か所、兵庫県下1か所）の農民自由大学設置が計画されていたと述べられている。その中で丹荘自由大学は、実際に開講されたことが確認できている唯一の農民自由大学となる。

丹荘自由大学の構想については、髙橋宛の下中による書簡に明らかにされている（書かれた年は不明）。以下に、名称、講座、会費、会員の資格、事務の進め方についてなど、下中がどのように構想していたのかを書簡から紹介する。

「農民自由大学は次の目論見でやりたく思っています。
一、 名称　丹荘自由大学（或は児玉自由大学）
丹荘を中心に三十名以上の会員が得られるなら、丹荘自由大学の方（ママ）よいと思います。他村のものが幾人か加わるとしても。」

「二、 期間　十月末より四月初めまで約六カ月。此の間に於て、六講座開設（約一ケ月五日乃至七日間一講座）、一講座は五日間乃至七日間連続。時間、午後六時頃から約三時間乃至三時半。外ニ課外講座を開くるあり。

三、　講座の科学及講師

1、　哲学入門	ドリトルオブアーツ	帆足理一郎君
2、　社会学一班	同志社大学講師	法学士　河野密君
3、　経済学一班	法政大学講師	法学士　中川敏夫君
4、　文学論	早稲田大学講師	宮島新三郎君
5、　生物学一班	帝大講師	理学士　阿部余四男君
6、　最新の物理学	東北大学講師	理学士　佐藤充君

河野君、中川君には交渉済、他は状況の上決定のつもり」

「四、　会費一講座二円宛（一人に付）」

「五、　会員　　講義は平易にしてもらふ故、高小卒業程度でも、努力家ならばわかる筈。従って何等制限を設けぬ。その点に自由がある、また全講座を凡ての人が同様に聴講せんでもよいとしておく。年齢にも勿論制限はない、長野あたりでは、農村青年の外、学校教師、神官、僧職、吏員なども加わってゐたさうである。」

「六、　事務　　事務は、世話人五名をおき、それにて当る、世話人は、丹荘の青年中から選んでほしい。」

上記に続けて「付記」が８点記載されている。講座の長さについては「（1）一講座で一課目を終る事もあり、二年三年に亘って完結する事もある」と幅広く考えており、「（2）学課は…追々に加えて行く」と構想する中に「（3）郡長が何かやってくれるなら、課外として、または一講座設けても良い」とする。会場については「（4）会場は、寺でも　社でも、個人の宅でも学校でも良い」とどこでも良いとする一方で、「学校はどうも空気が角ばってゐてよくないやうである。長野のすは（諏訪か？―筆者註）では社廟を用ひたことがあるとか。」と述べており、暗に学校以外の場所で行うように伝えている。（5）以下では、この運動の将来構想と自由大学の精神が述べられる。

（５）追々には、自由大学へ、耕地を寄付してもらひたい、自由大学財団を作るのです。これは、自由大学へ来る青年によって耕されてその純益が開講時の費用を補ひ、追々に付属図書館を建設して行やうになれば何よりだと思ふ。
（６）この運動が成功すれば、この自由大学の諸君が中心となって、今補習学校を改造して農村中学にする事も自然出来る事と考へてをる。又、この財団が発達すれば、適当なる村落工業の施設の如きも自ら目論見まれるやうになる。
（７）私は、教育事業のいろいろの方面に働きたく思ってゐるが、此の運動を最も大切だと考へてゐます。…一つ堅実なものができれば、方々へ直ちに普及し得ると思ひます。従って礎石を据ゑるには非常に慎重に用意されなくてはなりませぬ。
（８）右につき、自由大学の精神を了解してもらはねばなりません、自由大学の精神は官庁の、資本家の、労働者、その何れなるを問はず、断じて、プロパガンダであってはならぬといふ点です。純正な『教育精神』に立脚する事、これが尤も大切です。別言するなら、如何なるもののプロパガンダにも乗らぬ根本的批判的精神を得さする事がこの教育精神であらねばならぬのです。ものを正視する力の獲得、それがその唯一の目的であらねばなりません。故に、１、政治家に利用されぬやう　２、役人の手先にならぬやう、くれぐれも警戒せねばならぬ。

資料2　丹荘自由大学趣意書（埼玉県立文書館所蔵）

一国の文明は農村の文化に待たなければならぬ。都会には文明はあつても文化そのものは見出し難い。我々は農村の青年である。従つて我々の時事問題に対する批判は正しくなくてはならぬ。如何なる権力にも如何なる誘惑にも屈してはならぬ。そこに正しい文化が生れ根強い国家が形ち作られる。

然し果して我々の獲てる常識が今の様に正しき正しからざる種々の思想の誤つてゐる時それを正視し批判し得るであらうか。我々の智識は自己批判さへ覚束なくはなからうか。教へられる生活治められる生活、引きつけられる生活、それが現在の我々の生活ではなからうか。自分が欲しい自己認識、何物にも患ひされぬ天地が欲しいと考へる事が数々ではないだらうか。智識の獲得、批判力の養成、これ等を永い間欲求した今、丹荘自由大学を目論んだのもそれを満足させたい考へからである。

従つて自由大学精神は如何なるもののプロパガンダにも乗らぬ根本的批判的精神を得、凡てのものを正視する力の獲得であることを前提して別稿の要領で開校しようと思ふ。

趣意書もいらぬ、約束もいらぬ青年自然欲求を満さうとするそれの現れの集りでよいのだが万人に実体を誤られない為めと、同志の勧誘に便の為めとで以上簡単に趣意を述べたのである。

大正十三年九月　　　丹荘自由大学世話人

別稿

一、名称　丹荘自由大学
一、期間　十月末より四月始まで六講座開設（一講座五日乃至七日間）
一、講座の科目及び講師
1、哲学入門　ドクトルオブアーツ　帆足理一郎君
2、社会学一班　同志社大学講師法学士　河野　密君
3、経済学一班　法政大学講師法学士　中川　敏夫君
4、文学論　早稲田大学講師　宮島新三郎君
5、生物学一班　帝大講師理学士　阿部余四男君
6、物理学　東北大学講師理学士　佐藤　充君
一、会費　一講座金一円
全講座をすべての人が同様に聴講せぬもよし

下中によれば自由大学の精神とは、「官庁の、資本家の、労働者、その何れなるを問はず、断じて、プロパガンダであってはならぬ」こと、そのために「政治家に利用されぬやう　2、役人の手先にならぬやう、くれぐれも警戒せねばならぬ」と述べられている。（3）で郡長による講座も想定されていたが、下中にとって郡長とは、より良い学び合いの機会を作り出せる存在と考えていたことがうかがえる。

資料3　丹荘自由大学（学院）講座内容
（渡辺「埼玉県児玉郡丹荘村における丹荘自由大学」より再掲）

年度	日時	講義科目	講師	備考
一九二四	10/9〜12/21 うち5日間	自由大学の意義 近代科学の真髄 題未定 科学と人性問題 自然科学	石田友治（東京基督教青年会主事） 佐藤定吉（東北大学講師） 石田友治 佐藤定吉 佐藤定吉	聴講料 1講座1円 会員約50名
	2/20〜22	題不明	白川威海（新聞社経済課）	
一九二五	10/11〜13	社会学	服部之総（文学士）	聴講料 1講座50銭 会員約50名
	1/27〜28	心理学	下中弥三郎	
一九二六	1/22〜23	世界の大勢	※帆足理一郎（早稲田大学教授）	聴講料50銭
一九三〇	3/7〜8	国民性と現代思想批判 現代理化学	金鑽俊雄（官幣中社金鑽神社宮司） 岸上　（本庄中学校教諭）	

以上のような下中の書簡に描かれた構想に沿った形で、丹荘自由大学の趣意書は作成された（資料2）。この趣意書に沿って実際に講座が行われたのは1936年までで、そのうち講座内容が判明したものは資料3の通りである。1926年度まで下中が関わっていた一方、1925年に丹荘自由大学は丹荘自由学院と名乗りはじめているがその経緯は明らかではない。この丹荘自由大学を、元聴講生の小林貞治は「高橋守平先生の事業の一旦」[9]と評価した。高橋の丹荘自由大学への関わりについて「あくまでスポンサーです。お金も出して、先生頼んでくれたりして。腹心のものが中心になって運営した。先生に『おめえ頼むど』と言われて出来るだけのことはしたつもり」という。聴講生は「みんな小学校時代から世話になった連中ばっかしだから、先生の子みたいなもん」で「最初30人ぐらい」、「長男、後継ぎの人が多かった。比較的率直に言いますけど、生活にゆとりのある人ね」と回想する。聴講生の中に女性は一人もいなかった[10]。

3．大正期の上田自由大学の特徴

ここでは、それぞれの自由大学のありようを比較することを通して、大正期の上田自由大学の特徴を明らかにしていきたい。

共通点としては3点あげられる。第1は自由大学の精神である。丹荘自由大学の趣意書に「自由大学精神は如何なるもののプロパガンダにも乗らぬ根本的批判的精神を得、凡てのものを正視する力の獲得」と述べられており、両者の自由大学とも、物事の本質を見抜く力や物事を批判的に把握する力を養おうとしていた。第2は講座形態である。農閑期の夜間に一定期間開設し、講師に地元まで来てもらい講義を聞く形態となっている。第3は聴講生の資格に制限を設けていない点である。下中の書簡に「何ら制限を設けぬ。…年齢にも勿論制限はない」と述べているのに続いて「長野あたりでは、農村青年の外、学校教師、神官、僧職、吏員なども加わっていたそうである。」と指摘されていることから、下中は上田自由大学の動向を把握していたことがうかがえる。

相違点については5点指摘しておきたい。第1は構想の作り方である。丹荘自由大学は下中の構想にもとづく形で趣意書が作られており、農村青年たちが構想から作りあげた上田自由大学の方とは異なっている。第2は聴講者の範囲についてである。丹荘自由大学の方は一つの村に閉鎖的に存在すると考えられているのに対して、上田自由大学の方は、当初の名称が信濃自由大学であったことからうかがえるように、一つの村に閉じた学習機会と考えられていなかったことである。第3は創設にかかわった農村青年たちが聴講していたかどうかについてである。上田自由大学は構想した農村青年たちも聴講したのに対し、丹荘自由大学では高橋は聴講者ではなかった。高橋は丹荘自由大学の「スポンサー」であり、聴講生たちの親のような存在であった。

第4は聴講生と講師との距離についてである。上田自由大学についてはタカクラテルの有名な言葉が物語っているように、講師と聴講生たちとの交流が存在し距離が近かった。「実際は自由大学から教わったんです。特に自由大学の会員である農民・労働者、その人たちから非常に大きな影響を受けまして、私のものの見方というのがだんだんですけれども根本的に変わりました」とのタカクラの言葉は、「自由大学運動100周年記念集会（東京大会）」のパンフレットにも掲載された。それに対して丹荘自由大学の方では、講師を送迎する役目は聴講生の青年たちが交代で務めていて、あくまで送迎しただけであったという。

最後に第5、展開過程である。上田自由大学の方は、昭和に入って2年中断し1928年に再建しているが、その際、創設時の自由大学の精神は引き継がれている。大正期の上田自由大学も再建した昭和期の上田自由大学も、中心となったのは「路の会」に属していた農村青年であった。丹荘自由大学の方は大正期には自由大学の精神に基づいた講義が行われていたが、その後、国家の下請け的な教育機関いわゆる「農村の中堅人物養成」機関に変質していった。その変質のきっかけとして考えられることは、大正末に講師の依頼を担っていた下中が丹荘自由大学の運営から手を引いたことと、高橋が丹荘村の村長に就任し啓明会の活動から手を引いたことである。

以上、上田自由大学と丹荘自由大学の共通点と相違点を比較検討してきた。上田自由大学の方は、自由大学を作った農村青年も聴講生となって学び続け、講師の側も聴講生と交流することを通して影響を受けたが、丹荘自由大学を作り出した下中と高橋は聴講生ではなく、地域の青年たちに学習機会を作り出しただけであった。またその運営は、聴講者ではない高橋の指示に従って地元の青年たちが動いていたため、下中が手を引き高橋が丹荘村の村長になったことで自由大学としての特徴を維持することができなくなったといえる。ここから、活動の継続や広がりのためにはできるだけ多くの人が、その活動が自分自身に関係のあることとして関わり話し合いを重ね、学び続けることが重要だと言ってよい。

おわりに

本稿では、前半部分で上田自由大学発祥の地である神川村での学習活動を「路の会」に着目して明らかにし、上田自由大学の活動は村の中での学習機会の最たるものであること、後半部分では大正期の上田自由大学と、それとは別系統の自由大学である丹荘自由大学とを比較して各々の特徴を明らかにした。

神川村では、いわゆる上からの学習機会（国家の期待する学習）と、下からの学習機会（生活する者の立場から自分たちの生活をより良くしていくための学習）の両者の学習機会が明治期から併存しており、その伝統の上に「路の会」という学習サークルが作られ、より良い将来をメンバー同士で話し合うだけでなく、時報『神川』を発行して村に住む皆とともに模索しようとした。この「路の会」メンバーが中心となって、村に存在してきた学び合いの伝統の上に上田自由大学を作り出した。同時期に創設された別系統の自由大学である丹荘自由大学と比較検討すると、ファシズムに向かう時代の中、ある程度の自由な活動ができていたのは、話し合いや学び合いを重ねて多くの人とともに活動したからであるといってよい。

上記の結論をふまえ、本集会の「ごあいさつ」に記されていた「人間らしく生きるため」に、現代の私たちが受け継ぐことは何かを以下に述べる。

大正期の神川村では、伝統的に多様な学ぶ場がつくられ、その場所を通していろいろな人とつながり、学び合い、その学びの成果を時報『神川』を発行することで発表し、村全体として育ちあうような地域が作られ維持されてきた。時代は異なっていても、現在の日本社会も変化が激しく安心して暮らせる社会とは言いがたい点で当時と共通している。神川村に「路の会」が存在したように、地域で暮らす中で感じていることを気軽に話し合える機会を作ることが受け継ぐことだと考える。ここでいう“気軽に話し合う”とは、言い方を変えると、見解を押しつけられることなく安心して考えていることを話す機会である。現在の社会は、個人個人がバラバラにされてきている上に、働きつづけてやっと生活できるなど忙しくさせられており、他人とつながることが大変難しい時代となっている。そのような時代だからこそ、いろいろな人との気軽な話し合いを通して自分を取り巻く状況を意識し、何が現状を作り出しているのかに気がつき、学びにつながっていくような機会を持つことが必要だと考える。

とはいえ、学びにつながるような機会に関わることができるのは、情報が得られる人間関係を作っていた人だけであることが、元「路の会」メンバーであった望月へのインタビューからうかがえる(11)。望月は、昭和期に時報『神川』編集担当として奔走した人であったが自由大学の聴講者ではなかった。それは誰からも自由大学への聴講の誘いがなかったからだという。また聴講生との関わりも持っておらず、自由大学を自分とは無縁のものと考えていたという(12)。同時代に同じ地域で生活していても、どのようなコミュニティを築いているのかで見えている光景が異なっているということがわかる。

情報を伝えたり受け取ったりするためには、それなりの人間関係を幅広く保つことが必要といえる。この人間関係を作る際には、つながれる人と広くつながることが大切であることを「路の会」メンバーの活動は教えてくれる。当時の日本では性別によって学ぶ機会や内容が分けられていた時代で、女性が中等教育機関である高等女学校に進学することも少ないといってよい時代であった。そのような時代の農村において、女性の聴講者として有名な深町広子は、兄の友人であった山浦國久に上田自由大学への出席を勧められたことが明らかにされている。ただし、家の人には内密で嘘をついて出かけ自由大学に出席したという(13)。深町に聴講を勧めた山浦は「路の会」メンバーのひとりで村や社会を良くするための「路」を追究していたが、その「路」の担い手には女性も視野に入れていたことがうかがえる。

以上のことから「人間らしく生きるため」には学び合いや関わり合いが必要といえ、そのような場を作るには、つながる大切さを実感する人が人とつながり合える環境を整えていくこと、多くの人に自分自身に関係のあることとして活動に関わってもらえるような仕掛けを作り出すこと、そしてさらには押しつけがましくないお手本になることが必要だと考えられる。

〔参考文献〕

(1) 筆者による自由大学関連論文などは以下の８点である。

①渡辺典子「（研究ノート）昭和恐慌期における青年層の学習活動－長野県小県郡神川村を事例として－」（日本生涯教育学会『日本生涯教育学会年報』第14号　1993年11月）

②渡辺典子「ファシズム体制移行期における青年団運動－長野県小県郡を事例として－」（日本女子大学心理・教育学会『人間研究』第30号　1994年３月）

③渡辺典子「1920～30年代における青年の地域活動－長野県神川村の『路の会』による学習・教育を中心に－」（日本教育史研究会『日本教育史研究』第13号　1994年８月）

④渡辺典子「『大正デモクラシー』期における青年・成人の学習運動の一類型－丹荘自由大学を事例として－」（埼玉県立文書館『埼玉県史研究』第31号　1996年３月）

⑤渡辺典子「埼玉県児玉郡丹荘村における丹荘自由大学－下中弥三郎『農民自由大学』の構想と実践－」（教育史学会『日本の教育史学』第39集　1996年10月）

⑥渡辺典子「長野県小県郡神川村における学習集団「路の会」について」（中等教育史研究会『中等教育史研究』第１号　1993年５月）

⑦渡辺典子「長野県小県郡神川村の青年団活動－望月与十氏に聴く－」（中等教育史研究会『中等教育史研究』第２号　1994年４月）

⑧渡辺典子「農村青年の学問追求－小林貞治氏に聞く－」（中等教育史研究会『中等教育史研究』第６号　1998年４月）

(2)「創刊のことば」『神川』第１号　大正13年11月30日（以下、『神川』からの引用については、『時報「神川」縮刷版』による）

(3) 北川太郎吉は1905年生まれ。旧神川村岩下在住。「路の会」には誘われて創設当初から加入。「路の会」から神川青年会に時報『神川』発行主体が移るまで毎月のように投稿。青年団運動や農民運動など地域における活動を積極的に行った。(1) ―③・⑥参照。

(4) 望月與十は1904年生まれ。旧神川村大屋在住（青年期まで）。上田の蚕糸専門学校への進学をのぞんでいたが、家業の蚕種製造業を継ぐ必要がありかなわず（戸籍上は次男であるが長男は幼少期に亡くなっている）。1930年から1933年末まで、神川青年会副会長と会長、神川青年会発行の『神川』編集担当者。上田自由大学については「大学の名に迷わされ、己より数段上級の研学キ関と思ひ込んで居り、一寸は手の届かぬ在野の大学と信じてゐた。そして、とうとう、その線を越す事は敢えてしなかった。大学とは

高級な　難解な研学の府であり　手の届かぬ高級学府との先入観」「並人にも手の届く勉学キかんとは思ひもよらなかった」とのことであった。(1) —⑦参照。

(5) 堀込義雄「神川の回顧」(『神川』100号　1931年1月1日)

(6) 例えば『日本近代史の地下水脈をさぐる－信州・上田自由大学への系譜－』(小林利通著　梨の木舎　2000年)、長島伸一「上田小県地域の青年団活動と「社会的教養」－『西塩田時報』を中心に－」(『長野大学紀要』第30巻第2号　2008年) 参照。

(7) 金井正、山越脩蔵の2人は、山本鼎による「自分の個性を発揮し表現する」ことを目的とする児童自由画運動と農民美術運動をバックアップしたことでも知られる。「路の会」メンバーの一人である中村實は、1919年に開かれた最初の農民美術講習会の受講生であった(宮村真一・小笠原正監修『はじめまして農民美術　木片（こっぱ）人形・木彫・染色・刺繍』グラフィック社　2022年)。

(8) (1) —④・⑤参照。

(9) 小林貞治「夜学校と図書館・自由大学」(『丹荘小学校開校百年記念誌』1974年)

(10) (1) —⑧参照。

(11) (1) —⑦参照。

(12) 望月與十は上田自由大学について以下のように回想している。「大学の名に迷わされ、己より数段上級の研学キ関と思ひ込んで居り、一寸は手の届かぬ在野の大学と信じてゐた。そして、とうとう、その線を越す事は敢えてしなかった。大学とは高級な　難解な研学の府であり　手の届かぬ高級学府との先入観」「並人にも手の届く勉学キかんとは思ひもよらなかった」。

(13) 上原民恵『上田小県近現代史研究会ブックレット No.1　深町広子と上田自由大学』(改訂)　上田小県近現代史研究会　2000年

巻末資料　長野県小県郡「時報」一覧
（渡辺「（研究ノート）昭和恐慌期における青年層の学習活動」より再掲）

名称	創刊年月日	創刊（刊行）主体	発行部数	備考
塩尻時報	1919・2・20	自治会	1200部	同人により創刊。第101号（1928・4）から青年団発行。
青木時報	1921・5・25	青木青年会	1350	
浦里村報	1921・10・15	村報発行部	950	第16号（1923・6）から村役場発行。
武石時報	1923・1・1	武石時報社	1150	※第36号（1926・5）。
豊里時報	1923・5・1	豊里村青年会	417	※第15号（1924・7）。
本原時報	1923・4・28	本原時報局	486	主体は農会。青年会報『烏帽子の華』の上に成り立つ。
				経費－農会・青年会40円，在郷軍人会15円，婦人会10円負担。
西塩田時報	1923・11・30	西塩田青年団	650	小学校同窓会雑誌『鉄城』の上に成り立つ。
西内時報	1924・1・10	西内興風会	500	※第6号（1924・11）。
中塩田時報	1924・3・15	中塩田青年団	1200	
室賀時報	1924・4・10	室賀青年団	500	
長村（おさむら）時報	1024・4・20	役場内長村時報局	1050	※第4号（1924・10）。
和（かのう）時報	1924・4・25	和青年会		※第7号（1024・10）。
祢津時報	1924・4・30	祢津青年会	1000	※第15号（1935・7）。
泉田時報	1924・7・1	泉田青年義会	700	※第10号（1925・1）。
塩川時報	1924・10・10	塩川青年会	450	泉田校報の後を継ぐ。
神科（かみしな）時報	1924・11・10	神科村青年会	1200	※第12号（1925・3）。
神川（かんがわ）	1924・11・30	路の会	820	
富士山時報	1925・1・15	富士山青年会	700	第15号（1927・3）から青年団発行。
東塩田時報	1925・3・20	東塩田青年会	890	※第2号（1925・2）。
川辺時報	1925・6・10	役場内時報局	800	
				縮刷版解説には青年会が発行とある。
依田村時報	1925・6・25	役場内時報局	863	時報局の顧問－村農会長・方面委員・村長・村会議員・学級委員。
和田時報	1925・9・10	和田時報社	500	村内の諸集団の代表者により構成。
				第5号（1926・5）は小学校，第7号（1926・9）は，和田小学校内
県村時報	1926・1・1	県村青年会	1167	青年団発行。縮刷版には，創刊から青年団の手でとある。
別所時報	1926・2・28	別所青年会	440	※第2号（1926・2）。
殿城（とのしろ）	1927・5・1	殿城青年会	500	青年会機関紙として発行。
滋野時報	1927・5・15	滋野青年会	700	村報「自治通報」の後を継ぐもの。
長瀬時報	1928・4・10	長瀬村役場		※第2号（1927・6）。
大門時報	1928・5・20	大門時報局		実質は青年団発行。第4号から青年団事務所に移る。
				青年会の中にある。
丸子時報	1928・12・10	丸子青年会時報局		村当局が，村会の協賛を経て，資金55円を青年会に補助。
長窪時報	1929・1・1	長窪時報局		町役場発行『丸子時報』を引き継ぐ。
				自治会（26～35歳）の有志が発行。

〔補注1〕鹿野政直『大正デモクラシーの底流』を一部参考にし，さらに現物にあたって創刊（刊行）主体をあきらかにした。
　　　　尚，縮刷版は上田市立図書館に，現物は，上田市立博物館に保存してあるものを見せていただいた。
〔補注2〕発行部数は，『新聞雑誌社特秘調査』昭和二年・警保局による。
〔補注3〕※は，管見の限りでは創刊号が現存しないため，刊行主体を備考欄の最初に付した号数により確認した。

自由大学の影響を考える
—林源と勤労青少年教育—

田園調布学園大学教授・慶應義塾大学名誉教授
米山 光儀

I．60周年以降の研究の進展

自由大学運動に関する大きな周年事業は、60年、90年の記念集会が上田で行われ、100周年となった2022年には東京と上田で二つの大きな記念集会が行われた。2022年の二つの集会は、それぞれに多くの人を集め、成功裡に終わったと言えようが、それでも二日間、多くの人が一つの宿に宿泊して行われた60周年記念集会の熱気には及ばなかったように思える。60周年記念集会には、1920年代に行われた自由大学に実際に参加した講師や聴講生が多く参加していて、そこで直接にその経験を聞くことができたことがその後の研究の発展につながっていった。それまでも自由大学研究会は、自由大学の講師などの関係者を招いて研究会を行うことはあったが、60周年記念集会のように自由大学関係者が一堂に会したことはなく、その集会は、自由大学研究史に大きな足跡を残した。

このように60周年記念集会には多くの人が集まり、自由大学研究は大きな盛り上がりをみせたが、それ以降も自由大学研究は確実に進展し、今日に至っている。その集会以降の研究の展開は、大きくは四つに整理できる。

第一は、自由大学の理論的な指導者であった土田杏村やタカクラ・テルの思想研究の深化である。特に杏村の思想研究の研究成果は、1990年代以降に発展している(1)。

第二は、自由大学の聴講生の研究である(2)。自由大学の運営に携わった山越脩蔵や猪坂直一らだけでなく、一般の聴講生の研究が進んでいる。聴講生からの聞き取りなどが進められることによって、自由大学運動研究はその中心を担った人からの視点ではなく、その講義を聴いた人がどのような影響をそこから受け、その後の人生を歩んでいったのかが、明らかにされてきており、その分野の研究の進展は極めて大きなものがあると言ってよい。

第三は、戦後の自由大学研究も含めて、自由大学の周辺の研究が進んだことをあげることができよう(3)。自由大学と地域の関係については、それまでも大きなテーマであり、自由大学の教養主義的限界を超える活動として地域変革との関わりが注目されてきたが、自由大学の周辺についての研究に厚みが増してきている。

第四は、自由大学を「現在」に引きつけて論じる研究である。この「現在」に引きつけて研究するということは、研究が現在の問題意識に基づいてなされている以上、どのような研究においても多かれ少なかれ、行われていることである。自由大学研究においては、その研究が盛んになった時期が「大学」が問われていた大学紛争の時期であったということもあり、以前から直接的に「現在」と結びつけて論じる傾向があったこともたしかである。その意味では、自由大学は常に「現在」と結びつけて論じられてきた。しかし、最近の傾向としては、自らの実践の直接的な課題と自由大学の切り結びを問うという特徴があり、自由大学研究と自分自身の具体的な実践との結びつきが論じられるようになってきていると言ってよい(4)。

このように四つに自由大学研究の展開を整理することができるが、実際にはそれらは、相互に関係しており、厳密に研究を四つに分類することはできない。しかし、自由大学研究は現在までも脈々と続けられており、論文の本数などの量でいえば、1970年代よりも減っているであろうが、さまざまな方向に研究は深化している。

Ⅱ．自由大学の影響をめぐって

前述のように、自由大学は教養主義的限界の問題もあり、地域変革と結びつけられて評価されることも多かった。自由大学の個人への影響を論じる場合も、自由大学の聴講生がその地域でどのような活動をし、地域変革に寄与してきたかが論じられる傾向があった。

私は60周年記念集会で佐々木忠綱と出会い、戦時下の彼の村長としての活動を中心に論じたことがある(5)。そこで私は、彼が満州分村移民に消極的であったこと、一方で病院や学校の設置に積極的であったことを明らかにした。彼は地域変革の活動を展開しており、自由大学での学びと地域変革を結びつけて論じることができるであろう。しかし、自由大学で学んだどの知識が彼の行動のどの部分に活かされているというようなことが明らかにされているわけではない。そもそも自由大学運動を「教育」として評価する場合、自由大学の講座で教えられた知識の定着を指標として評価することは妥当なのであろうか。佐々木は「私はその後ずっと人生を今日までまいりましたが、その根本になる精神は（中略）自由大学の感化であります(6)」と、「精神」という言葉を用いて語っている。そこから、私は教育運動として展開された自由大学に関しては、「評価」という言葉ではなく、「影響」という言葉で語ることの方が妥当なのではないかと考えている。

それでは、自由大学の影響をどのように「実証」していったらよいのであろうか。これまでの研究では、その人の行動、著作、日記、回想などを主な資料とし、本人や家族への聞き取りなども行って、自由大学の影響は考えられてきた。それらの資料からその人が自由大学で学んだ経験の「意味」を探る作業がなされてきたといってよい。しかし、経験は一つの「意味」しか持たないわけではなく、その時々で「意味」は変化する。回想をどのように判断するかは、難しい問題を孕んでいる。自由大学の影響を探る研究の方法についての議論がもっとされる必要があろう。私もその方法について確固たるものがあるというわけではないが、本稿では具体的な事例で自由大学の影響を考え、検証の方法についても検討したい。

Ⅲ．林源の事例

これまでの自由大学の影響についての研究は、主に自由大学運動が展開された地域で聴講生がどのような思考をし、活動をしたのかを検証するものであり、その地域を離れた人物の研究はほとんどされてこなかった。もちろん、自由大学の聴講生の多くは、自由大学運動が展開された地域で生涯を過ごしているが、地域を出た人たちもいた。その人たちは、直接的にその地域の変革に関わった訳ではなかった。しかし、自由大学の影響は、その地域にとどまった人たちだけにある訳ではない。仕事の関係などで転居をしていった人たちへの自由大学の影響は、これまで検討されたことがなかった。60周年集会にも参加していた林源は、銀行員であったために、ひとつの地域にとどまって活動はしていない。彼への自由大学の影響はどのようなものであったのであろうか。

林は1905（明治38）年に長野県下伊那郡千代村で生まれ、錦城商業学校を卒業後、一旦は東京で就職したが、関東大震災を契機に郷里に帰り、1924（大正13）年1月から百十七銀行に勤めた。百十七銀行は、その後、飯田銀行、八十二銀行となるが、林は1963（昭和38）年まで銀行員として勤務している。林は28歳の時に辰野支店長になるなどしており、八十二銀行になってからも、駒ヶ根支店長、高田支店長、諏訪支店長、本店総務部業務課長を経て、東京支店長になっている。この経歴をみると、林は銀行員生活の多くを支店長として過ごし、東京支店という大きな支店の支店長として銀行員生活を終えていることから、銀行員として成功した人生を歩んだことがわかる(7)。

林は八十二銀行を定年退職した1963（昭和38）年7月に、高田支店の支店長をしていた頃に関係していた新潟県高田市（現・上越市）にある有沢製作所に入社し、翌年6月には常務取締役、1970（昭和45）年6月には専務取締役、1974（昭和49）年6月には副社長となり、1981（昭和56）年7月まで勤めている。有沢製作所は、1909（明治42）年創業の企業で、バテンレース製造からはじまり、昭和になってからは綿絶縁テープやファスナーテープの製造、戦後はガラス繊維、フレキシブル基板材料、光学材料、電気絶縁・産業構造材料などの製造を手がける上越地方の代表的な企業の一つである。

林が入所した頃の有沢製作所は、前年から不景気で、1964（昭和39）年から三期連続で無配の状態で、従業員の削減、自然退職者の不補充、役職者・管理職の賃金カットなどの経費削減をして、財務強化をしていかなければならないような状況にあった。その後、有沢製作所は業績を回復していることから、彼は銀行員としての経験を活かし、経営者として手腕を発揮し、有沢製作所の経営の建て直しに大きく貢献したと言ってよい。

林と自由大学の関係は、彼が飯田の百十七銀行にいた時に、伊那自由大学の講座に参加したことからはじまっている。彼は第1回講座から最後の講座まで聴講を続けたという。また、第2回講座からは銀行員という特性を活かして会計などの手伝いをしている。1927（昭和2）年10月に伊那自由大学千代支部ができたときには、支部の理事にもなっている。さらに1928（昭和3）年1月には伊那自由大学の事務局が鼎村に住んでいた林の住所に移されている。そこからわかるように、林は単なる聴講生というのを越えて、自由大学の世話をする活動をしていた。林はその後、飯田を離れて上伊那に転勤するが、伊那自由大学の終焉について、彼自身は自分の転勤によって世話をする人がいなくなってしまったのが一つの要因と考えている。このように林は銀行員として働きはじめた頃に、自由大学に関わり、自由大学で「働きながら学ぶ」生活を約6年間続けたのである。

林は有沢製作所時代にしばしば自由大学のことを語っている。その最初のものが以下の文章である。

> 私はその頃長野県飯田市の百十七銀行に勤めて居た。よい時代で余裕があった。私は勤めの傍ら文化運動や青年運動に熱を上げて居た。詩や歌の同人雑誌を出したり、自律（ママ）演劇運動で芝居をしたり、冬の半カ年は農村青年達と京都大学の助教授を招いて伊那自由大学という講座を、毎月1回1週間ずつ開講したりした。こうして外での活動が多いので普通の人以上に働かないと首になる。そんなわけで銀行の仕事は人一倍していました(8)。

この文章が掲載された『ありさわ』は、有沢製作所の社内報であり、その内容は「仕事は人一倍していました」ということに力点が置かれている。しかし、これが執筆された1967年という時期を考えると、宮坂広作が1962（昭和37）年から63年にかけて『月刊社会教育』に「戦前社会教育運動の遺産について」

を連載し、自由大学が認知されはじめていたとはいえ、まだその論文を含んだ『近代日本社会教育の研究』は出版されておらず、自由大学がまだ多くの人に知られていない時期であり、林は自由大学が多くの人に注目されるようになる前から自らの自由大学経験に言及していたことがわかる。

さらに林は、1969（昭和44）年2月発行の『ありさわ』第17号に「我が青春」という題で青春時代を次のように振り返っている。

「我が青春」
本職の銀行の仕事を二人前の働きを目標にして自主的にやったこと。
余暇を伊那自由大学、青年団、文芸同人雑誌、自立演劇、映画鑑賞会等のグループ活動に参加し、しかもその世話役をひきうけたこと。
その為によい師、よい先輩、よい友に数多く恵まれたこと(9)。

この回想も、自由大学は、青年団などと並列して書かれていて、自由大学だけが取り上げられているわけではない。しかし、自由大学が筆頭に挙げられていることから、自由大学は彼の青春時代の経験として欠くことのできないものであったことが窺える。

ところで、林は、有沢製作所に赴任したばかりの1963年に勤労青少年に関わることになる。彼は、そのことについて以下のように回想している。

高田南城高校の母体は高田商業高校定時制である。昭和三十八年七月に私は八十二銀行東京支店長を定年退職して有沢製作所へ入社した。当時高田商業高校定時制は他校の定時制と同じように生徒が漸減し、将来の為に起死回生策をとる必要があった。一方有沢製作所は、中学卒業生が毎年七十人内外入社したが、昼夜二部制のため定時制へ通うことができなかった。五十嵐九一先生と有沢製作所の畑山茂男労務課長が定時制の二部制の発想をして、常務取締役の私に進言してきた。

私は青年時代（大正十三年から昭和四年まで）、長野県飯田市において農閑期の冬、働きながら学ぶという「伊那自由大学」の運動の中心的な役割をした。これは佐渡出身の評論家土田杏村先生の主唱によるもので、講師は後の東北大学学（ママ）長の新明正道先生をはじめ、谷川徹三先生、三木清先生など当時の新進気鋭の学徒ばかりで、後年日本学界の最高峰につらなった人達であった。（中略）

わずか六,七年の教育であったが、自由大学で学んだ青年達が村の中核となり、その後の伊那谷の産業文化の発展に非常な影響を与えた。いわば伊那谷の松下村塾であった。

この体験から、働きながら学ぶことの重要性を日頃感じていた私は、五十嵐、畑山御両人の構想を聞き共鳴し、その実現のためにお互いに情熱を燃やすことになった(10)。

林が述べているように、有沢製作所の労働形態は午前6時から午後2時25分までの朝番と、午後2時15分から午後10時までの遅番の二部制で、朝番と遅番は一週間交代となっていた。必ず遅番があったために、有沢製作所の従業員は、夜間の定時制高校に通えないという問題があった。

高田市では、早くは1948（昭和23）年から高田女子高校（後に高田北城高校と改称）に夜間定時制が、高田農業高校に昼間定時制が、そして高田高校に通信制が併設され、その後、1960（昭和35）年に高田商業高校に商業科の夜間定時制が設けられていた。

そこで、夜間定時制が置かれていた高田商業高校に昼間定時制の設置を働きかけたのである。林の証言から高田商業高校定時制の二部制の提案は、林がしたことではなかったことがわかる。しかし、彼は「働きながら学ぶ」ことができるように、積極的にその事業に関わった。そして、その根底には、彼の青年時代の自由大学の経験があるという。

林が有沢製作所に入社して2ヶ月後の9月には、高田商業高校と昼間授業をめぐって懇談が開かれ、10月には、有沢製作所勤務定時制生徒の夜間勤務者、欠席時数確保のための補習教室設置についての原案が作成されている。翌年の3月末には「補習教室実施要項」が作成され、4月から補習教室が開設されている。

このように林が関わった昼間定時制の実施は、「補習教室」という形であったが、約半年という短い期間で実現することになる。「補習教室」には有沢製作所の経済的支援があったが、それでも全日制の授業と重なるため、普通教室の確保や体育館・グラウンドなどの使用が困難であるなどの問題を抱えての出発であった。同年9月には高田市勤労青少年教育促進会が発足し、促進会は教室不足を解消するため、1966(昭和41)年に2教室を、68(昭和43)年にも2教室を増築するなど、教育環境の充実に努めるだけでなく、二部制の公認と独立定時制高校の開設を求めて、しばしば県などに陳情を行っている。そして、手狭になった高田商業高校は、移転することになり、その校舎を使って1968年に独立の定時制高校である高田南城高校が開設されることになった。林は、しばしば陳情に加わるなどしており、開校直前の1968年2月には、林は校長と共に、テレビ出演をして、「南城高校の抱負について」語っている。このことから林が高田南城高校の開校にあたって重要な役割を果たしたことが窺える。

1972(昭和47)年には高田高校に設置されていた通信制課程を高田南城高校に移し、同校は定通併設の高校となり、翌年には定通モデル校に指定されている。この定通モデル校指定についても、林は「働きながら学ぶにふさわしい学校施設を持った」学校にすることをめざし、モデル校になっている高校を視察したり、当時の稲葉修文部大臣に陳情するなどのことをしている。

林は、このように有沢製作所に入社した直後から昼間定時制の設置という形で勤労青少年教育に関わった。そして、既に述べたように、自分自身の体験から「働きながら学ぶ」ことの重要性を認識していたのである。林は、1969(昭和44)年5月17日に高田南城高校で「働きつつ学ぶ」という題で講演もしている。また、それ以前に『ありさわ』第13号には、「働きながら勉強しよう」という題で以下の文章を寄稿している。

有沢製作所が人作りに熱心であることが漸く此頃世間から注目されはじめた。ここまで来るのに4年かかった。(中略)昼間定時制高校をはじめて丸4年、青年学級をはじめて丸2年、来年4月には両方とも第1回卒業生が出る。(中略)

有沢製作所は前からそうであるが定時制高校を卒業した人は全日制高校を卒業した人と同じ待遇である。(中略)

青年学級2年卒業者にもその資格を与え特別昇給をすることは既に発表した通りである。(中略)定時制の学習時間は4年間で3,400時間、青年学級は2年間で180時間である。時間数や学習内容はちがうがそこで勉強した人達は人間的に大きく成長している。(中略)

青年学級の学習内容は、「青年と人生」をはじめ政治、経済、社会、文化、教養等の一般教養で講師は中学の校長級の先生で程度の高いものである。高校卒の人達にとっても新しい学問で、充分歯ごたえがあり、それから父となり母となり一生を過ごしてゆく上で大変役立つものである。そういう意味で高校卒業者もぜひ青年学級へ参加してほしい。(中略)

ここでは定時制と青年学級のことだけ書いたが、このほかにも勉強の手段は色々とある。会社でもそ

ういう人達をできるだけ後援したい。特に勉強をしている人などゼミナールに行って貰うことなど効果的と思う。（中略）

個人と同じに企業も蓄積が大切である。その企業の蓄積の中でも人材の養成はとりわけ大切と思う。学校時代の勉強より自分の職業についてからの勉強の方が大切である。人間は一生勉強とよくいわれるが、真の実力は社会に出て理論と実践の中から積み上げられてゆくものと思う。

働きながら勉強する。これほどの生甲斐はないと思う。皆さんの成長を見るのが楽しみである。

昭和42年11月[(11)]

ここに述べられているように、林は定時制高校での教育に関わるだけでなく、企業内の教育にも熱心に取り組んでいる。有沢製作所では、定時制高校や青年学級で学ぶことによって企業内での待遇にも変化があったことがわかる。しかし、林がめざしたものは、企業の中ですぐに役立つ知識の獲得ではなく、「一般教養」であったことは注目されてよい。生甲斐として学び、人間として成長することがめざされたのである。以下の林の挨拶には、そのことがよく現れている。

「生き甲斐ということ」

皆さんは若い。皆さんには将来がある。皆さんには無限の可能性がある。皆さんはやろうと思えば何でもできる。それが青年というものです。皆さんは顔がちがうように、皆それぞれに特長や短所があります。皆さんはそれぞれに好きな事、得手なことがあります。そのことをぜひ伸ばして頂きたい。

「私はこのことができない」「私は頭が悪い」というように考えてはいけない。短所に劣等感を持たないことが大切です。青年時代は精神不安定の時代です。その不安定をなくするには自分の自信を持つことです。月給取りという機械になってはいけません。人間になることです。人間になるとは生甲斐を持つということです。一番大切なことはプロになることです。プロ野球を見て私達はいつも、さすがにプロだなあと思う。あなた方もあなた方の仕事のしぶりを見てまわりの人がさすがにプロだなあと思うような人になって下さい。

その為には勉強が大切です。先ず青年学級にはいる。定時制高校へはいる。青年学級をやっているうちにもっと勉強したいと思ったら、17才になろうが18才になろうが、定時制高校へはいる。高校や大学を出た人は更にプロになるための勉強をする。専門的な勉強をする。学校の勉強は基礎を教えるだけで、本当の力は社会に出て職業についてから勉強することではじめてできるのです。（中略）

働きながら勉強する。そしてプロになる。そのことに誇りを持ち、そういうことを一つの目的として生きる。そこにあなたの生甲斐を持って下さることを今年の寮祭に当たって特にお願いします。

（これは昭和43年2月18日の寮祭に於ける林常務の挨拶を筆記したものです。）[(12)]

このように林は1966（昭和41）年に企業内青年学級を開設し、定時制高校進学以外の学びの場を提供している。さらに彼は企業内でのサークル活動にも熱心で、自分も俳句の会などに参加している。

林の活動は、企業内に留まらず、高田市・上越市公民館運営審議会委員長（1971年に高田市と直江津市が合併し、上越市となっている。）、高田市・上越市勤労青少年教育促進会事務局次長、上越市総合博物館協議会委員長、新潟県青年学級研究協議会委員、新潟県企業内学級調査指導協議会委員、新潟県社会教育講師団講師などとして、地域の社会教育に関わっている。有沢製作所の社内報『ありさわ』などをみると、社会教育の講師として出講していることが多いことがわかる。その一例を示すと以下のようになる

1969年　十日町織物工業協同組合　新入社員教育研修会など

新潟県中小企業団体中央会役職員講習会
高田市理容組合従業員研修会「理容店員と定時制高校」
高田工業高校で特別講演

1971年　新潟県身体障害者団体連合会青年婦人研修会
新潟日報婦人サロン講座
西日本老人教室
牧村役場職員互助会

1972年　新潟県青年団体リーダー研修会
上越市田中・石沢・寺町・三地区ノ老人クラブ合同研修会
新潟県立青少年研修センター「働きながら学ぶ青少年のつどい」
春日山地区公民館婦人教室

林は企業内での教育だけではなく、地域の社会教育活動にも深く関わっていった。企業内に留まらない彼の活動の根底には、地域で展開された自由大学の経験がある。

自由大学について林は次のように回想している。

自由青年連盟は実践行動の道を選んだ。自由大学は真理を探求し、理想を求め、教養を高める学問の道を選んだ。自由大学は真理を探求し、理想を求め、教養を高める学問の道を選んだ。(中略)

自由大学で学んだ人達は、その後伊那の文化や生活をリードした。はじめは青年団の役員、後には県会議員、村長、村会議員、農協の組合長や役員などになってそれぞれ活躍した、(中略)

僅か五、六年の教育でこんなに効果のあった教育運動は珍しいのではなかろうか。しかも自由大学で学んだ人達は当時の青年団の五パーセント以下の小人数であった。その小人数が中核になって次の時代を動かしたのだから不思議な気がする。

その原因の一つは下伊那という風土と、貧困の中にあった青年達の智的飢餓心がいかに強烈であったかということである。私達は海綿が水を吸うように講義の内容を吸い取り体内に充満させることができた。(中略)

自由大学は自由青年連盟とちがい固定した主義とか思想に一方的に偏向することなく、自由な立場で、真理を探求し、教養を高めることが目的で、はじめに書いたように農村青年、学校の先生、銀行員、会社員、商店員、新聞記者など、職業や年齢にかかわりなく色々の人が集った。

偏向がなかった為に、自由大学の出身者がその後の社会で受入れられ、それぞれの社会の中核的な存在になって、周囲をリードしたのだと思う。

此頃さかんに言われている生涯教育の一つの理想的な在り方であったと思う[(13)]。

自由大学は教条主義的ではなかったですね。そのことが大事だと思うんです。そのために自由大学のそれぞれの村で文化なり生産のなかで活動はするけれども、特殊な色をもって教条主義的ではない。(中略)とにかく教条主義的ではなかった。そういう来てくださった素晴らしい先生たちのお蔭で、知らず知らずのうちに勉強できたと。

もう一つだけ申し上げたいのは、下伊那の風土ということをいったですが、やはり青年の時に小学校の先生が非常によかった。(中略)当時の下伊那の教員の多くは哲学書を読んだわけです。長野には自由教育の流れが、文部省の教育よりも、小学校では非常につよかったわけです。そして青年たちは夜になると小学校の教員住宅に行って先生と哲学を話し人生を話しというふうなことがあったんです。そういう雰囲気も伊那自由大学を生んだ一つの要素ではなかったかと[14]

林の回想は、自由大学で学んだ人々は地域でさまざまな活動をしていることを評価しながら、自由大学は特定の実践に結びついたものではなく、「教条主義」ではなかったことを強調するところに特徴がある。自由大学は「智的飢餓心」を持つ人々に対して、「固定した主義とか思想に一方的に偏向することなく、自由な立場で、真理を探求し、教養を高めることが目的」で行われていたとし、「偏向」がなかったことが、結果として地域に対して影響力を有することになったと考えている。ある意味では、林は、土田杏村が主張していた「労働しつゝ学ぶ」、「教育と宣伝」の峻別などの自由大学の理念の大切さを回想で語っていると言える。

彼は、高田南城高校で学んでいる有沢製作所の社員について、前述の稲葉文部大臣への陳情の際に次のようなエピソードを語っている。

有沢製作所には、定時制の生徒が組織する勤生会があり、毎月三百円ずつ積み立てて年一回バスハイキングをしている。先月二十三日にここに居る大竹先生が社長の頸城バスで、黒四ダムへバスハイキングをした。夕方六時に帰ってきて体育館の前でバスから降りる人達は、各自にゴミ屑を持って降りた。最後の人は車内をきれいに掃いてゴミ取りへ取って降りた。これを見て運転手さんも車掌さんも驚いて、こんなマナーのよいお客さんは初めてだと驚いた。私は後日このことを聞いて、これは誰が教えたかと聞いて歩いた。学校の先生も職場の上司も寮母も誰も教えた覚えはないとの返事でした。これは勤生会の生徒達が自分達で考え、自分達で計画し、自分達で実行したことでした。高田南城高校はこうした生徒達が育っている学校であります[15]。

ここに林がめざした人間像が示されている。それは「自分達で考え、自分達で計画し、自分達で実行」することができる人間である。それは土田杏村が「自由大学に就いて」で「我々が銘々自分を教育して、一歩々々人格の自律を達成して行くとすれば、其れが即ち教育の直接の目的を達したものである」という教育の理念に適ったものであったと言うことができよう。

しかし、この「人格の自律」はどの程度の深みを持って展開されていたのかは、上記のエピソードからは判断できない。林は、1978（昭和53）年新春の上越新聞連盟記者会主催の座談会で「高校をでて更に勉強したいんだがそういう施設がない。そこで南城高校を利用して短期大学の設置に上越市が積極的に取り組んでもらいたい。[16]」と述べ、学校階梯の上昇の中で「学び」を引き受けることを提案している。有沢製作所は、1979（昭和54）年から中卒の採用を中止しており、林の発言の背景には、高卒の従業員の学びの場の確保の問題があったと考えられる。林は社会教育活動を展開しながらも、一方でその地域での学校階梯の上昇を考えていたのである。

高田市・上越市での林の活動は、自由大学と同じように「人格の自律」をめざしているとはいえ、そこには林が自由大学を生んだひとつの雰囲気としている「哲学」への情熱や文部省の教育と異なる自由教育の存在があった訳ではない[17]。林が上越で勤労青少年教育に携わっていた頃は、1966（昭和41）年に中央教育審議会答申「後期中等教育の拡充整備について」の別記として「期待される人間像」が発表されたり、1971（昭和46）年に中央教育審議会答申「今後における学校教育の総合的な拡充整備のための基本的施策について」が発表されるなど、明治初年の教育改革、第二次世界大戦後のそれに続く、「第三の教育改革」がめざされた時期でもあった。このように国からの教育改革の波が押し寄せてくる時期には、それにどう向き合うのか、「人格の自律」をめざす限り、その課題への取り組みは必須であろうが、残念ながら林の勤労青少年教育においては、十分にそのことが考えられておらず、国の教育施策のカウンターとして機能するということはなかった。

林の高田市・上越市での勤労青少年教育への関与は、彼の青年時代の自由大学の経験が大きく影響している。自由大学が林に与えた影響が、次の世代の教育に影響したと考えられるのである。もちろん、林の有沢製作所での勤労青少年教育は、労働力の確保のために、新潟県内の就職率や定着率を高めるための活動だった側面は否定できず、学校階梯に依存する前述のような限界を有していた。しかし、一方で林は「勤労青少年の教育は企業の為でなく、勤労青少年の為に行うという根本精神」が大切だとし、たとえば定時制高校を卒業し、有沢製作所に残らず、新しい職場や大学に進学する人がいても、自分が定時制高校に関わったことは「会心」の出来事だと自己評価している。林は、企業に必要な特定の知識というよりも、人間形成としての勤労青少年教育を志向しており、そしてそれは自由大学での学びに通じるものがあったと言えよう。

Ⅳ．結びにかえて

これまで林源の高田市・上越市での勤労青少年教育活動から自由大学の影響を探ってきたが、では何を以て影響とするかということについて、最後に考えよう。

そのことを考える上で重要なことは、自由大学の理念がどのように継承されているかということである。これまで述べてきたように、土田杏村が「自由大学とは何か」などの中で展開している「人格の自律」「労働しつゝ学ぶ」「教育と宣伝の峻別」「終生的教育」など、林の活動は自由大学の理念を継承し、自分の生きている場所でそれを展開したものと考えられる。その意味で、彼の活動は自由大学の影響とすることができるのである。しかし、一方で、自由大学の理念が十分に継承されていない部分もある。それは、学校制度批判としての自由大学に関わる理念である。林の勤労青少年教育活動は、必ずしも学校という制度の中だけで展開された訳ではなかったといえ、現実には定時制高校の設置という制度への依存が大きかった。更にそれは短大設置の提案にまで拡がっていっている。また、企業内で行われていた青年学級についても、青年学級振興法に基づいたものであり、それもまた制度の中で行われたものであった。そのことは全否定されるべきものではないが、自由大学運動はユニバーシティー・エクステンションではなく、カウンター・ユニバーシティーとしての側面が強い運動であったことを考慮したとき、林は学校教育・社会教育という制度化された教育をどのように考えていたのか、それを越える教育をどのように構想していたのかということがさらに検討されなければならないであろう。

1970年代に自由大学研究が高揚した背景には、大学に対する批判があったことは事実であろう。しかし、佐々木忠綱の事例でも、彼は地域に中等教育学校を創設することに関わっており、林の事例でも青年期の教育については「学校」の創設という選択がなされている。佐々木や林の場合、地域に中等教育の学校創設の要求があったことから、彼らの選択は妥当なものであったと考えられる。しかし、自由大学の聴講生の中にある学校、大学へのあこがれをどのように位置づけたらよいのであろうか。土田杏村をはじめとする自由大学の講師たちには、カウンター・ユニバーシティーの理念はある程度まで共有されていたと言えようが、一方で制度としての大学を体験していない聴講生たちには、大学へのある種のあこがれが存在しており、自由大学をユニバーシティー・エクステンションとしてとらえる傾向があったことは否定できない。「労働しつゝ学ぶ」などの自由大学の理念は、講師と聴講生は共有しやすかったものの、カウンター・ユニバーシティーとしての自由大学の理念の共有は、自由大学運動が展開されていた当時から困難な側面があったと言うことができよう。そのことも踏まえて、自由大学が「大学」であることの意味を再度問う必要があろう。

林源の新潟県の高田市・上越市での青少年教育の実践は、自分が青年期に自由大学で学んだ経験に基づいており、自由大学の影響と考えることができる。林のような事例も含めて、自由大学をさらに立体的に描いていくことが、100周年を迎えた自由大学運動を対象とした研究に求められていることなのである。

〔注〕

(1) 山口和宏『土田杏村の近代―文化主義の見果てぬ夢―』2004年、ペリカン社、はその代表的な成果である。2011（平成23）年に長野大学で行われた「自由大学運動90周年記念集会」では、大谷俊、古市将樹によって土田杏村を対象とした発表がなされていることは、自由大学研究の中で土田杏村研究が進展してきたことを象徴している。大谷俊「土田杏村における『もう一つの学問』の模索と展開―『もう一つの大学』としての自由大学の自律性への問い―」、『自由大学運動の遺産と継承―90周年記念集会の報告―』2012年、前野書店、及び古市将樹「自由大学運動におけるもうひとつの『他者』―学びの欲望を体現する『他者』―」、同上、参照。

(2) 書籍になっているものとしては、上原民恵『深町広子と上田自由大学』、1995年、上田小県近現代史研究会、大日方悦夫『満洲分村移民を拒否した村長―佐々木忠綱の生き方と信念―』、2018年、信濃毎日新聞、など。

(3)『時報』などを用いた上田小県近現代史研究会の一連の研究成果をあげることができよう。また、渡辺典子「1920～30年代における青年の地域活動―長野県神川村の『路の会』による学習・教育活動を中心に―」、『日本教育史研究』第13号、1994年、も参照のこと。

(4) たとえば、柳沢昌一は「自由と大学をめぐる歴史的な省察―『自由大学の理念』の再考―」（前掲『自由大学運動の遺産と継承』所収）で自らが関わる福井大学の教職大学院との関連を論じている。

(5) 拙稿「自由大学の影響に関する一考察―長野県下伊那郡大下条村の場合―」『慶應義塾大学教職課程センター年報』第2号、1987年。

(6) 自由大学研究会編『自由大学運動と現代―自由大学運動60周年集会報告書』、1983年、p.28

(7) 林の経歴については、『八十二銀行八十年史』などから作成。

(8)『ありさわ』第11号、1967年2月

(9)『ありさわ』第17号、1969年1月

(10) 林源「高田南城高校の誕生前夜」、『創立二十周年記念誌　二十年のあゆみ』、新潟県立高田南城高等学校、1988年

(11)『ありさわ』第13号、1967年11月

(12)『ありさわ』第15号、1968年4月

(13) 林源「伊那自由大学の思い出」、『自由大学研究』第5号、1978年（前掲『自由大学運動と現代』、pp.203-4）

(14)「自由大学を語る」、前掲『自由大学運動と現代』、p.27

(15) 前掲「高田南城高校の誕生前夜」、p.55

(16)「新春座談会　〝上越市のビジョン〟を語る」、『週刊文化』第1721号、1978（昭和53）年1月1日、

(17) 高田市・上越市における背景ということではないが、林個人の背景の一つとして曹洞宗の僧侶・澤木興道に師事していたことは指摘されなければならないであろう。林は「各任地で澤木老師に一年に一回来て頂き、二泊三日の参禅会を開き、一夜、町の人達のために講演をして頂くことが私の誓願であった。」（林源『杜の都雪の高田』、1981年、p.169）と書いており、銀行員時代から澤木と交流していたことがわかる。林への澤木の影響などについては、本稿で触れることはできなかった。今後の課題としたい。

自由大学研究への期待と若干の提辞

早稲田大学名誉教授
大槻 宏樹

第1稿　自由大学と公費助成 ―新自由主義への返礼―

1．公費助成に関する土田杏村の苦悩

土田杏村の教育・学問への姿勢は凛とした哲学に裏打ちされたもので、志操高く、われわれの胸をうつものがある。その一つが、教育・学問の〈権力からの独立〉である。むろんのこと、自由大学もあらゆる権力、とくに国家権力からの独立を志向し実践してきた。それが自由大学運動存在の意義の一端を占めている。

土田の意志を〈自由大学雑誌〉から若干さぐってみよう。土田は「農村教育調査会の決議」（第一巻第一号）で、『一九一九年二月二十五日、普国文部省の発した省令の中には「普国文部省は国民大学運動に適当の援助を与へんと欲して居るが、国民大学は国家の指導を受くべきでは無い」とはっきり断って居る。成人教育に関して独逸政府は我国の所謂有職者よりも遥に自由な、聡明な考へを持って居る。』との見解を示している。自由大学の公権力からの独立という高邁な識見を例示している。しかし一方で土田は、自由大学の経営に係わる会員募集等の問題に危機感を抱いていた。「自由大学の危機」（同前、第一巻第二号、大正14年2月）では、「我々は自由大学の経営について十分に苦惨を嘗めて来た。其の一つは、会員を集めることである。会費の負担に拘らず会員をつくることが一難儀の為事であった。文部省ではどうして其の会員を募集するつもりか知らないが、地方の郡長だとか視学だとかを幹事にして其の募集は果して旨く行くかどうか。我々は無報酬でも自分の熱心さから、細かに会員募集の成事をして来た」とも述べている。さらに「自由大学の季節が来た」（同前、第一巻第九号、大正14年9月）でも「自由大学の財政的困難も亦一層深刻となって行く事であらうと思ふ。」としながらも、「他面新たに自由大学を創設しようと思ふものは、経費の不足に藉口して空しく其の機会を失う可きでは無い。私は断言して憚らない。自由大学はどんな僅少な計費を以てゞも始め得られると」と主張し、経営上に苦労しても、自由大学の創設の機会があれば必ずや成功する覚悟を披瀝している。

ここでもう一回、自由大学における権力からの独立問題に触れてみよう。猪坂直一は「上田自由大学の回顧（二）」（同前、第一巻第二号、大正14年2月）で、

> ある日、時の県知事岡田忠彦が上田に来られた。僕等は時に官僚も利用しなければなるまいと思ったので、僕は金井君と一緒に知事をその旅宿へ訪問し、自由大学の為に援助を仰ぎたいと懇願した。すると知事は、君等が教育事業などをやるのは却て人を謬り社会を毒するものだ。教育は須らく文部省の方針によってなすべきであると真正面から反対してきた。（中略）僕等は知事の言った通りなまじ官僚の

援助などを受けようとしたことの間違ひであったことを痛感すると共に、自由大学は教育の革命だ、イヤ社会運動の前衛でなければならないと強く信じたのであった。

このように、土田と一心同体で自由大学を支えた猪坂や金井正らの心意気を読み取ることができる。同時に権力の危うさと、公に依存することの誤謬を確認するとともに、自由大学は「教育の革命」であり、「社会運動の前衛」としての役割を改めて力説している。

やや脱線気味ではあるが、自由大学運動史の中で、小さな公権力からの援助を受けた歴史がある。新潟県の魚沼自由大学では、堀之内村より1講座当たり毎回100円の補助があった。加えて堀之内村教育会から同じく毎回15円の援助を受けていたので、1講座当たり115円の補助があったことになる。しかしこれは、主として村の実力者、伊米ヶ先崎小訓導兼校長の渡辺泰亮個人の意志で行われたもので、村としての小権力による干渉はなかったことは事実である。けれども権力からの独立を標榜してきた自由大学の原則との若干の矛盾点としてあげられるかもしれない。ちなみに、魚沼自由大学は1922年から1927年にかけて計12講座が開講されていた。

ついでながら、矛盾点をもう一つあげておく。自由大学では、おおむね1講座5日制が多く、聴講料は2円～3円であった。当時としては、決して安くはない金額である。比較的財に恵まれていた山越脩蔵の1年間の小遣いは300円ほど、1年間の書籍代は1,000円に上ったという。山越の場合はやや例外ではあったと思われる。一方で、低学歴で寒村の貧農出身の渋谷定輔の一日の労賃は、わずかに35銭であった（1981年10月31日、自由大学60周年前夜祭〈於・柏屋別館〉での聴きとり）。従来の特権的大学を批判する自由大学でありながら、寒村青年にとって、たとえ1講座にでも参加不能な状況は閑視できない問題であったにちがいない。

2．自己責任（私助・自助）と公

観点を変えて、日本における公と自己責任（私助・自助）の関係について考察してみよう。まず、独特の思考から、日本人の行動や文化の分析を通して日本人論を展開した文化人類学者ルース・ベネディクト（Ruth Benedict）の『菊と刀』（1972年、社会思想社）のうち、「子供は学ぶ」から興味ある一節を引用してみよう。

「自己責任ということは日本においては、自由なアメリカよりも、遥かに徹底して解釈されている。こういう日本的な意味において、刀は攻撃の象徴ではなくして、理想的な立派な自己の行為の責任を取る人間の比喩となる。（中略）しかもこの徳は日本の子供の訓育と行為の哲学とが、日本精神の一部として、日本人の心に植えつけられてきた徳である。」

このように、日本の伝統的な徳の構造として「自己責任」を説いている。自己責任とは、今日流にいえば私助・自助を意味するものであり、公に対比されるべきものである。日本精神の一部として、日本人の心に植えつけられてきた徳は、私助・自助の徳であって、公の精神にはみられないものである。公は単に従うものの対象として存在する。例えば、近世若者組の「御条目集」では、その第一条は、ほとんどが「従御公儀様御法度の趣急度相守可申事」、「御上様御法度儀者不及申、所々御作法急度相守可申事」のパターンが圧倒的に多い（大日本連合青年団『若者制度の研究』昭和43年、日本青年館）。

以上のように、自己責任（私助・自助）としての徳は、ツララ理論のように、日本精神の根幹として受け継がれてきた。例えば、1874年にわが国で最初の救貧法である「恤救規則」は、「人民相互ノ情誼」のあり方を示しているものの、基本的には、本人及び血縁者の「自助」が大前提となっている。つまり、自助イコール自己責任の徳を尊んでいる。国費による救済（公助）は極力抑制することを徳とした。云い換えれば、国費（公助）に頼る救貧救助は不徳とするところであった。公費公助に頼るのは恥とあるとする自己責任の思想がなによりも尊重されたのである（木下光生『貧困と自己責任の近世日本史』2017年、人文書院、及び木下光生「自己責任が大好きな日本人たちへ」〈アンジャリ〉2019年12月、No.38)。

近代教育史に眼を向けてみると、「学事奨励に関する被仰出書」の後半部分は次のように宣言している。

> 従来沿襲の弊学問は士人以上の事とし国家に為にすと唱ふるを以て学費及其衣食の用に至る迄多く官に依頼し之を給するに非されは学ざる事と思ひ一生を自棄するもの少からす是皆惑へるの甚しきものなり自今以後此等の弊を改め一般の人民他事を抛ち自ら奮て必ず学に従事せしむへき様心得へき事（後略）

学問は士人以上のものではなく、万民が学ぶべきことの奨励は、わが国の近代教育の出発としてふさわしい宣言である。しかし他方で、学費等については、官（公）に依存する弊を強調している。すなわち、日本の近代教育の出発は、民費負担の原則が国家の指針として定められたのである。ここにも、公に頼らずに自助の精神の涵養に終始している実態をみることができた。

こんにち、自己責任（自助）は新自由主義の特徴の一つになっている。Neoliberalismは、国家による福祉や公共サービスの縮小によって、自助の精神をとり戻す文脈で把えられている。そこでは徹底した自助の尊重であって、国家・行政の責任を問わない仕組みになっている。端的な例が、1997年の「成人病」から「生活習慣病」への転換であろう。これは単なる名称の変更だけではない。1957年に厚生省（当時）は、わが国独自の病気概念である成人病の用語を創出し使用することになった。それは主として、脳卒中や癌などの悪性腫瘍、心臓病などの疾患構造の変化に伴うものであった。これに対処するために、治療医学から予防医学への展開にせまられるようになった。けれども予防医学における有効性が顕著にあらわれず、前述のごとく「成人病」は1997年に「生活習慣病」へと変化せざるをえなかったのである。生活習慣病とは、食習慣、運動習慣、及び休養、喫煙、飲酒等の個々人の生活習慣による疾患群（佐藤純一ほか『先端医療の社会学』2010年、世界思想社）をさすが、その疾患群の治療は個人の意識の問題（自助）で完結する。そこでは、疾患群に対する条件整備等について、国（公）は援助策をもたない構図になっている。そんなわけで、厚生労働省による「生活習慣病対策の総合的な推進」（中島正治「生活習慣病対策の総合的な推進」『今日求められる健康自立支援サービス』平成18年）では、生活習慣病対策の必要性の最つ先きに国民医療費の国家負担の軽減のためのものとして挙げている。公はあくまでも後まわしの理論である。

つまり新自由主義による自助の精神は優しくない仕組みである。優しい社会とは、人の痛みを憂うる社会であり、他者を尊重する社会である。教育は、大学は、人間の成長・発達に欠かせない基本である。教育は、大学は、社会に上下を生ませない他者を尊重する場である。土田杏村の優れた教育論に最大限の敬意を表しつつ、自由大学において、大胆な公費助成の道筋をきり開いていただきたかった。

第2稿　教養観の趨勢と軍学共同

1．「学事奨励に関する被仰出書」から「大学令」へ

「学制」の基本理念を明示したもので、その序文ともいえる「学事奨励に関する被仰出書」（以下「被仰

出書」）の冒頭部分は次の通りである。「人々自ら其身を立て其産を治め其業を昌にして以て其生を遂るゆゑんのものは他なし身を脩め智を開き才芸を長ずるによるなり而て其身を脩め知を開き才芸を長ずるは学にあらざれば能はず是学校の設あるゆゑんにして日用常行言語書算を初め士官農商百工技芸及び法律政治天文医療等に至る迄凡人の営むところの事学あらざるはなし（後略）。」ここでは、凡ての児童が就学しなければならない必要性を、極めて端的に説いている。すなわち、近世以来の儒教思想に基づく学問観ではなく、「学問のすすめ」と相俟って、欧米の個人主義・実学主義を優先する教育観となっている。「学制」そのものが、「仏国学制」の模倣型と云われているように、「被仰出書」でも、「日用常行言語書算を初め」と記されているごとく、教養型の原型ともいえる普通教育にみられる学科目が提示されている。

ところが、1879年の「教学聖旨」と「教育令」、及び1880年の「改正教育令」の公布によって、「教養型の原型」が一変する。「教学聖旨」では、「教学ノ要」として、欧米型の個人主義･実学主義から離れて、「仁義忠孝」の道であることが示されることになる。加えて「改正教育令」では､小学校教科の冒頭に「修身」が設定されることになった。つまり、近代におけるわが国の教育は、「教養型」から「徳目主義」（仁義忠孝のような）を伴う「修養型」教育観へと大転換を遂げていくことになる。ある意味で、教育観における洋学派重視の教育から漢学派・皇学派重視への転換であった。さらに1890年の「教育ニ関スル勅語」（「教育勅語」）では、その授けるべき徳目として、孝悌、友愛、仁慈、信実、礼敬、義勇、恭倹等であり、とくにさきの仁義忠孝に伴う「尊王愛国」があげられ、「徳目主義」がほぼ完結する。

さらに重視すべきことがある。1886年の「帝国大学令」第一条は、「帝国大学ハ国家ノ須要ニ応スル学術技芸ヲ教授シ及其蘊奥ヲ攻究スルヲ以て目的トス」と規定された。帝国大学は国家体制の中に明確に位置づけられ､学問は｢国家ノ須要ニ応スル｣ものと限定された。もう一つ加えて､1918年の｢大学令｣でも､｢大学ハ国家ノ須要ナル学術ノ理論及応用ヲ教授シ並其ノ蘊奥ヲ攻究スルヲ以テ目的トシ兼テ人格ノ陶冶及国家思想ノ涵養ニ留意スヘキモノトス」と規定している。帝国大学に限らず、高等教育における学問は、すべて「国家ノ須要」に応じるもの、さらに国家思想の涵養に留意すべきものとされたのである。この学問の目的と、さきの学問における徳目と相俟って、ここに徳目主義に基づいた修養概念が成立したのである。

2．権力の〈修養〉と自由大学の〈教養〉

上述のように、近代の学問観は「被仰出書」でみた教養型の原型から、国家権力による徳目主義による修養型へと変貌を遂げた。折りも折、1903年の藤村操の自死は体制側に大きな衝撃を与えた。藤村が抱いていた人生のいわゆる「不可解」は、権力側の尊王愛国を軸とする富国強兵や教育勅語体制への挑戦ともいえるものであった。この藤村の「人生不可解」に対し、国家教育の基本である修養は、早速に箍を締める。例えば『武士道』を著わした新渡戸稲造の武士道的修養論があげられる。新渡戸が描く武士道的修養論の中核は、義、勇、仁、礼、誠、名誉、忠義、克己等に示された徳である（『新渡戸稲造全集』第一巻、1969年、教文館）。「人生不可解」は全くあり得ないのである。徳目を実践さえすれば有意義な人生であると信じるのが権力である。同じ時代､1903年には教化団体「修養団」が結成され､そこでも「八紘一宇」等を徳目として掲げていた（修養団編輯部『修養団三十年史』1936年）。このように、修養は、いわゆる明治政府あるいは近代日本国家の体制維持装置にとって不可欠の実践徳目道徳であった。

ここで､「国家ノ須要」に応じた徳目主義「修養」に対し､敢然と対峙したのが自由大学である。1921年、「信濃自由大学趣意書」が発表される。「学問の中央集権的傾向を打破し、地方一般の民衆が、其の産業に従事しつゝ、自由に大学教育を受ける機会を得んが為めに、総合長期の講座を開き、主として文化的研究を為し、何人にも公開する事を目的（後略）」とすることを宣言している。

趣意書に盛られている「学問の中央集権的傾向を打破」することの意味は、①大学令の打破である。②

修養主義の打破である。③徳目主義の打破である。④国家権力による学問の打破である。あえて加えれば、⑤第1稿で既述した猪坂直一の回顧で記されたところの、自由大学は教育の革命である、自由大学は社会運動の前衛である、ことを意味する。

1921年、信濃自由大学第1期講座、法律哲学（恒藤恭）、文学論（タカクラ・テル）、哲学史（出隆）、倫理学（世良寿男）、心理学（大脇義一）は、大学令に示された「国家ノ須要」に応えた学問ではない。徳目主義の学問ではない。選択の自由をもった〈教養〉としての学問である。1979年の教学聖旨から戦後の教育基本法まで、わが国の教育は修養主義、徳目主義が連綿と続いてきた。1920年代の教養を主体とした自由大学の存在は、全く特異な光輝く貴重な宝である。自由大学運動100周年に当たっての自由大学運動の研究意義がここにあるのだ。

3．2015年「通知」と軍学共同

2015年6月8日、下村博文（文科省大臣、当時）は「国立大学法人等の組織及び業務全般の見直しについて（通知）」を発した。内容は単純化して要約すると、一つは教養の凝否定と、二つは国家須要人材の育成である。学問にとって必須な歴史、哲学、美術、文学等は、国家にとって緊要な学問とは認めない方向が打ち出されたのである。それは、1886年帝国大学令、1918年大学令への回帰の思想である。

ややうがった見方かもしれないが、同通知に呼応するように、つまり学問が国家須要に応ずるような形で、軍学あるいは軍産学共同研究の気運が高揚していく。背景としては、わが国近隣諸国の軍事活動の活発化に対応するため、及び同盟の要請に応えるための安全保障環境の変化に伴う軍・産・官・学の結集強化の動向である。軍学共同とは、主に大学・研究機構が防衛省・自衛隊または軍関係機構との共同研究を指す。これは、学問の世界における民主性、自由性、独立性とは基本的に相容れないものである。

もともと日本学術会議は1949年に創設され、1950年には「戦争を目的とする科学の研究は絶対に行わない」旨の声明をし、1967年には再び、同趣旨の文言を含み、「軍事目的のための科学研究を行わない」ことを声明している。それにもかかわらず、既述の下村通知による教養の否定と大学令回帰による国家の目的に合致する体制が整備されていく。すなわち、2015年には「防衛省の研究推進制度創設」による兵器開発計画研究に大学等が多数応募している。この制度は、文部科学省での研究者の自由な発想に基づく研究を支援する科学研究費助成事業とは目的も仕組みも全く異なる制度といえる。しかも防衛省の研究推進制度による成果は、学問の世界における透明性、公開性の原則をもたない。それは、2013年に成立した「特定秘密の保護に関する法律（秘密保護法）」によって守られているからである。

そんななか、日本学術会議は、1950年、1967年に続いて2017年に「軍事的安全保障研究に関する声明」を発表している。「近年、再び学術と軍事が接近する中、われわれは、大学等の研究機関における軍事的安全保障、すなわち軍事的な手段による国家の安全保障にかかわる研究が、学問の自由及び学術の健全な発展と緊張関係にあることを確認し」（中略）「学術研究がとりわけ政治権力によって制約されたり動員されたりすることがあるという歴史的な経験をふまえて、研究の主体性・自律性、そして特に研究成果の公開性が担保されなければならない。」教育・研究にかかわる総ての人が心しなければならない格調高い声明文である。

にもかかわらず、2020年に日本学術会議は「軍事と民生双方に活用可能な軍民「両用」研究」が発表され、日本学術会議内に大きな変化が生じてきている。軍学共同研究が、軍民両用というデュアルユースに止まり得るのか否か注目されよう。

だからこそ、今こそだ。自由大学の存在を再確認しよう。大学令を打破し、修養主義を打破し、徳目主義を打破し、権力を打破し、学問の自由・独立を標榜した自由大学を真摯に学ぼう。

第３稿　自由大学における自由 ―コミュニケーション論から考える―

自由大学における自由の問題に関しては、過去さまざまな観点から分析が行われてきた。ここでは、とりあえず小川利夫と中野光の問題提起をみてみよう。

小川利夫は「自由大学運動六〇周年」のなかで、「言論および表現の自由」や「信教の自由」「欠乏からの自由」や「恐怖からの自由」など、いわゆる「四つの自由」（中略）をめぐる諸問題をふくめて今日的にとらえる必要がある。さらにいえば、それらの諸問題は「…からの自由」の見地からのみでなく、「…への自由」の問題として、同時に「…における自由」の問題として今日改めて抜本的に吟味される必要があると思われる。（中略）このような問題状況、いいかえるなら、自由大学運動における「自由」をめぐる問題状況は、むろん新たな相のもとにおいてではあるが、ほとんどそのまま今日の問題であるといってよいであろう。（中略）総じて人間が人間らしく生きるうえに不可欠な生存・生活の基本問題にかかわっている。」（自由大学研究会『自由大学運動60周年記念誌』別冊２、1981年）と雄弁に語っている。

中野光も「大正自由教育と自由大学運動」という別の観点から、「日本人にとって「自由」とは何であっただろうか」「「自由教育論」における「自由」」「杏村における「自由」の探求」結び「六十周年は単なる回顧であってはならない。歴史に「自由」を生かして荒廃した社会にある人間を心ゆたかな人間に再生させる。理性的自己決定を可能にする真の民主主義社会を創造していく運動の出発点にすることが私たちに求められている課題ではないでしょうか。」（自由大学研究会『自由大学運動と現代』信州白樺、1983年）のような問題提起をしている。

しかし、ここではコミュニケーションの論点から、自由の問題について、Liberty と Freedom について若干の考察を試みたい。Liberty は、Liberation（解放）と Liberate（自由化する）の意味をもつ。けれども歴史的にも意味的にも Liberty はフランス革命と深く結びついている。つまり、Liberty は解放に結びついており、それは〈アンシャン・レジーム旧体制による圧制からの解放〉であり、〈貧困からの解放〉を意味した。ところで、〈解放＝自由化〉の文脈ではヒトとヒトとの間のコミュニケーションが行われるための必要条件ではあるが十分条件とはならない。例えば、わが国の例でみるならば駆け込み寺として著名な東慶寺や満徳寺でみても、夫からの解放、家制度からの解放、血縁社会からの解放はあっても、満願を迎える東慶寺３年、満徳寺25か月の間、逆地獄の境遇を脱することはできなかった。さらに、ミルの著作『Liberty』を翻訳した中村敬宇は『自由』と訳さずに『自由之理』として出版している。「理」と敢えて加えているところにヒントがあるかもしれない。

一方の Freedom は「自由な」を意味する Free の名詞形である。Freedom はアメリカの独立戦争の理念と結びついているようである。よって、Freedom は〈体制派対反体制派〉のような〈政治的なもの〉＝ Political のニュアンスを含んでいる。語源的にはギリシャのポリス（polis）に関わる。ポリス的の意味は、アリストテレスの「人間は政治的動物」といわれている〈政治的〉なことで〈ポリス的〉を指す。ポリスのような政治的共同体が成立すれば、そこになんらかの人間関係のルールが成立する。つまり、コミュニケーションの時に守らなければならない〈決まり〉が生まれる。重ねて云えば、アテネのような民主的なポリスでは、市民が集まり討議をし、政治を運営していくことになる（仲正昌樹、浜野喬士「〈humanitas〉の定義」仲正昌樹編著『教養主義復権論』2010年、明月堂書店。自由に関しては、斎藤幸平『人新世の「資本論」』2021年、集英社参照）。

「ポリス」のように、人間と人間の間の共通した秩序立った関係が成立し、お互いに〈間〉を尊重してコミュニケーションし合う状態において初めて人間にとっての Freedom が意味をもつ。自由大学における Freedom としてのコミュニケーションの例をあげるとすれば、タカクラ・テルの言辞に尽きるであろう。

そのタカクラ・テルの言辞を３ツ引用して本稿を終える。

（1）タカクラ・テル「自由大学を語る」

およそ六〇年前になりますね。私この地方にまいりまして、偶然というものでしょう、この地方で自由大学運動がおきておったものですから、その人たちと親しくなって自由大学と関係するようになりました。私は自由大学から頼まれて教える役割をしたんですが、実際は自由大学から教わったんです。特に自由大学の会員である農民・労働者、その人たちから非常に大きな影響を受けまして、私のものの見方というものがだんだんですけれども根本的に変わりました。（中略）そして、あらためて社会運動の方へゆっくりと進むことになりました。（中略）だから私は、教えに来たんですけれど、実は自由大学から教わったんです。私のすべての根本的なものの見方、考え方の発展は、自由大学のおかげでした。自由大学の会員である労働者・農民のみなさんから教育されて、自分の進む道を見いだし、一生それを貫いたということになっております。（後略）（自由大学研究論『自由大学運動と現代』1983年、信州白樺）。

（2）タカクラ・テル「自由大学のこと」

わたしは、六二年まえ（一九二一年）、自由大学（上田自由大学）へ、文学を教えに行って、その生徒である、その地方の労働者・農民から、逆に、教えられて、一生の方針を立てなおさなければならなくなり、しだいに深く労働運動にはいりこんで、とうとう、いま、共産主義者として、一生を終ろうとしている。上田市付近の労働者・農民がわたしの一生のいちばんの先生だった（同前）。

（3）「自由大学がわたしを変えた」

わたしは自由大学の生徒たちに教えるために行ったのだったが、結果は、逆に、その生徒たちに道びかれて、自分の生き方の方針を根本から立てなおさなければならなくなった。（中略）わたしは、自由大学の生徒の農民や労働者と、しだいに深くふれあい、結びついて行った。そして、それがわたしのものの見方･考え方を目に見えて変えて行った。それらの農民や労働者の生活､その急激な変化（大恐慌による極端な窮乏化）は、かつて受けたことのない厳しさでわたしをゆるがし、わたしを教育し、それまでの浮薄な人世観を打ちのめした（自由大学研究会『自由大学運動六〇周年記念誌』自由大学研究別冊２、1981年）。

第４稿　付稿

1．大正デモクラシーかファシズムか

自由大学運動の展開期は、大正デモクラシーの時代なのか、あるいはファシズムの時代なのか。従来説は、おおかた大正デモクラシー期の自由大学と把えられているようである。勿論、それ自身、異論を唱えることはできないかもしれない。

しかし、ここでは大正デモクラシーとはなにかを再考することに異論はないであろう。戦後の占領体制下において民主主義が脚光を浴びた時代に、〈昭和初期〉＝〈ファシズム〉＝〈悪〉、〈大正期〉＝〈デモクラシー〉＝〈善〉とする風潮が存在していた。大正期とデモクラシーとが結びついて大正デモクラシーが定着した。時代的にも普選運動の成果による政党政治の実現等により、吉野作造発の民本主義が喧伝さ

れたのである。あたかも大正デモクラシーは戦後民主主義の潜伏期に価する見方があった。しかし民本主義は、民主（demos）の権力（cratia）、あるいは人民（demos）の支配（kratia）の民主主義を意味しない（鈴木洋二『「元号」と戦後日本』2017年、青土社）。土田杏村のプロレット・カルト論をやや曲げて表現すると、大正デモクラシーは大正ブルジョアジーと表現しても全く異質とはいえないのではないか。

そんな訳で、1920年代自由大学が生きた時代は大正デモクラシー期説に疑問をもちつつ、ファシズム期についても簡潔に考察しておきたい。すでに、小川利夫は、自由大学運動における「自由」の問題について、「それはいわゆる大正デモクラシー運動の諸潮流、その政治的・文化（教育）的な諸潮流が地域・自治体に生きる民衆とくに青年大衆にとって積極的に受けとめられ展開された自己教育運動であった」と認識している。それは従来の説を踏襲したものであった。しかし一方で小川は、一歩踏み込んで、「そこには、たとえば吉野「民本主義」の流れがあり、山川「社会主義」の流れがあり、さらに、それらと不可分な土田「文化主義」の立場がみられた。それだけではない。それらの背後には自由主義的な民主主義の思想をも危険視し禁止しようとするファシズムの潮流が圧然としていた」と断じている（自由大学研究会『自由大学運動六〇周年記念誌』自由大学研究別冊２、1981年）。

まさに然りである。ファシズムの潮流が圧然とのしかかっていた。それはあの特高（特別高等警察）の歴史をみれば十分である。特高は大逆事件の翌年1911年に成立している。当時、社会主義者994人、準社会主義者981人の計1975人が指定されている。戦前において、特高によると思われる拷問虐殺者は194人、獄中死は1503人の計1697人が犠牲になっている。その象徴は小林多喜二の例であろう。小林は1933年2月20日昼過ぎに逮捕され、筆舌し難い拷問をうけ、当日の7時45分に虐殺された（蔵原惟人、中野重治『小林多喜二研究』昭和23年、解放社。手塚英孝『小林多喜二』昭和33年、筑摩書房。倉田稔『小林多喜二伝』2003年、論創社。ほか）。当然のことながら特高による拷問はある種社会問題となっており、1929年には山本宣治が国会で特高による拷問の実態を質問したところ、内務次官・秋田清の答弁は、「明治・大正・昭和の聖代においてそのような実態は想像できません」と開き直っている（荻野富士夫『特高警察』2012年、岩波書店）。国会でウソの答弁が堂々と罷り通るところにファシズムの本質がある。

自由大学運動は大正デモクラシーの潮流の中で約10年続いたのではなく、自由大学運動はプレ・ファシズムの時代権力に抗しながらも約10年（も）続いたのである。

２．自由大学における反戦（平和）運動の発掘を

私はかつて、「自由大学運動―自己と他者の関係性」の小論の中の一項に〈「平和・反戦」としての自由大学〉を少しだけ書いたことがある（〈歴史公論〉No.83、1982年）。自由大学運動の中で、平和への関心を強く感じたからである。自由大学運動の生みの兄ともいえる金井正には、反戦・平和に関する論が比較的多い。時代順に追ってみると、1909年の「輪卒之回顧」の前年1908年に「入営之辞」を、戦争や軍備にかなり批判的な眼で書き進めている。曰く、「其尤モ大ナル有力ナル要因ハ自分ガ軍備縮小ト云フ考ヲ持テ居ル」からだとし、「軍備ノ必要ヲ無クシ（或ハ減少セシメテ）其レニヨリ節約シ得タル戝ヲ一層生産的ニ利用」すれば人類の幸福につながる論を展開している（大槻宏樹『金井正選集―大正デモクラシー・ファシズム・戦後民主主義の証言』1983年）。これは社会主義者・金井正の思想であった。金井は1910年の「社会主義管見」で、「社会主義が今后如何ナル発達ノ路ヲトルカハ実ニ重大ナル問題ナリ、余ハ一個ノ小ナル社会主義者トシテ同志諸君ノ后ヘニ従テ」と小なる社会主義者を宣言している（同前）。タカクラ・テルも「金井正くんのこと」論で、「とにかく、金井くんは、地方の哲学研究家としても、のちの先進的な社会主義者としても、ほかに類を見ない、特別の存在だったように、わたしには見えた。そして、そういう独特の人がいたことが、上田の自由大学の大きな特色で、それがあの自由大学があんなに長つずきした、重要

な原因の一つだったように、わたしには思われた（同前）」と金井正を社会主義者として評価している。

そんな金井は、1915年に長文の「軍備ニ関スル卑見」を発表する。その一部を紹介すると、まず金井は、「国防上ノ緩急本末ヲアヤマッテ由々シキ国家ノ危険ヲマネク恐レガナイトモ限リマセン　一切ノ国ニ於テ　其本土ヲ絶対ニ敵ノ侵略カラ安全ニスベキ兵力ト、進ンデ他国ニ侵入スルコトノ出来ルヨウニスル兵力トノ間ニハ区別ガアリマス、前者ヲ消極的軍備、後者ヲ積極的又ハ発展的軍備ト申シテ置キマス」と、消極的軍備（防衛）と積極的軍備（侵略）とに区別して考察する。そのうえで金井は、この論の結論として、「一般ニ戦争ノ背後ニハ　経済的利益ノ争奪ト言フコトガ潜ンデ居ル、今後ノ戦争ハ　経済的利害関係ヲ離レテ起ルコトハナイデアロウト思ウ、然シナガラ又　一方カラ戦争ハ　勝敗ニ係ハラズ　経済的ニ利益アルモノデナイト言ウコトモ　一般ニ認識サレテ来ルダロウト思ウ、而シテ　武力ニヨル戦争ガ影ヲ潜メテ、軍備ノ負担ガ国民ノ肩カラ除カレ、一層生産的方面ニ、国帑ガ利用サルルヨウニナランコトヲ　私ハ衷心カラ希望スルモノデアリマス（同前）」と結んでいる。彼の平和への願いが伝わってくる。

さらに金井は1939年、「歓迎及壮行ノ辞」を残している。金井は1937年から1945年まで、戦時において社会主義者として神川村の村長を務めている。そこでは、「〇除隊者　名ニ対スル慰労ノ辞」、及び「〇入営者　名ニ対スル壮行ノ辞」であった。そのうち、入営者に対して、村長として、社会主義者として、以下のようなギリギリの言葉を送っている。「遠カラズ諸君ヲ軍隊ニ送リマシテモ、一定ノ時期後ニハ必ズ諸君ヲ村ニ迎ヘ得ルコトヲ私共ハ確信シテ居リマス。諸君ガ武力戦線ノ勇士タラントシテ巣立ツノヲ送ルニハ、我々モ亦経済戦線ニ於テ一層奮闘スベキコトヲ誓約シテ諸君ニハナムケスベキデアルト信ジマス（同前）」。出征者に対して〝必ず諸君を村に迎える。〟こんなすばらしい言葉は他にはないであろう。通常の村長の訓辞は〝死して護国の鬼となれ〟であるが、金井は違う。村民に必ず村に無事に帰ってきてほしいのだ。厳しい戦時下において、こんな金井のような村長はほかにいただろうか。

平和論者について、金井のほか、もう一人の傑物がいた。上田の金井に対し、下伊那の佐々木忠綱である。両者ともに、自由大学の受講者で後に村長になっている。佐々木は、村長をしていた戦時中、「その当時役場吏員が出征する時に私が役場の中で歓送の宴をはりまして、そのときに『おまえ絶対に死ぬなよ、どんなにしても生きて帰ってこいよ』と私が言いましたら、一人の書記が、『村長、ちょっと失言ではないか、そういうことを言うべきではないんじゃないか』と叱られたことがありましたが、みなこれ自由大学のお陰であったと思います」（自由大学研究会『自由大学運動と現代』1983年、信州白樺、なお、大日方悦夫『満州分村移民を拒否した村長―佐々木忠綱の生き方と証言―』2018年、信濃毎日新聞社参照）と回顧している。金井の時にも言及したが、当時の出征兵士の送別の辞は、決まって〈天皇陛下のため、お国のために死んでこい〉、であった。佐々木は、〈おまえ、絶対に死ぬなよ、生きて帰ってこい〉であった。その場に特高がいたら、佐々木の命は危なかったかもしれない。金井も佐々木も、いかに人間味に溢れていたか、もう神話に近い。

自由大学の前史あるいは自由大学を誘発した文化運動である自由画運動や農民美術運動を先導した山本鼎は、終生にわたり、戦争画に筆を染めなかった。特質すべき平和論に違いない。近代初期の北村透谷によるキリスト教的平和論から、軍縮、反戦、非戦等さまざまな平和論が展開されてきた。例えば、田中正造の「真の文明ハ　山を荒さず　川を荒さず　村を破らず　人を殺さざるべし」（『田中正造全集』第13巻、1980年、岩波書店）は人の心を動かしてやまない。幸徳秋水の〈平民新聞〉1904年1月17日に発表した「吾人は飽まで戦争を非認す　之を道徳に見て恐る可きの罪悪也　之を政治に見て恐る可きの害毒也　之を経済に見て恐る可きの損失也　社会の正義は之が為めに破壊され　万民の利福は之が為めに蹂躙せらる　吾人は飽まで戦争を非認し　之が防止を絶叫せざる可らず」は平和への悲痛な叫びであり、反戦宣言の宝となっている。

生命論において大正生命主義があるように、自由大学運動関係の講師や受講生及びその周辺による反戦平和思想の系譜をさぐり、かつ広めていきたいものである。

2022年、自由大学運動は100周年の年輪という節目を迎えた。自由大学のいのちは永遠に永続する。永続しなければならない。斎藤幸平さんの『人新世の「資本論」』(2020年、集英社)の中の一節に興味深い一文が紹介されている。「ここに「三・五%」という数字がある。なんの数字かわかるだろうか。ハーヴァード大学の政治学者エリカ・チェノウェスらの研究によると、「三・五%」の人々が非暴力的な方法で、本気で立ち上がると、社会が大きく変わる」ということである。社会は大きく変わらなくてもよい。少しでも、少しずつでもよい。人々の感じる痛みに応えようとして生まれた自由大学が、そのいのちを全うするよう、お互いが3.5%になるように心しよう。

閉会の挨拶

立正大学名誉教授
藤田 秀雄

藤田でございます。立正大学で42年間教師をやってきました。今は、主として平和の問題についていろいろな活動と研究をしております。

今日は、本当にありがとうございました。私自身は何もすることがなくて、大槻先生から年賀状で2年にわたって、今日の集まりをやると言うことを教えていただきました。期待して待っておりました。参加することができて大変ありがたかったと思っています。

感想を申しますと、今年は、文部省、つまり、権力の側にとっても、社会教育は百年の記念すべき年であります。つまり通俗教育が社会教育に名前を変えたのが百年前です。その動きは、日本の教育を大きく変えていく臨時教育会議を受けて、その一環として、社会教育という言葉が使われたに違いありません。そのすぐ直前にロシア革命があり、翌年には日本全土を覆った米騒動がはじまりました。

そういう国際的動き、国内の民衆の抵抗、それをどうやってその抑えていくのかという狙いで、社会教育という言葉が使われるようになったというふうに言っていいと思います。

そういうような厳しい時に、自由大学のような、それに抗する、自己教育活動が起こってきたことは、日本の社会教育の歴史上、世界に誇るべきものであったと思います。それは先ほど大槻先生が言われたような、現在の厳しさの問題とも関連します。そういうなかで、今、これからですね、自由大学のような学習運動を生み出していけるかどうかということが問われているように思います。

今、とくに重要だと思うのは、戦争と平和にかかわる情勢です。ちょうど、『月刊社会教育』に、それに関する原稿を頼まれて、おととい原稿を送ってきたばかりです。今の私たちの課題は、日本の憲法を変えるかどうかということです。

ところが、日本人で憲法を初めから終わりまでちゃんと読んだ人というのはどのくらいいるでしょうか？ 学校で、中学や高校で、憲法を初めから終わりまで全部学んだ人はどれだけいるでしょうか？ 私は大学の年度初めの講義で学生たちに二つのことを聞いてきました。憲法をどの程度習ったのか？もう一つは、日本近現代史をどこまで習ったのか？この二つを聞いてきました。憲法はですね。全部、最後まで読んだという学生は一人もいなかったんです。今まで42年間の間、最初の頭の部分だけがほとんどで、9条までやったというのは例外的です。だいたい第二章ぐらいで終わっているんです。日本人はほとんどですね、憲法の全体を知らないです。知らない日本人に、憲法の是非を問う、そういう投票をやらせる、これはどういうことか。

日本近海で戦争が起きようとしている。一つは台湾をめぐる対立が戦争にすすむかどうかということ、北朝鮮と日米韓の対立もあります。何か日に日に迫っているような感じが致します。私たちはそれにちゃんと答える、自分自身の認識を作る学習運動をおこなう、それをしないと日本はどうなってしまうのかわからない。先ほど大槻先生が言われた、現状の深刻な状況に対応する、そういう私たちのものができるかどうかが問われていると私は思います。

学会の枠みたいなものがなく、自己教育活動について、あるいは日本の平和や民主主義について語れるような、そういう集まりは、これからも必要です。わたしもご協力しなければと思っています。

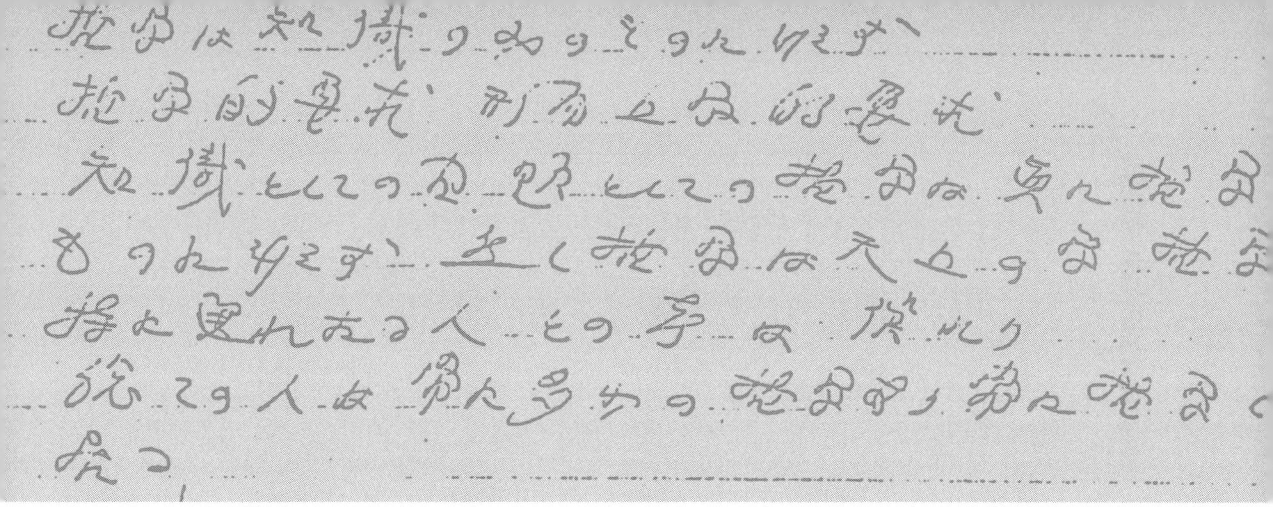

II 論文

湯川秀樹の「自己教育」論と自由大学の理念
—『世界』創刊号への寄稿文を手がかりに—

京都橘大学教授・京都大学名誉教授
岡田 知弘

はじめに

地域経済学を専門領域にしている私が、なぜ、自由大学100周年記念集会に参加し、このようなテーマで小文を書いているのか、不思議に思われる方もあると思います。

確かに、これまで長野県栄村や阿智村を研究対象にして地域づくりと社会教育の関係に関心をもってきたという流れもありますが、実は偶然の縁で、2020年秋以来、「湯川秀樹旧宅の保存と活用を願う市民の会」（以下、市民の会）の代表として、同旧宅の京都大学への移管と併せて旧宅に残されていた史資料の整理と保存作業に関わってきたことがきっかけでした[(1)]。

ご遺族からの依頼で遺品の片付け作業をしていた「市民の会」世話人の江上由香里さんから、2022年2月14日に「この資料、残しますか？」との問い合わせが写真とともに送られてきました。岩波書店の『世界』創刊号（1946年1月）の表紙に、湯川秀樹さんが赤ペンで秀を○で囲んだサインとともに「自己教育がのっている」と走り書きをし、その下に切り取られた「自己教育」という表題の3頁足らずの寄稿文がホッチキス留めしてある写真でした。

早速読んでみると、教育とりわけ社会教育の重要性と「知識階級」の社会的責任を問うた内容であり、終戦直後（末尾に1945年11月10日という付記がありました）の時点で、40歳前の理論物理学者が、なぜ、自己教育と社会教育という概念を使って、国家と「知識層」との関係性について本質をつく文章を書いているのか、感動とともに大きな疑問が浮かびました。

たまたま、1か月後に阿智村をベースに「現代生涯学習研究セミナー」がリモートで開催され、「地域・自治体づくりの現代的課題と社会教育」というテーマで東北大学の石井山竜平さんと共に報告する機会がありました。社会教育の専門家が多いということで、報告のなかで紹介したところ、参加者から大きな反響がありました。そこで「自己教育」という概念は、100年前の信州・上田から始まる自由大学運動（当初、信濃自由大学という名称で開始されましたが、1924年2月以降、伊那自由大学が発足したことにともない上田自由大学と改称。以下、上田自由大学と表記）で使われていたことを教えていただきました。

実は、上田自由大学については、かつて『京都大学経済学部百年史』を編纂した際に、京都帝国大学法科大学時代に河上肇と同僚であった恒藤恭らが、上田自由大学に関わっていたことを知り、なぜ京都帝国大学の教員と上田自由大学運動が深くつながっているのかとずっと気になっていました。

さらに、2021年6月に開設したWebジャーナル「ねっとわーく　Kyoto Online」の巻頭言「松明の火をつなぐ」を執筆した際に、瀧川事件以後に発行された『世界文化』『土曜日』という定期雑誌・新聞の主たる編集者のひとりに、湯川秀樹と京都府立一中時代に同級生であった新村猛がおり、終戦直後に二人揃って民主主義科学者協会京都支部結成記念講演会に登壇していることを知り、戦後の「行動する科学者」としての湯川秀樹の人間形成過程を知るうえで、たいへん重要な史実であると認識していました[2]。

以上のようないくつかの関心が絡みあいながら、自由大学初学者として学びを開始し、2022年に早稲田大学と上田市内で開催された記念集会に参加した次第です。小論では、上記の疑問に関わってこれまで明らかになったことについて、推論も交えながら述べて、先輩諸氏のご批判、ご教示等をいただきたいと思います。

最後に、編集委員会のご配慮で、このような執筆の機会を与えていただいたことに、深く感謝いたします。

Ⅰ.『世界』創刊号掲載「自己教育」をめぐって

（1）湯川秀樹と岩波書店・『世界』

『世界』を創刊した岩波書店は、1913年に長野県諏訪に生まれた岩波茂雄が創業した出版社です。同社は昭和戦前期に古典に加え、現実の社会や自然に関わる最新の議論を紹介した岩波文庫や岩波新書を発刊したり、当時の政治経済社会構造を批判的に検討する『日本資本主義発達史講座』を出版し、戦時下においても時局に迎合しない出版活動を細々と続けていました。

『世界』創刊号掲載の岩波茂雄や吉野源三郎の一文、そして岩波書店のホームページによれば[3]、終戦当時、岩波茂雄が最大の痛恨事として考えていたのは、「日本には優れた知性が存在しながら、祖国が亡国の道へ進むことを阻止し得なかった」ということでした。そこで、茂雄は「今後、再びこの過ちを犯さないためには、広汎な国民と文化との結びつきに努めねばならぬ」と考え、「岩波書店も在来の学術出版だけではなく、進んで多くの人々のための出版に進出する必要がある」と社員である吉野源三郎等を説いて、終戦直後に総合雑誌を発刊する準備をすすめたそうです。

ちょうどその頃、安倍能成・志賀直哉等30余人の学者・芸術家からなる〈同心会〉で総合雑誌発刊の話がでて、岩波書店に出版の申入れをします。結果、1945年9月末、両者が協力して雑誌『世界』が創刊されることになりました。このような経過から、創刊号は監修が安倍能成、編集主任が吉野源三郎という体制で発行されたのです。

創刊号の表紙に名前が出ているのは、安倍能成、美濃部達吉、大内兵衛、和辻哲郎、東畑精一、横山喜三郎、志賀直哉、里見弴といった錚々たる面々です。目次を開くと、これらの論説や創作に続き、「無條件降伏と日本の再生」という囲み特集（三宅雪嶺、武者小路實篤ら）があり、その後に桑原武夫、中村光夫、湯川秀樹、尾崎咢堂、谷川徹三、羽仁説子の順で短い随想が配置されています。

執筆時の湯川秀樹は39歳であり、数少ない自然科学者のひとりでした。なぜ、湯川が執筆することになったのか知りたいところですが、それがわかる資料は今のところ不明です。ただ、湯川は、戦前から雑誌『科学』に投稿を重ねているほか、1936年の『ベータ線放射能の理論』以来、『極微の世界』（1942年）などの単著を複数出版しており、畏友である中谷宇吉郎北海道帝国大学教授も岩波書店とは深い人脈をもっていた点で、岩波書店の編集者との接点も多かったと考えられます。

さらに、湯川は1940年に帝国学士院恩賜賞、1943年に文化勲章を若くして受賞し、田中正が指摘しているように「当時日本の科学界の最高峰」に立たされ、国威発揚に活用されたといえます[4]。田中によれば、湯川は、一緒に文化勲章を受章した菊池寛に勧誘されて大日本言論報国会の「会員」となり、新聞等への随筆の寄稿や講演活動も行っていました。

(2)「自己教育」の内容

では、湯川はこの「自己教育」と題する随想で、何を書いていたのでしょうか。ご遺族と岩波書店のご厚意で、ここに全文を掲載したいと思います。漢字と仮名遣いに関しては、当時の雰囲気を伝えるために、できる限り忠実に再現しました。

自己教育

湯川秀樹

日本國民の死活の鍵を握る當面の問題が、食糧の確保にあることは誰の眼にも明らかである。教育といふ様なことになると、それよりはずっと餘裕のある問題の如く見られ易い。實際教育の効果は食物のやうに一朝一夕には現はれて來ない。一人の子供を一人前に育てるのに、學校教育だけで六年乃至十六、七年を要するのである。いつの時代でも當面の緊急問題が山積してゐるのが常であるから、教育などといへば兎角有閑階級の好話題と見られ易い。

併しこれからの日本に取って教育がどんなに大切であるかは、いくら強調しても足らないと思う。それは丁度山に植林するやうなものである。今植えた樹が役に立つのは十年か二十年先のことである。だからといって緊急の需要を満たすために伐採するばかりで、後の植林を怠たれば、やがて恐るべき水害に見舞はれるであらう。日本が今日の悲運に際會したのも、一つには知識階級といふ防護林が貧弱で、破滅に向って進んで行く水流を制御出來なかったためであったとも考へられる。或は最初あった防護林が国家の発展に有害なものとして、次々に伐採されたためだといった方が適切かもしれない。いづれにせよ知識層の批判力を完全に喪失した国家は禿山と同じく、降って來ただけの雨を土砂と共にそのまま流してしまふのである。空から降って來た雨を枝や葉に受け、根に吸収する樹木があって、初めて水害の危険を免れ得るのである。

私が問題にしてゐるのは併し、過去の失敗ではない。今後における知識層の責務である。今まで鎖されてゐた窓が外へ向って開かれると共に、部屋の中でも歯に衣を着せぬ自由な談論が許されることになった。そこでは今まで正しいにもかゝはらず口にすることの出來なかった眞理が語られるでもあろう。その反面において或は井戸端會議的な、或は近視眼的な、或はその場限りの思ひつき程度の様々な名論卓説の横行に悩まされるかも知れない。この間にあって健全な批判力を持つことが、どんなに大切であるかは、改めていふまでもない。うっかりしてゐると、又土砂と共に流されてしまふかも知れない。これを防ぐためには樹木が充分に密生してゐることが望ましい。單に少数の知識層だけでなく、國民の全體が社會を健全ならしめるに必要なだけの教養を身につけることが非常に大切な問題になって來る。さうなると學校教育だけでは濟まなくなって來る。今後社會教育が果たすべき役割は今までとは比較にならぬほど重大になって來るであらう。

所がこゝでもう一度反省すべき點がある。といふのは所謂批判なるものは兎角現にあるものの中から欠點を拾ひ上げることや、反對に正しい改革者の熱情を冷眼視することに終始し易い傾向を持ってゐる。それでは自らが批判しようとした所謂名論卓説と撰ぶ所はない。批判は常に建設の前提としてのみ意味を持ってゐる。巷に横行する噂や論議の一つ一つがどんなに不正確な、そしてどんな偏頗なものに感ぜられようとも、それは往々にしてより深く根を張った眞實が現實界に示した片鱗であり、露頭であることを見逃してはならない。有識者の責務はこの片鱗を見て大勢の動く所を豫知し、國家の針路を誤まらしめざることにあるであらう。戦争中、巷間では屢屢原子爆弾が今にも實現されるかの如くいはれ、學者仲間ではかへって空想視されてゐた如き皮肉な場合もある。近頃新聞やラヂオで發表される投書家の聲の一つ一つは單純であり、かつ一面的ではあるが、その代りに又吾々のいはんと欲して躊躇してゐた所を率直に代辨して呉れる場合や、或は吾々の氣づかない社會の實相を教へて呉れる場合が稀ではないのである。

思へば過去十餘年に亙る所謂非常時を通じて、知識階級は次第に加重される現實生活の苦難及びこれと並行する思想的拘束を具さに體験し、今まで健全な良識乃至教養と信じて身につけて來た所のものが如何に無力であるかを痛切に感じたのである。その結果人は屢々良識と教養とを棄て、狂信的状態に身を置くことによって安心立命の境地を見出さんとした。戦争の終了と共に人々は再び、一旦棄て、若しくは棄てかけた良識と教養とが誤ってゐなかったことを見出したのである。併し最早後の祭であった。日本の知識階級の大部分が持ってゐた良識と教養とは恐らくそんなに貧弱なものではなかったらう。そして元々そんなに見當違ひなことを考へてゐたわけではなかったらうと思ふ。しかもそれが日本の破局を救ふのに殆んど役立たなかったのである。そこで缺けてゐたのは眞の勇氣と実行力とであった。理性のみ撥達し意志の薄弱であった精神が非合理的な、そしてそれ故にかへって強烈な意慾を持った精神によって壓倒されてしまった所に日本の悲劇があったといってもよいであらう。今後日本にこのやうに愚かなそして悲しむべき事態を再び發生させぬためには、吾々がお互ひに自己の理性にもっともっと信頼し、それを根幹として眞の勇氣を涵養すると共に、國民全體の良識と教養の向上に努めることが何よりも大切であると思ふ。教育、特に社会教育の重要なること今日の如きは稀である。

所で眞の社會教育は學校教育のやうに、先生は先生、生徒は生徒といつも地位の定まってゐる性質のものではなからうと思ふ。吾々は社會の一員として、何かの方面で詳しい知識と經験を持つと同時に、その他の方面では素人であることを免れない。從ってある特定の問題に對する先生は、他の問題に對しては生徒とならねばならぬことは自明の理である。各人がひとりよがりの指導者となることよりも、かへって國民全體が互ひに教へつゝ、教へられつゝ良識と教養の水準を高めていくことが社會教育の理想であらう。その場合各人が常に自己を教育する熱意を失はぬことがこの目的達成のために最も大切な條件となるであらう。

言簡にして意を盡さぬ憾みがあるが、與へられた紙面も超過したから筆を擱く。

（昭和廿年十一月十日記）

（3）湯川が伝えたかったこと

この「自己教育」という論稿は、その後、翌1947年に『自然と理性』というタイトルの随想集の形で秋田屋から出版され、さらに1989年に『湯川秀樹著作集』第4巻「科学文明と創造性」のなかに収録されて岩波書店から出版されます。同巻の編集にあたった牧二郎は、解説文のなかで「『自己教育』は日本の知識人の痛切な反省に立脚した警世の一文」であると紹介しています[(5)]。

前述した田中正も、戦時下において戦争への協力を余儀なくされた湯川の動静を踏まえたうえで、この「自己教育」を比較的長く引用し、「本章の『戦時下の湯川』を締めくくるにふさわしい、終戦直後の湯川自身が戦中を語る貴重な短篇」と位置づけ[(6)]、とくに現代との関係性を踏まえた上での「知識階級の勇気と実行力の欠如」という言葉に注目しています。

たしかに、この一文は、戦争につきすすんだ事態を、「知識層」の一員として反省したものであり、とくにその役割を「防護林」に例えてわかりやすく説明している点が注目されます。その防護林が国家の手によって伐採され、これに対して勇気と正しい批判的力を知識層がもっていなかったことが反省として語られています。国家に対する「知識層」の自律性の重要性を述べている点は、戦後の日本学術会議の設立にも関わった湯川の信念の根源を見ることができますし、現代日本における日本学術会議への政府による圧力の問題ともつながり、極めて現代的な問題でもあります。

しかし、私は湯川が「少数の知識階級」だけの反省に問題を絞っていない点に注目しました。つまり、知識層だけでなく国民全体が、「強烈な意慾を持った精神によって壓倒されてしまった」ことを反省し、正しい批判力、良識と教養を身につける必要があると強調している点です。ここで、「批判」の本来のあり方として、欠点をあげつらったり、批判者を当初から冷眼視せず、建設的な批判でなければならないとしている点も、現代の「論破」を礼賛する世論のあり方への痛烈な問題提起になっているといえます。

そして何といっても本随筆の白眉は、タイトルに掲げた「自己教育」についての考え方です。そこでは、国民誰しもが正しい批判力、良識を身につけるためには「社会教育」に裏付けられた「自己教育」が重要であるとしています。そして、その学びの形態は、先生と生徒という形では固定できないものであり、互いに先生となり、生徒となって、対等に議論し学びあうことが必要だとしている点も注目されます。

ここで疑問がでてきます。いったい、なぜ、湯川秀樹は終戦直後の時点において「自己教育」と「社会教育」という言葉を知っており、それを中心においた議論を展開しえたのでしょうか。

Ⅱ．上田自由大学と京都をつなぐ人脈

（1）土田杏村の「自己教育」論と上田自由大学

本書の読者にとっては周知の事実ですが、「自己教育」と「社会教育」という対概念は、上田自由大学の理念づくりを主導した土田杏村の考え方です。この点については、すでに上田自由大学や土田杏村の分厚い研究史のなかで明らかにされてきたところです。私も、大槻宏樹編『自己教育論の系譜と構造』（早稲田大学出版部、1981 年）、上木敏郎『土田杏村と自由大学運動』（誠文堂新光社、1982 年）、長島伸一『民衆の自己教育としての「自由大学」』（梨の木舎、2022 年）、山野晴雄『上田自由大学の歴史』自由大学研究・資料室、2022 年）から、大いに学ばせていただきました。

本稿の目的は、あくまでも湯川秀樹が「自己教育」概念をどのように獲得したのかという点にあるので、自由大学運動やその理念の形成過程をめぐる諸論点については、それらの著作や今回の２つの 100 周年記念事業での各報告等に委ね、ここでは行論で必要な限りで上記の文献に基づいて史実を確認しておきたいと思います。

明石で転地療養していた土田杏村が、信州・神川村の未知の青年・山越脩蔵から講演依頼の手紙を受け取ったのは 1920 年のことでした。ちょうど、スペインインフルエンザが猛威をふるい、40 万人近くが亡くなっていたころです。山越は、神川村で金井正とともに、大正デモクラシーの思潮に刺激され、青年会で村の『時報』の発行を行ったり、普選運動に関わったり、あるいは山本鼎の農民美術運動にも関係しながら、1916 年に西田幾多郎、翌 17 年に田辺元を招いて、講演会を開いていました。彼らの議論のなかで、京都帝国大学の西田幾多郎の教え子であり、現実の政治、経済、文化、教育問題にも触れて、すでに多数の著作・論文や個人雑誌『文化』を発刊していた土田が講師候補になったといわれています。

こうして 1920 年 9 月に、土田杏村の哲学講習会が、信濃国分寺で開催され、好評を得ます。翌 21 年 2 月には、2 回目の哲学講習会が上田高等女学校で 5 日間の日程で開催され、その後、土田と山越、金井、猪坂直一らを中心に、哲学だけでなく、法学や文学にもテーマを広げ、農閑期に一週間程度、連続講義を行い、経費は受講生の聴講料と寄附金で賄うという構想が固まっていきます。

1921 年 7 月には、土田が執筆した草案をもとに「信濃自由大学趣意書」が印刷、公開されています。同趣意書には、「設立の趣意」として、「学問の中央集権的傾向を打破し、地方一般の民衆が其の産業に従事しつつ、自由に大学教育を受くる機会を得んが為めに、綜合長期の講座を開き、主として文化学的研究

を為し、何人にも公開する事を目的と致しますが、従来の夏期講習等に於ける如く断片短期的の研究となる事無く統一連続的の研究に努め、且つ開講時以外に於ける会員の自学自習の指導にも関与する事を努めます」と書かれていました。

こうして、1921年11月1日に第1期第1回講座が恒藤恭の「法律哲学」から開始されて以降、ほぼ月1回のペースでタカクラ・テルの「文学論」、出隆の「哲学史」、土田杏村の「哲学概論」、世良寿男の「倫理学」、中田邦造の「西田博士の哲学の研究について」、大脇義一の「心理学」が講じられ、翌年4月2日に終了しました。このような講座のスタイルは、1925年11月1日から開始される第5期まで続きますが、翌年は開催されずに終わります。ちなみに、講師陣のほとんどは土田が紹介した新進の研究者であり、東京帝国大学出身の出隆を除き、すべて京都帝国大学の出身者でした。

その土田が書いた「自由大学に就て」という一文が、『信濃自由大学の趣旨及内容』（1923年10月）と題する冊子に収録されています。ここで展開している議論が、湯川の「自己教育」での認識と重なるところが多いといえます。

土田は、この文章の冒頭で「教育とは、其れを受ける事により、實利的に何等かの便益を得る事にだけ止まるものでは無いと思ふ。我々が銘々自分を教育して、一歩々々人格の自律を達して行くとすれば、其れが即ち教育の直接の目的を達したのである。生きるといふ事は、我々が生物として自分の生命を長く延ばしていくことでは無い。生きるとは、人間として生きることだ。より理想的に生きることだ。しかし自分をより理想的に生かしていく主體は、自分以外の何者でも無く、自分は自分以外の何者からも絶對に支配せられないところに、人間としての無上の光りが輝く。此の人間の本分を益々はっきりさせ、人間として生きることは、即ち自己教育である。自己教育が即ち人間として生きることであり、人間として生きることが即ち自己教育である」と自己教育の概念規定を行っています。

そのうえで、社会全体としての関係性について、次のように述べています。「教育の意義は自己教育にあるが、併し我々の生活創造は個人の孤立によって達せられず、社会を組織して個人が相互に影響し合うことにより、反省の機會を得、創作の資料を持ち、其の創造を豊かならしめることが出來るやうに、自己教育は又他よりの教育を必然的に要求する。何人も他への教育者であると同時に、他に對しての被教育者なのである」と、社会的教育の必然性とともに、互いに教育者であり被教育者であるべきだと強調しています。これらの点も、湯川の小論と重なります。

ここで土田は、自己教育とデモクラシー論とを結びつけます。「すべての人間の總ての活動が平等に全體性の理念によって照らされることが眞のデモクラシイである。言換へれば、眞のデモクラシイに於ては、各人が各人の能力を最高に發揮し、各人が各人の欲求を最高に満足させるのである」としたうえで、「我々の社會にあってデモクラシイの原理の適用せなければならぬものは甚だ多いが、併し我々のあらゆる活動の基礎は自己教育であるとすれば、我々は先づ第一に教育に於てのデモクラシイを要求しなければならない。財産や政治發言権やの上に於てのデモクラシイも、其の基礎に教養のデモクラシイを置かないでは、何の意味ももたない」と言い切ります。

そして、社会教育が一種の「大学拡張教育」であるという言説に対して、「我々の眼目するところは、究極に於ては人格自律の精神であり、外形的の結果では無い。其れ故に我々は大学拡張教育という様な、温情主義的の教育だけで満足するものでは無い。我々は教育の自律を計らなければならない。結局我々の學校は、すべての點に於て我々自身によって組織せられ、支持される。其れは終生的の學校である。労働しつゝ学ぶ學校である。其の教育程度は最も高いところにまで達する。我々は特定の教育者を持つであろう。併し所詮は我々すべてが何等かの方面に於て教育者であり、何等かの方面に於て被教育者である事を自覚して居る」と批判を展開しています。

土田は、1924に書いた「自由大学とは何か？」（『伊那自由大学とは何か？』1924年に所収）で、より明快に述べています。「自由大学の教育は、終生的の教育である。其れは社会的の教育である。其れは各人の固有する能力を完全に個性的に生長せしむる教育であるから、教育が社会の何人かに独占せらるることを否定する。其れは本来社会的創造への参画を目的とするから、社会の労働を奪わず、却って其れの実現に参画しようと努める。其れは自己決定的の教育なるが故に、其の方法に於いて自学的であり、其の設備において自治的である」と。

これらの文章にある自己教育と社会教育、そしてデモクラシーを介した社会との関係性や社会的創造への参画、互いに教育者であり被教育者であるという考え方も、湯川の自己教育論と重なっていることが確認できます。

（2）土田杏村の京都人脈

湯川秀樹の思想形成過程の検討に入る前に、上田自由大学の講師陣と土田杏村の人間関係について、先行研究から明らかになった点を確認しておきたいと思います。

土田杏村は、1891年に佐渡で生まれ、新潟師範学校を抜群の成績で卒業後、1911年に東京高等師範学校の博物学部の予科を経て本科に進学、卒業します。その後、重症の湿性肋膜炎で闘病生活を送りますが、1915年に京都帝国大学文学部に入学します。すでに高等師範学校時代に本を読んでいた西田幾多郎に惹かれて、哲学科の学生となったのです。同期生には、務台理作がいました。そして、哲学科の教授陣には西田のほか、西洋哲学史の朝永三十郎もいました。第三高等学校時代に湯川秀樹の同級生となる朝永振一郎は、三十郎の息子です。ついでに言えば、秀樹の実父である小川琢治は地理学担当の教授でしたし、秀樹の中学校時代以来の同級生であった新村猛の父親である新村出は言語学講座の教授でした。

土田は西田哲学を中心に勉学を重ねて1916年に『生物哲学』を刊行する一方、歌人波多野千代子と交際して17年に結婚しています。翌年、文学部を卒業します。卒業論文は「現代哲学序説—認識の現象学的考察」と題する長大なものでした。その後、大学院に入学し、19年には卒論の一部を『象徴の哲学』と題して出版するだけでなく、日本文化学院を創設して、20年には個人雑誌『文化』を創刊します。また、19年に長男、20年に次男が誕生し、京都市上京区小山大野町に居を構えました。そこは、新村出の自宅のすぐ近くでした。そして、20年9月に信州神川村での1回目の哲学講習会に出講したわけです。

土田は、学生時代から哲学分野だけでなく、経済学の河上肇や社会学の米田庄太郎の影響も受けて、政治、経済、文化、教育など広い分野に関心をもって学んでいただけでなく、詩人の山村慕鳥や萩原朔太郎とも親しい関係でした。さらに、京都で画家をしていた実兄の土田麦僊を介して日本画革新運動の仲間とも交友していました。

前述の個人雑誌『文化』の記事もそれを反映していましたが、同誌の寄贈者名簿を上木敏郎が紹介しています。そこには西田幾多郎、朝永三十郎、米田庄太郎、田中王堂、福田徳三、左右田喜一郎、河上肇、吉野作造、務台理作、山村慕鳥、佐々木惣一、田村徳二らの名前が確認できます。この名簿に、恒藤恭の名はなく、上木は「当時（1月）はまだ杏村と恒藤とは知り合っていなかったからだろう」と推測しています(7)。

しかし、土田が、先の「信濃自由大学趣意書」の草案を山越に送った際には、自由大学の講師として招聘すべき人物について次のような手紙を添えていました。「・・・此の間は僕と恒藤が発起になって法、経、文の新進の会合をやり、『文化哲学及文化科学』といふ雑誌を出し、研究会を開くことになったのです。（中略—岡田）恒藤と高倉とだけは大丈夫だと思ひます。あとは同志社大学の教授によい人を物色しようと思ひます」（1921年6月30日付）。

こうして、恒藤恭と高倉輝（タカクラ・テル）が上田自由大学に関わることになるわけです。恒藤恭は、山口県出身で第一高等学校に進学、同級生に芥川龍之介、菊池寛、山本有三らがおり、とくに芥川の親友として知られています。京都帝国大学法科大学に入学し、卒業した後1919年に同志社大学教授となります。その後、22年には京都帝国大学経済学部に戻って経済哲学を担当しますが、28年に法学部に移り、33年の瀧川事件に抗議して京都帝国大学を辞職し、大阪商科大学に移って、戦後は大阪市立大学学長を務めることになる人物です(8)。上木が推論しているように、おそらく土田や恒藤の誘いによって、当時、同志社大学に在籍していた今中次麿や山口正太郎、住谷悦治も、上田自由大学の講師として名を連ねることになったと思われます。ちなみに、恒藤の住居は下鴨にあり、土田の自宅に歩いて行ける距離なので、自宅を訪問し合う仲でもありました。

一方、高倉輝は、土田と同じ年に高知県で生まれ、第三高等学校を経て京都帝国大学文科大学に入学します。ロシア語を勉強したかったそうですが、当時、ロシア語学科はなく、上田敏が主任教授であった英文科に進学します。学生時代、ロシア語は講師の山口茂一に学びながら、小説や戯曲などの創作活動も行いますが、単位が揃わず、1年留年し、菊池寛らと同期となり、一緒に研究会もしています。大学卒業後、上田が亡くなったために、代わりに大学院の指導教官となった言語学講座の新村出の紹介で、法科大学の国際私法研究室の嘱託となります。しかし、創作意欲の高まりと、ロシア革命や米騒動が起こる中で社会問題への関心も高まり、新村が海外に出かけている間に、職を辞して滋賀県に移って創作活動をしていました。そのような頃に、宇治の料亭「はなやしき」で、安田ツウ（津宇）と出遭います。ツウは、「はなやしき」を経営していた山本多年の姪であり、この叔母と山本亀松との間に生まれた子が、山本宣治（「山宣」）でした(9)。

山本宣治は、第三高等学校を卒業後、東京帝国大学に進学し、1920年に卒業して京都帝国大学理学部の大学院に移ります。そこで染色学を研究しながら、京都帝国大学医学部や同志社大学で講師を務めました。性教育や産児制限に関わる講義も行うなかで、次第に社会運動に関わるようになります。1925年の京都学連事件によって同志社大学を追われて、政治家の道に入ります。28年の普通選挙法に基づく衆議院総選挙京都２区で労農党から立候補して当選します。この山本宣治も、立候補する前に、伊那をはじめ各地で展開された自由大学の講師として登壇し「性教育論」を講じただけでなく、大阪労働学校や京都労働学校での講座も担当します(10)。

さて、高倉は、土田から上田自由大学での講師を依頼され、信州の地に移住することを決め、当初は軽井沢の星野温泉に滞在し、ツウとの新婚生活を過ごします。その後、上田自由大学では、最も人気のある講師として毎期登壇しています。高倉は、1923年秋に、別所温泉に移住します。この別所温泉での高倉輝の様子を描いたのが、倉沢美徳『別所温泉の高倉テルさん』（信濃教育会出版部、1987年）です。

高倉は、この別所温泉で、創作活動をしながら、昭和恐慌期の養蚕業・製糸業の大不況にともなって窮乏化した上小（上田市・小県郡）農民組合連合会の農民運動を励ましました。1923年頃から、上田以外の信南（伊那）、松本、魚沼（新潟県）でも自由大学運動が広がっていったため、これらの自由大学を結ぶ連絡機関として自由大学協会準備会を開催した場所も、別所温泉の高倉の自宅でした（1924年8月）。25年1月には、山本宣治の提案によって機関誌『自由大学雑誌』も発行されることになります。

しかし、自由大学運動は信州を超えて全国に広がる一方、深まる不況のなかで上田自由大学の方は財政的に厳しい状況となり、1926年3月を最後に休止に追い込まれます。高倉輝らは小県郡連合青年会の山越らに協力して28年に自由大学の再建を試みますが、30年3月に予定されていた三木清の講座は中止となり、以後、講座が開かれることはありませんでした。

実は、この間に上田周辺での小作争議が激しくなり、1929年3月1日に開催された前述の上小農民組合連合会第2回大会に山本宣治が参加し演説を行ったのですが、その4日後の5日に山宣が暗殺されるという衝撃的な事件が起きます。高倉輝は、その後も西塩田村の小作争議に深く関わっていくことになりました。

Ⅲ．湯川は、どのように「自己教育」論にたどり着いたのか

（1）湯川（小川）秀樹の生い立ち

湯川秀樹は、1907年1月23日、後に京都帝国大学文科大学教授（地理学）を経て同理学部教授（地質鉱学）となる父・小川琢治と母・小雪の3男、小川秀樹として生まれました。秀樹自身が自叙伝『旅人』（初版、朝日新聞社、1960年）で述べているように、小川家の祖父は、秀樹をはじめ幼い孫たちに四書を素読させていました。戦死した五男の滋樹を除いて、兄弟はすべて大学教授となります。長兄の小川芳樹は東京大学で冶金学を専攻し、次兄の貝塚茂樹は京都大学人文科学研究所教授で東洋史学、弟の小川環樹は同じく京都大学文学部教授で中国文学を専門としていました。小学校から中学校に入るまで、兄弟の影響がかなりあったと考えられます。

そこで問題は、湯川秀樹が土田らの「自己教育」の考え方を、いつ、どのように知りえたかということになります。土田らによる前記「自由大学に就て」が発表された1923年10月当時、秀樹は16歳で第三高等学校理科甲類に入学した頃でした。このとき、直接、土田の文章を読んだとは考えにくいといえます。ただし、『湯川秀樹著作集』別巻（岩波書店、1990年）所収の年表には、この年の項目として「西田哲学、田辺元『科学概論』『最近の自然科学』に親しむ」と付記されています。

西田幾多郎は、土田杏村の恩師でもあるうえ、秀樹も学生時代から心酔していました。学部生時代に文学部の西田の講義『哲学概論』を受講しており、小川秀樹名での几帳面なノートが湯川秀樹旧宅で発見されています。また、大学教員になってからも複数回、秀樹は西田と面談し、旧宅には西田の墨書が額装された形で飾ってありました。西田から土田の話を聞いた可能性は否定できないものの、自己教育論の詳細な内容を西田ルートで学んだということは考えにくいといえます。

（2）新村出・新村猛親子と湯川秀樹

そこで注目したいのは、新村出・猛親子のルートです。秀樹と新村親子の間には何本もの太い関係が、大正期から戦後期まで存在していました。

まず、秀樹の父親である小川琢治と新村出は、京都帝国大学文科大学時代の同僚教授でした。その息子である秀樹と猛は、京都府立一中以来、第三高等学校も同級生であり、大学も同じです。学部は違っていましたが（新村猛は文学部でフランス文学を専攻）、戦後も含めて親しい関係にありました。新村猛が編集した新村出追悼文集『美意延年』1981年に、秀樹が「乗合船」という表題で、追悼文を寄せています。「新村先生のお宅に初めてうかがったのは、かれこれ五十年も昔のことになる。当時、京都一中の生徒だった私は、つきあいをわずらわしく思っていたので、友だちの家に遊びにゆくことも滅多になかった。それが、どうした風のふきまわしか、同級の新村猛さんに誘われて、土手町の御宅へ行ったのである」という出だしから始まる文章には、それから20年ほど後、某出版社の集まりで一緒になる機会が増え、同じ趣味の和歌を詠んだエピソードや、表題にある「乗合船」という新村出命名の同人雑誌を終戦直後に一緒に出していたと書かれています。

秀樹にとっては、同級生の父という関係というよりも、対等に近い関係になったといえます。実際、戦

後、岩波書店から出版されることになった新村出監修『広辞苑』の編纂に協力しているだけでなく、家族ぐるみのつきあいもしていました。新村出は、高峰秀子の猛烈なファンであり、猛が戦後、革新統一候補として愛知県知事選挙に出馬した際に高峰秀子が応援演説したことは有名な話ですが、実は、高峰秀子が出演した映画「雁」の試写会に同行したのは、長男夫婦と湯川秀樹夫人であったスミでした。それまで映画を観たことがなかった出が、この初めての映画を観て高峰秀子のファンになったと孫の新村恭が書いています[11]。

（3）新村出とタカクラ・テル、土田杏村、自由大学

前出の『新村出追悼文集』にはタカクラ・テルも「恩師・新村出先生」という表題で一文を寄せています。冒頭には「新村出先生はわたしの一生の恩師でした」という文章があり、京都帝国大学時代に世話になったことを書いたうえで、以下のようなくだりがあります。高倉輝が獄中生活の末、長野県を追放され、東京に住んでいた頃の話です。「その時、新村猛さんが、やはり治安維持法違反で、獄中生活を送られるようになったことを知りました。ちょうど、新村先生が上京して学士会館にいられましたので、おたずねして、久しぶりにお目にかかり、お見まいを申しあげました。／先生は、静かに、『そういう時代だ』と言われたのを覚えています」というエピソードです。そして、高倉は、戦後、京都市長選挙での共産党と社会党との統一候補を応援するために京都入りした際に、新村邸を訪れて新村出夫婦と歓談したという話も書いています。

では、土田杏村と新村出の接点は、あったのでしょうか。学生時代に授業を受けていた可能性が高いのですが、高倉輝を介しての間接的な関係だけだったのでしょうか。その手がかりを探るために、旧新村出邸にある新村出記念財団重山文庫を訪問してみました。重山文庫は、京都市北区小山の閑静な住宅街にあります。前述した秀樹が中学生時代に尋ねた鴨川近くの広大な敷地を持つ借家（元木戸孝允邸）ではなく、その母屋の一部を移築したといわれる旧宅を改修し、現在は、展示室や研究室、書庫も抱える新村出のアーカイブズとして一部公開されています[12]。

実は、新村邸は土田杏村の自宅と近いところにあり、杏村は新村家をよく訪ねていたとのことでした（新村恭氏談）。重山文庫には書簡目録もあり、それを見ると14通もの書簡が土田杏村から新村出宛に送られていたことが確認できます。湯川秀樹の書簡についても調べて見ると、1通存在していました。これらの書簡の分析については後日を期したいと思います。

ともあれ、新村出は土田杏村とも親しい関係にあることが確認できました。次の疑問は、上田自由大学の動きや考え方が、新村出・猛親子に伝わっていたのかという点です。その手がかりは、私の研究仲間である河西英通さんから得ました。「大正十四年十月吉日　自由大学雑誌発送簿　自由大学協会」と題する史料の一部が『五所川原市史』史料編に掲載されているとの情報でした。これを手掛かりに資料の所在を調査したところ、吉川徹元望月町長のご尽力で、長島伸一さんをご紹介いただき、その縁で2022年の上田市での100周年記念集会の際に山野晴雄さんから、古本屋で偶然発見されたという上記発送名簿を、リストとして直接入手することができました[13]。

名簿一覧を見ると、やはり新村出の名前がありました。上田の地で新村出と自由大学を結び付ける一本の線が『自由大学雑誌』の購読者という形でつながったのです。もっとも、新村出の送付先は、「京都帝国大学図書館長」となっており、新村猛が『自由大学雑誌』を読んでいたかどうかは正確には確認できません。ちなみに、同リストの長野県外送付先には、土田杏村、恒藤恭、山本宣治、今中次磨、世良寿男、波多野鼎、谷川徹三、新明正道や岩波書店の名前もありました。

（4）新村猛・武谷三男と湯川秀樹

次に、注目したいのは1930年代に入ってからの新村猛の動きです。秀樹は32年に京都帝国大学理学部講師になり、その直後に湯川スミと結婚、湯川秀樹となります。そして、33年に大阪帝国大学理学部に移籍し、翌年、中間子論の着想を得て、研究にまい進していました。

その1933年に、京都帝国大学法学部で起きたのが瀧川事件でした。当時の鳩山一郎文部大臣が、同学部の瀧川幸辰教授の著作『刑法読本』や講演内容が赤化思想であるとして罷免した事件です。法学部教授会は、教官の人事権への介入であるうえ、学問研究の自由を侵すものであるとし全員辞表を提出しましたが、後に切り崩しにあい、撤回させるに至りませんでした。結局、佐々木惣一・末川博・恒藤恭ら7教授が辞職し、抵抗は敗北に終わります。

しかし、それに満足できない若手研究者集団が京都帝国大学の内部及び卒業生の中にいました。文学部出身の中井正一（美学）、真下信一（哲学）、久野収（哲学）、新村猛（フランス文学）、冨岡益五郎（哲学）、和田洋一（ドイツ文学）、禰津正志（考古学）に加え、理学部出身の武谷三男（物理学）も同人となって、『世界文化』と題する月刊誌を、1935年2月号を創刊号として、発刊したのです。新村猛は、1931年から同志社大学予科のフランス語教員として働いていました。

『世界文化』の創刊の辞を書いた真下信一は、後に「瀧川事件でぼくたち渦中に入って、ひとごとならず動いたんだが、強引な弾圧で敗北したわけです。しかし、学問、思想の自由そのものが敗北していけないというところから、事件としてはやぶれたけれども、思想としてはなんとか残りたいという希望が強くあった」と回想しています[(14)]。真下も実は、湯川秀樹、新村猛とともに京都府立一中時代からの同級生でした。

『世界文化』の執筆者は、哲学だけでなく、物理学の武谷三男、経済学の島恭彦など広い領域にわたっています。武谷は、谷一夫の筆名でマルクス的な「自然の弁証法」の紹介をしています。武谷は大阪帝国大学理学部で、湯川秀樹や坂田昌一の下で仕事をしており、彼らの方法論に少なくない影響を与えたといわれています[(15)]。

一方、新村猛は、『世界文化』誌の「世界文化情報」という常設コーナーでフランスを中心とした欧州での最新の動きを紹介していきます。新村は、得意な語学力をいかして、フランスにおける人民戦線やそれに関係する文化芸術活動について頻繁に紹介していました。

さらに新村たちは、松竹撮影所の大部屋俳優であった斎藤雷太郎や、同志社大学教授を解職された後弁護士活動や京都家庭消費組合の組合長をしていた能勢克男らとともに、隔週刊新聞『土曜日』を1936年7月から発行します。同紙の前身は、『京都スタヂオ通信』という映画界のミニコミ紙でした。映画界が無声映画からトーキーに技術変革する時代の撮影所における労働者の声を集め、回し読む新聞づくりを斎藤が創刊し、中井正一らと結びつく形で誕生した新しい新聞でした。『土曜日』というタイトルと紙面の内容は、フランス人民戦線の文化週刊紙『金曜日』を参考にしたものです[(16)]。

『土曜日』で注目されるのは、その販売方法です。この時代に増え始めた喫茶店（カフェー）に『土曜日』をおき、それが回し読みされることによって固定読者が累増していきました。『世界文化』の発行部数はせいぜい500～700部ぐらいで、店頭販売と定期購読が中心であり、経営的にも厳しい状況にあったといいます。他方、『土曜日』は、京都を中心に7000～8000部に達し、財政的にも黒字経営でした。わかりやすく、ビジュアルな紙面は、若い学生に留まらず軍人の読者も獲得していき、それが特高警察にとって警戒の的となったともいえます。

1937年11月6日に、特高警察は、両誌紙の執筆者グループが日本での人民戦線構築を共産党の指導の下で企図しているという「京都人民戦線事件」をでっちあげて、治安維持法違反容疑で新村猛、真下信一、中井正一、斎藤雷太郎を検挙し、11月26日に久野収と禰津正志、翌38年6月24日に和田洋一・武谷三男・能勢克男を検挙していきます。これにより『世界文化』も『土曜日』も廃刊に追い込まれます。

この事件で、31歳になったばかりの湯川秀樹は強い衝撃を受けたといいます。新村猛や真下信一らの同級生が検挙されただけでなく、自分の研究室で坂田昌一らと中間子論を共同で研究していた武谷（無給副手）が検挙されたわけですから。しかも、当時、すでに特高警察は『世界文化』の配布先として、戸坂潤や岩波茂雄、谷川徹三と並んで湯川秀樹の名前と住所を特定化していたのです。このこともあり、前述したように、帝国学士院恩賜賞及び文化勲章を受けたあと、湯川は国に協力せざるをえなかったと考えられます[17]。

一方、新村猛は約2年間の拘置生活の後、1939年8月17日に釈放されます。職を失い、しかも妻と幼い子どもを抱えている状態だったので「拘留中の疲れた身を父の家に寄せて生計の資を得るほかはなかった」といいます。そして、当時、父がとりかかっていた『辞苑』の改訂作業に従事しながら、京都帝国大学附属図書館の嘱託職員として目録作りの仕事を行います。この改訂作業のなかでは、分野別の専門家のアドバイスが必要となり、『世界文化』時代の人脈を活用しています。物理学分野では「私の中学時代の同級生であり、お互いの父が京大の同僚でもあった湯川秀樹君の研究室を訪ねて事情を話し、項目表をつくってもらった」といいます[18]。戦時中においても、このような形で二人の交流が続いていたのです。

おわりに　敗戦直後の新村猛と湯川秀樹

敗戦直後の心境について、新村猛は、次のように書き残しています。「戦災で焼け焦げた街にやがて敗戦が訪れました。荒廃しきった人々が、しばらくは放心状態で、この歴史の巨大な転換の意味をたしかめるすべがなかったとしても無理はありません」「私の場合は、やや特殊であったかも知れません。すでに十年前、『世界文化』を始めた頃、時流に抗して、戦争はあってはならないものという信念と自覚をもっていましたし、狂信的な軍国主義の宣伝にも冷ややかな観察の眼を忘れませんでした。二年間の逮捕拘禁の後も、文字通り口を封じられ職を奪われながら、かえってそのことが辞書づくりに関与する機会を私に与え、父の辞書編集を助ける仕事に没頭することで時局から一定の距離を保つことができたとも言えるのです。私にとって敗戦は、八月十五日のもっと以前から抱いていたひそかな自明の結論であり、『辞苑』の改訂原稿が無惨な灰と化した時の衝撃はその自明の結論を重く実証したに過ぎません。八月十五日は、私の逼塞を解き放つ日であったと同時に、十年間に失ったものをとりもどし、新しい世界を創り始める再発足の日でした」と。

そして、さっそく「人文主義（ヒューマニズム）の精神に基づく理想学園を作り、新時代の青年を育てて新しい文化の芽を伸ばすことが私の夢でした。その夢の学園の実現にいちはやく取り組んだ私は、敗戦の翌春には人文学園と称する学校を創設し、その校長に就任」したのでした[19]。

新村猛は、この言葉通り、敗戦直後から精力的に動きます。京都人文学園は自宅で準備会を行い、『世界文化』『土曜日』人脈で講師陣を集め、人文科学部のほか、絵画部、音楽部、工芸学部を有する総合的学園づくりを目指しました。学園長には新村猛が就任し、新村出は顧問を引き受けています。1946年3月に作られた、猛執筆の「京都人文学園創設趣意書」では、本学園が「人類のために、生きとし生けるものの福祉のために尽くすべ世界公民の扶育を念願とする人文主義の精神に依る教育の必要性を確信する人たちによって設立」されたものであるとしたうえで、立身出世の具と化した学校教育を批判し、早くから学問を細かく分割するのではなく、基本的な学科について、その対象と成立、発達過程を説き、研究方法を学んで、「自主的な思考人」=「行動の人として思考し、思考の人として行動する」ような近代人を養成することを目標にするとしています。そして、「教育すると云ふよりもむしろ学び究めようとする後進を先進が掖導すること」に本旨を置くとしていました(20)。ここで留意したいのは、この学園の推薦者や講師に、『世界文化』関係者だけではなく、自由大学運動に関わった恒藤恭や住谷悦治も参加していたことと、湯川秀樹が講師として協力していた点です。

新村猛と湯川秀樹は、1946年3月の民主主義科学者協会京都支部結成の際にも、共に行動しています。結成記念講演会では、二人が登壇し、新村が「国際平和と民主戦線」、湯川が「人類と科学の将来」と題して講演し、湯川は同支部の顧問となっています(21)。新村猛と歩調を合わせる形で、湯川もまた行動する科学者となりつつあったといえます。

そこでは、二人が府立一中時代以来身に着けていた大正デモクラシーの思潮の流れと、その中で重要な役割をになった土田杏村らの「自己教育」と社会教育の相互的発展による社会の改造という自由大学の理念が合流し、一つの奔流と化していたといえるのではないでしょうか。

〔注〕

(1) 京都の民主主義運動史を語る会編『燎原』燎原社、第251号、2021年11月15日、湯川秀樹旧宅特集を参照。
(2) https://net-kyoto-online.com/archives/category/network-online-opening 、参照。
(3) 岩波茂雄「『世界』の創刊に際して」『世界』創刊号、1946年1月、吉野源三郎「編輯後記」同上、及び岩波書店ホームページ https://www.iwanami.co.jp/news/n40100.html 、岩倉博『吉野源三郎の生涯』花伝社、2022年を参照。
(4) 田中正『湯川秀樹とアインシュタイン』岩波書店、2008年、第5章参照。
(5) 牧二郎「解説」『湯川秀樹著作集』第4巻、1989年、岩波書店。
(6) 田中正『前掲書』124～125頁。
(7) 上木敏郎「土田杏村と恒藤恭」『信州白樺』第29号、1978年。
(8) 恒藤については、上村「前掲論文」及び広川禎秀『恒藤恭の思想史的研究』大月書店、2004年、参照。
(9) 山野晴雄「若き日のタカクラ・テル―作家への道―」桜華女学院高等学校『研究紀要』第4号、2008年、による。
(10) 佐々木敏二・小田切明徳編『山本宣治全集』第7巻、解説及び年表、汐文社、1979年。
(11) 新村恭『広辞苑はなぜ生まれたか―新村出が生きた軌跡』世界思想社、2017年。
(12) 詳しくは、下記の一般財団法人 新村出記念財団のホームページを参照。https://s-chozan.main.jp/
(13) リストは、本文前出の山野晴雄『上田自由大学の歴史』自由大学研究・資料室、2022年、93頁以下に所収。
(14)「座談会 『世界文化』のころ」『世界文化 復刻』三、小学館、1975年より。
(15) 田中正『前掲書』、261頁以下、参照。
(16) 綿貫ゆり「反ファシズムの烽火 ―『世界文化』と『土曜日』―」『千葉大学人文公共学研究論集』第38号、2019年、井上史編・中村勝著『キネマ/新聞/カフェー 大部屋俳優・斎藤雷太郎と「土曜日」の時代』ベウレーカ、2019年、参照。
(17) 田中正『前掲書』、106頁、佐藤文隆『転換期の科学』青土社、2022年、第12章を参照。
(18) 新村猛『「広辞苑」物語』芸術生活社、1970年、130～141頁、参照。
(19) 以上の引用は、同上書、163～164頁による。
(20) 山嵜雅子『京都人文学園成立をめぐる戦中・戦後の文化運動』風間書房、2002年及び松尾尊兊『戦後日本への出発』岩波書店、2002年を参照。
(21) 松尾『同上書』222頁以下、参照。

自由大学運動100年の歩みを受け継ぐ土壌
―自由な学びの文化を育んできた信州上田の社会教育―

東京大学名誉教授
佐藤 一子

はじめに

長野県上田市では、2019年から2022年にわたって一連の上田自由大学100周年記念事業が開催された。私は外部の社会教育研究者として現地のシンポジウム等に3回招かれ、長島伸一氏（長野大学名誉教授）、小平千文氏（上田小県近現代史研究会代表）をはじめ教育委員会の関係者や学習文化団体の方々、長野大学の学生たちと交流をもつことができた。これまでも講演や現地調査を通じて上田市の社会教育の活発な動向に触れる機会はあったが、あらためて100周年記念事業を通じて、上田小県地域に受け継がれている自由な学びの文化の土壌の豊かさに触れ、大正期の自由教育の伝統が色濃く根付いている地域として再認識する機会となった。

さらに、長島伸一氏に2021年10月に直接お話を伺う機会をもち、2022年7月には長島氏の新著『民衆の自己教育としての「自由大学」』（2022年3月、梨の木舎）の書評会を開催するという私の提案にご賛同をいただいた。さいたま市在住のよそ者の私が上田市で書評会を開催する提案であったが、現地の方々が準備委員としてご協力くださり、さらに上田市教育委員会のご支援もえて、上田市内外から40名以上の参加を得ることができた。

以下では、上田市における100周年を記念する集会に参加し、印象的な出会いを通じて触発された点、特に自由大学の精神を受け継ぐ土壌という問題をめぐって考察すべきいくつかの論点について記しておきたい。（以下の本文では、氏名の敬称略）

1．上田市における一連の「自由大学100周年」記念事業

自由大学100周年事業として上田市で開催された三つのシンポジウムに、私は外部の社会教育研究者として招かれ、参加する機会をえた。

一つめは、2019年11月9日から10日に開催された「上田自由楽校－若者と大人が地域de学ぶプロジェクト2019」である。「若者と大人が地域de学ぶプロジェクト」実行委員会と日本都市青年会議が主催した。この集会では「上田自由大学まもなく開設100周年、ひと・まちを繋ぎ、まちづくりを学ぶ二日間！」という趣旨で、私が基調講演を依頼された。自由大学研究は専門外であるが、学生時代から信州社会教育と出会い、農民や青年の学習活動に触発されてきた問題意識をふまえて、「地域文化が若者を育てる－上田自由大学の役割－」と題する問題提起をさせていただいた。長野大学の学生たちが実行委員会の中心メン

バーで、若者が地域に参加してまちづくりの課題を分科会で語り合いながら交流するという２日間の企画は、まさに自由大学の精神を次世代が受け継ぐ重要な場づくりとなっていた。

二つめは、2021年9月11日にサントミューゼ大ホールで開催された「上田から始まる自由大学100周年！－私たちのはてしない物語2021－」（上田市教育委員会主催、令和３年度生涯学習シンポジウム）である。ここでは長島伸一が基調講演を行い、パネル討論では尾崎行也（上田社会教育大学学長）、鳥居希（バリューブックス取締役）、やなぎかなこ（上田映劇ボランティアスタッフ）と共に私もパネリストとして参加した。コーディネーターは船木成記（つながりのデザイン代表理事）である。コロナ感染拡大のため無観客を余儀なくされ、私もオンラインの参加となったが、現地の関心は高くシンポジウム全体が動画配信され、さらに多くの現地メディアがその内容を詳しく報道した。

長島の基調講演は「自由大学研究の愉しみとこぼれ話二つ三つ―中田邦造と高倉輝の講座を中心に」と題して、「自己教育」という自由大学の基本理念による人間形成と豊かな実践的展開を伝える内容であった[1]。地域資料を駆使したオリジナルな自由大学研究によって、長島は自由大学の講師、運営する青年たち、受講生個々人に迫り、自由大学の学びを一人ひとりの学習過程と人格形成を通して描き出しており、100年前の青年たちの生き方がリアルに生身の人間として伝わってくる。自由大学の歴史が地域の伝統、文化的土壌として受け継がれていくうえで、このような研究方法は「学びとは何か」を理論と実践の双方向から問ううえで重要な意義をもつ。特に今回の基調講演では、自学自習と相互教育の機関として図書館の読書活動普及に尽力した中田邦造の思想形成過程に注目したことも意義深い。長島は中田邦造と高倉輝に焦点化しつつ、自由大学運動から「学びとは何かを学ぶ」ことを中心的課題として提起した。

パネル討論では、上田社会教育大学学長の尾崎行也が、上田自由大学の現代的継承としての上田社会教育大学について紹介した。また会場企画として学習組織・団体の紹介があり、自由大学を継承する信州上田の土壌の豊かさが浮き彫りにされた。この点については後述することにしたい。

三つめは、2022年11月13日に上田商工会議所ホールで開催された「自由大学運動100周年記念フォーラム」である。サブタイトルは「自由大学運動100年から学ぶ　過去・現在・未来」とされ、午前中は自由大学研究者の山野晴雄と長島伸一が自由大学の発足の時代から歴史を振り返る詳細な報告をおこなった。午後は小平千文の司会により、「自由大学の理念と精神を継承するために」のテーマでシンポジウムがおこなわれた。山野晴雄、窪島誠一郎（無言館館主）、清川輝基（さくら国際高等学校名誉校長）、村山隆（ヤマンバの会事務局長）らに私も加わり、午前中の報告を受けて意見交流した。このフォーラムは小平千文を代表とする100周年記念フォーラム実行委員会と上田市教育員会の共催、さらに関係市町村・教育委員会、上田商工会議所、メディア各社、地元の諸大学、教職員組合、上田小県近現代史研究会や長野県歴史教育協議会等諸団体の後援という幅広い団体・機関の協力で開催され、定員100人の会場が満杯となった。100周年を記念する多様な団体・組織・機関との密接な関わりが示された集いでもあった。

以上三つの100周年記念事業に参加して実感したことは、上田自由大学の設立当初の学びの精神が市の教育行政・社会教育関係団体にとどまらず、多様な地域住民のつながり、絆のなかで受け継がれ、創造的な営みとして広がり、地域的定着をみているという事実である。住民が地域史・民俗学などの視点で民衆文化・郷土史の研究をおこない、貴重な研究成果も蓄積されている。まさに自由大学という種が撒かれたこの地域の土壌が、自主的な学びの文化、住民の協働関係として100年の時を超えて豊かに育まれ続けている。その伝統、文化、人々の関係性を再確認しつつ共有することが、100周年記念事業のねらいであり、意義であるとあらためて認識することができた。

2.「自由教育・自由大学」の精神を受け継ぐ信州の社会教育の土壌

三つの記念事業の基調講演・パネル討論への参加を通じて私が注目した主要な論点のひとつが、「『自由教育・自由大学』の精神（自己教育と「学習の自由・自立性」）を受け継ぐ信州の社会教育の土壌の豊かさ」である。自由大学の創設期に、「学問の民衆化」という基本理念は、土田杏村と神川村の青年金井正、山越脩蔵らを深く結びつけ、「民衆が労働しつつ生涯学ぶ民衆大学」の設立にいたった。この背景として、小平千文は『長野大学三十年誌』を引用して、「『信州の学海』と呼ばれた誇りある精神文化の再興と民衆教育という伝統を守ろうとする意図があった」ことを指摘している(2)。

信州の鎌倉という歴史と文化の土壌の豊かさを受け継ぎ、大正期には青年たちのデモクラシー運動、芸術文化運動、教育運動が花開いた。1915年に訓令によって組織化された青年団の自主化運動が広がり、信濃黎明会の結成から普選運動へと民主主義の主体形成が探究される。山本鼎の自由画運動から農民美術運動へと自由な芸術文化が地域・学校に根を下ろしていく。公立学校で個の自立・内面の自由を尊重する自由教育が実践され、国定教科書への抵抗（川井訓導事件など）を経て、治安維持法下で教員230名が検挙されるという全県的な抵抗運動の広がりをみたことも信州の自由な教育風土を反映している。上田における自由大学の発足は単に「大学」という高等教育機会への民衆的拡張という側面だけではなく、自由・自治・創造を求める学びの過程、学問的営みへの民衆的参加・創造過程であり、「信州の学海」の新たな開拓であったことが読み取れる。

このような民衆の自立的な学問探究、創造的な表現、社会への主体的参加を求める学習の風土は、戦後に新たな開花を見ている。1945年12月にいちはやく上田自由大学が復興する。1年未満で自由大学は終焉するが、その後女性の学びもふくめて多様で「自由」な系統的学習組織が広がっていく。1946年7月に文部省社会教育課は、「自己教育・相互教育」の場づくりとして「公民館の設置・運営について」の通牒を出すが、長野県ではその直後の9月に公民館設置の通牒が出され、公民館が各市町村に急速な普及を見ている。10月には疎開文化人との交流で活発な学習活動を生み出した妻籠公民館が発足し、長野県の公民館文化の起点となった。

上田市でも、地域の学習文化団体の発足、自発的・系統的な学びの場づくりが戦後も活発に取り組まれてきた。先述の2021年9月のシンポジウムでは、長島の基調講演を受けて、パネル討論の冒頭で上田社会教育大学学長の尾崎行也が、「上田自由大学と上田市立図書館」と題してパワポイント資料を提示しながら報告した(3)。

尾崎の報告で注目されることは、1915年に明治記念館として発足した旧上田市立図書館（1923年設立）が、その後も住民の学習活動を支える重要なよりどころとなり続けている歴史である。1977年に当時の館長岡部忠秀の提案で、自由大学の担い手であった猪坂直一の意向も踏まえて「新上田自由大学」が設立された。第1回の講座では、猪坂直一が「大正デモクラシーと自由大学」と題して自らが中心的に関わった自由大学運動について講義を行った。その後1981年に聴講者の自主講座「新上田自由大学　歴史学教室」として新発足し、月1回土曜日に学習会が図書館で開催され、現在まで継続している。

一方、女性たちの学習活動として1950年代に広がったPTA母親文庫の読書会を母体に、1979年には上田社会教育大学が発足する。この過程でPTA母親文庫の担当者であり、後に図書館長となる平野勝重が学習支援の役割を担っている。PTA母親文庫では1960年代に小さな読書グループが12グループ誕生した。平野は「母親教育のために総合的な『社会教育大学』の設置が必要である」「大正期に創設された上田自由大学の再興を考えていたが、自由大学の指導者であった土田杏村の理論を実現することが今日の母親たちに必要である」と考えて、月1回（1期2年）の講座を図書館で開設するにいたる。上田社会教育大学は、現代文学（文学科）と地域の歴史（歴史学科）を軸に40年以上も継続しており、1980年代以降には修了生を中心に歴史研究科と文学研究科のゼミナールも活動を続けている。

これらの実践的展開にみるように、図書館という図書・資料の専門施設をよりどころとしながら、「学問の民衆化」「自己教育」という自由大学の精神が受け継がれ、参加者層を広げながら系統的な学び、特に地域史研究が発展しており、他の地域ではあまり例を見ない上田独自の文化的土壌となっている。

2021年9月のシンポジウムで紹介された学習・文化団体は図書館関係にとどまらない。＜表＞「上田市内の学習組織･団体一覧」[4]にあげられている10団体に加え、さらに10以上の団体も紹介された。「蚕都くらぶ・まーゆ」のように地域通貨を通じてコミュニティのつながりを活発化させつつ、市民が講師となる自主学習をおこなっている団体。「上田・小県近現代史研究会」（代表　小平千文）のように地域の歴史文化に関わる系統的な研究をおこない、研究成果を冊子として発行している民間研究組織[5]。「生涯学習　上田自由塾」のように、講師や塾生を募集しながら、市民相互の学びを楽しみ、生きがいを追求してつながりづくりを広げている団体等々、自発的で系統的な学習文化活動が広く深く根付いていることがわかる。

「自由な学び」が真に自立的な人間形成を促し、地域の担い手として地域参加の力量を高める。このプロセスが上田市では、100年の歩みとして途切れることなく継続されてきた。100年にわたる民衆の自己教育の営みをそれぞれの団体・組織・機関が受け継ぎ、創造的に育んできた過程であり、歴史文化、地域史を発掘し、研究する活動も大きな比重を占めている。一般に日本各地の社会教育史は、戦後の公民館の設置、社会教育法制定を出発点として戦後民主主義と住民の学習としてとらえられることが多いが、上田では大正デモクラシーの萌芽期以降､現代にいたる100年の過程として民衆の自己教育史が刻まれている。自由大学100周年記念事業は、こうした学習文化の土壌をさらに豊かにする「はてしない物語」への再出発の機会でもあった。

3．欧米大学拡張運動との比較と自由大学の民間運動的性格

自由大学の伝統と継承の過程を検討する二つ目の論点として、欧米の近代成人教育史の主軸となっていた大学拡張運動との比較という問題がある。戦後当初から社会教育史研究において欧米の大学拡張運動に注目していた宮原誠一は、その視野から上田自由大学を次のようにとらえている。「イギリスやアメリカにおいては大学拡張運動の先頭に労働組合が立ち、大学拡張講座の主催者は大学自体、またはその目的をもつ民間団体であって、それは民間の教育運動としておこなわれてきた。わが国においては、大正12年から約10年のあいだ、長野県を中心としておこなわれた自由大学運動の貴重な事例をみる以外に、これまでこのように民間の運動が広くおこなわれた例はみられないし、また一般に大学拡張とあえてよびうるものをみいだすことはできない」。自由大学運動は「はるかに大学拡張の実体をもち、しかも純粋な民間運動であった点において世界的にも希少な例というべきである」[6]。

大正期に「大学拡張」は政策的に推進されて教育用語としても定着をみたが､日本の大学は「象牙の塔」という語に象徴されるように、権威的で閉鎖的な存在であった。のちに本格的に大学拡張運動史研究をおこなった田中征男も実証的検討をふまえて次のように述べている。「自由大学運動を展開しようとしていた人たちにとって、『大学拡張』は既成の大学の既成の学問を民衆に啓蒙・普及する『官僚的』で『温情主義的』なものと見なされていた」。「自由大学の創造は（中略）既成の大学の既成の学問の単なる拡張や普及にとどまらず、より根本的には現実の大学や学問に対する批判的意識を内包していた」[7]。

これらの指摘にみるように、自由大学の自由で自立的な学びの過程は学問の啓蒙的普及ではなく、労働と生活の場における真実の探求と民衆の主体的な学問創造の過程であったととらえることができる。そして個々人の自由な学びにとどまらず、自由大学の運営主体の自治・自立・民間性をつうじて、既存の大学制度とは異なる新たな民衆大学のあり方を模索する過程でもあった。自由大学協会の結成はそうした民衆大学を連合化する試みであったが、農村青年を主体とする民間運動から新たな大学づくりを発展させるには、困難な社会的制度改革の壁があった。

イギリスの大学拡張運動の展開過程では、19世紀末以降、大学拡張講座への中産階級の参加から労働者の参加へと組織的な取り組みが広がり、労働組合や協同組合等の組織連携を通じて社会的制度化が促されていく。労働者教育協会（WEA）が発足し、各地の大学の大学拡張部と連携してチュートリアルクラスとよばれる小グループの継続的学習の場を生み出していく。地方教育当局も公的補助をおこない、そうしたシステムを定着させるために1924年に成人教育規程の制定にいたる。大学とWEAを責任主体として法に明記し、イギリスの成人教育発展の基盤を形成した成人教育に関する法制定である。アメリカの場合も先進的な大学拡張部の講座事業から、1915年に全米大学拡張協会が発足し、各地にコミュニティ・カレッジとよばれる2年制の地域住民に開かれた大学の制度的発展をみる。全米で1200校以上のコミュニティ・カレッジが設立されている[(8)]。英米大学拡張運動史と比較すると、自由大学運動の存続・発展をはばむ日本の大学自体の「反社会的＝半民衆的」な存在形態という困難な課題が浮き彫りにされる[(9)]。

しかしこのような壁を乗り越えて、戦後1960年代に宮原誠一がみずから東京大学社会教育研究室と長野県の連携によって新たな民衆大学を創造する試みをおこなったことが長野県社会教育史に刻まれている[(10)]。農業近代化で揺れ動く長野県で、農業の新たな発展をもとめて若手農民層が長野県農業近代化協議会を発足させた。その動きに呼応して東京大学社会教育研究室出身の現地の社会教育関係者らも関わり、1960年に信濃生産大学が創設された。宮原が総主事となり、長野県及び駒ケ根市の支援があり、1960年から1966年まで年2回、2泊3日の宿泊型の生産大学が開催された。全国から農業経済学を中心に社会科学・自然科学の専門家が招かれ、農民、労働者、自治体職員、社会教育関係者などが参加した。大学では「100%の思想・言論の自由」が原則とされ、「生産学習と政治学習の統一」「学習の三層構造（地域サークル・郡市のセミナー・全県レベルの生産大学）という学習内容・方法・組織が確立された。自由大学における文化主義的な学習内容とは異なり、農業の発展と地域開発のありかたを問う社会科学的な学びが求められ、農業経営・地域課題・自治体政策など生活現実にねざす学習が展開された。

信濃生産大学は長野県農業近代化協議会と連携して長野県下全域に広がりをみたが、駒ケ根市の事情で12回をもって終了する。その後も農民大学・労農大学の名称で群馬・福井・栃木・福島・千葉・山形の各県に農業問題や地域課題を学ぶ住民大学が設置されていく。それぞれの地域で多様な住民団体が連携する住民大学へと、信濃生産大学は新たな民衆大学運動の契機となったといえよう。自由大学運動を通じて民衆の自己教育の伝統が育まれてきた信州の学びと文化の土壌が、戦後においても新たな民衆大学創造の基盤となった。「自由大学」の伝統を受け継ぎ、農民・労働者・地域住民の大学として「大学拡張」の民間運動的展開が各地で模索されていることは、戦後の重要な継承過程といえよう。

4．日本における「学習権」思想の源流をなす自由大学

自由大学の今日的継承をめぐるもうひとつの重要な論点として、自由大学は近代日本における「学習権」思想の源流をなすという教育権論の視点を再確認しておきたい。1970年代に社会教育における学習権論

を体系づけて論じた小川利夫は、その源流として大正期自由大学運動に注目し、山野晴雄との共同論文で「大正デモクラシーと社会教育」の教育権論的考察をおこなっている[11]。

小川は、自由大学の周辺に視野を広げて大正期デモクラシーと民衆の自己教育の組織化過程の総体を構造的に把握する視点から、春山作樹が「今まさに組織化の道程に上りつつある広い社会の教育の新領域」を必要ならしめているものが今日のデモクラシーであると述べていることに注目する。そのうえで小川は「国民の自己教育運動と社会教育の矛盾の自覚化」「生涯にわたる『権利』としての社会教育」の問題に焦点化して、その戦前的遺産として自由大学運動が重要性をもつと指摘する。特に青年団自主化運動の背景に青年期教育の二重構造化批判の広がりがあったことをふまえ、「大正デモクラシー期における教育の自由と権利要求・運動のいわば源泉をなす」ととらえる。そのうえで、日本最初の教員組合「啓明会」が提起した教育改造の４綱領「教育理想の民衆化」「教育の機会均等」「教育自治の実現」「教育の動的組織」が、下中弥三郎の提唱した「学習権」の思想（『万人労働者の教育』）の具体化であり、土田杏村にとっては「そのもっとも実践的な具体的表現の場」が自由大学運動であったと読み解いている。

「学習権」という用語が人々の自発的な学びを権利として保障するという意味合いで注目されるようになるのは1970年代以降である。1960年代に住民運動が各地に広がり、公害問題や地域開発をめぐって真実探求の関心が深まり、住民の学習会では公共政策批判、体制との矛盾・緊張が表れてくる。長野県でも地域開発について住民の学習活動が活発化する中で、それを支援する社会教育職員の不当配転問題が発生し、行政委員会への提訴がおこなわれている。小川が自由大学運動を「学習権」思想の源流、歴史的遺産ととらえた背景には、1970年代に戦後の憲法的な教育権の法理念がとらえ返され、学習の自由、住民の自発性・主体性・自治性にねざす学習、高度で系統的な学習の組織化に関心が寄せられるようになった時代状況がある。教育権思想の理念形成過程を現代的にとらえ直し、「学習権」思想の源流としての自由大学の理念があらためて浮き彫りにされたといえよう。

「学習権」は広義には憲法26条で保障されている「教育を受ける権利」（すべての国民は（中略）ひとしく教育を受ける権利を有する）の条項により、万人の平等にもとづく教育への権利と理解されている。しかしあえて「教育への権利」（教育権）に対して「学習権」が提唱されるようになったのは、制度化された教育機会の平等な保障、機会均等の範疇を越えて、学びの内容・組織自体を民衆が主体的に創造する過程を人権としてとらえ返すようになった国際的な状況がある。

1985年に第４回ユネスコ国際成人教育会議で採択された「学習権宣言」では、学習権を以下の６点の権利として規定している。①読み書きの権利、②問い続け深く考える権利、③想像し創造する権利、④自分自身の世界を読み取り、歴史をつづる権利、⑤あらゆる教育の手立てを得る権利、⑥個人的集団的力量を発達させる権利。そして「学習権は、人間の生存にとって不可欠な手段である」と明記された。学習権の規定では、歴史、社会の主体として生涯を通じて人間が共に学び、問い続け、創造的に社会を発展させるための力量を集団的に発達させるという人間発達の社会的過程がとらえられている[12]。その視点は、シティズンシップ教育の提唱にみるように、現代的な民主主義の担い手形成を支える教育論にもつながっている。

むすび

自由大学を創設した青年たちは、真実を探求し人間的な創造力を培うことこそが、主権者として主体的に社会と関わるうえでもっとも重要なことであると考えていた。その精神は1985年のユネスコ学習権宣言の学習権思想に通じるものがある。

100年前に上田の地で青年たちが創り出した自由大学の基本精神は、21世紀の国際社会において人類の生存、持続可能な社会を支える学びとして求められている学習権の理念の源流のひとつであるといって過言ではない。上田で育まれてきた学びと文化の土壌、民間運動的な大学拡張としての自由大学運動、そして人権・生存権としての学習権思想の源流としての自立的な学びと自由な創造の精神。これらの諸側面を再認識し、あらためて自由大学100年の歩みを継承し、未来につなぐことの意義を共有していきたい。

＜表＞　上田市内の学習組織・団体一覧

名称	発足年	目的	活動内容
社会教育大学	1979年	「学び方を学ぶ」系統的な学習	月1回の講義、修了年限2年 歴史研究科・文学科 （事務所は上田市立図書館）
上田郷友会	1884年	同郷の人々の親睦	月1回例会・学習会（活動場所：市立図書館） 地域の歴史・文化、現代社会に必要な知識の習得
上小郷土史研究会	1947年	上田地方の歴史、自然、文化財、生業などの研究	遺跡発掘現場の見学、史跡訪問など （活動場所：市立博物館）
上田民俗研究会	1953年	上田地方の民衆の間に伝わる風習・風俗の研究	「通信　上田盆地」発行
新上田自由大学	1977年	上田自由大学の精神の発展的継承	月1回（土）午後講義（活動場所：市立図書館）「上田小県誌」発刊
生涯楽習 上田自由塾	2005年	市民の生きがいを高めるための市民主導の生涯学習	1コマ1回ワンコイン（500円） 2コマ1回（1000円） （活動場所：公民館・民間施設）
蚕都くらぶ・ まーゆ	2001年	地域通貨を使って心地よく暮らせる地域づくり、人と人のつながり	地域通貨の活用法でコミュニティづくり、寺子屋、会報発行など （活動場所：中央公民館など）
ことぶき大学・大学院 （上田市教育委員会）	1985年	大学履修は4年間、自然・文学・歴史、専門科目 大学院履修は2年間　中山間地・芸術文化・環境共生の3つのテーマ	大学は4年間36講座 大学院では講義、考える学び、博物館・大学での学び、2年次に小論文、修了時「修士学位記」授与
長野県シニア大学 （主催長野県）	1978年	教養・実技・実践講座から社会参加活動へ	2年間、講義、フィールドワーク、卒業記念誌作成
上田高齢者学園 （主催上田市）	1981年	健康づくり・社会参加づくり・時事問題等の学習	履修3年間
その他		塩田文化財研究会・東信史学会、上田小県近現代史研究会、上小理科研究会	各公民館で「まるこ春秋学園」など多くの講座開設

〔注〕

(1) 2021 年 9 月 11 日「上田から始まる自由大学 100 周年！」シンポジウムの長島伸一の基調講演パワポイント。

(2) 小平千文『長野大学リモート講義―「信州上田学 B」後学期　青年たちの手で学び舎をつくり、文化的地域をつくってきた歴史に学ぶ』より引用。

(3) 2021 年 9 月 11 日のシンポジウムにおける尾崎行也（上田社会教育大学学長）のパネル討論資料。

(4) 同シンポジウム配付資料より筆者作成。

(5) 上田小県近現代史研究会は、研究成果をブックレットで刊行している。ブックレット No.11『上田自由大学と地域の青年たち』（2004 年）は、自由大学継承の重要な試みである。

(6) 宮原誠一「日本の社会教育」『世界の教育』共立出版　1960 年。『宮原誠一教育論集』（第二巻　社会教育論）国土社　1977 年所収。

(7) 田中征男『大学拡張運動の歴史的研究』講談社　1978 年。

(8) 欧米の大学拡張運動については、小堀勉編『欧米社会教育発達史』（講座　現代社会教育Ⅲ）亜紀書房 1978 年、など参照。

(9) 宮坂広作『近代日本社会教育史の研究』法政大学出版局　1968 年。

(10) 宮原誠一「労働者・農民の学習」『青年期の教育』岩波書店　1966 年。『宮原誠一教育論集』（第二巻社会教育論）国土社 1977 年所収。

(11) 小川利夫・山野晴雄「大正デモクラシーと社会教育－自由大学運動の現代的考察」碓井正久編『日本社会教育発達史』（講座　現代社会教育Ⅱ）亜紀書房　1980 年。

(12) ユネスコ学習権宣言の理念と採択過程については、佐藤一子『生涯学習と社会参加』東京大学出版会 1998 年参照。

伊那自由大学、楯操（たてみさお）の「歩き歩いた末」

―自由大学での学びとその後―

飯田市歴史研究所市民研究員
粟谷 真寿美

はじめに

楯操は、伊那自由大学（当初は信南自由大学）の講座を当初から熱心に受講した青年である。その楯が戦後、ヤマギシ会[(1)]に入って共同体生活を送ったことは、自由大学研究の中でもふれられている。しかし、楯には自由大学後、もう一つの重要な出会いがあった。それは、農業思想家、江渡狄嶺との出会いである。狄嶺に教えを受けるようになった楯はその弟子となり、その関係は狄嶺の死後も、さらにヤマギシ会に入った後も続いた。これらを並べてみると、楯の人生は、自由大学を出発点とした学びの道のようである。出発点としての自由大学での学びは、その後の人生でどのように展開されていったのだろうか。

本稿ではまず、自由大学における楯操の学びについて先行研究を参考にして振り返り、さらに新たな資料からも考察したい。それに加えて、自由大学後の楯と江渡狄嶺の関係、戦後の楯の動きについても可能な限りふれたいと思う。以下は、楯操の略歴である。

＜楯操略歴＞

1905年　下伊那郡千代村の養蚕農家に、七人兄弟の長男として生まれる
1920年　千代尋常高等小学校卒業、下伊那農学校に入学、1923年卒業
1924年　信南自由大学開講、受講生となる
1925年　伊那自由大学役員改選で、理事に就任
1926年　千代青年会会務委員（青年会会長）に就任
1927年　伊那自由大学千代村支部設立、理事に就任
1931年　江渡狄嶺の講演を聴き、弟子となる
　～終戦まで　狄嶺のグループ「農輪会」の世話人
　三度の出征、満洲千代村分村移民（すぐに戻る）
　戦後、 静岡県の三方原開拓地へ（すぐに戻る）
1955年　ヤマギシ会の「特別講習」に参加し、入会
1962年　ヤマギシ会飯田実顕地を開く。以後一時、埼玉県大宮市の高木ヤマギシズム生活実顕地
　生産物埼玉供給所に移動するも、後再び飯田実顕地にもどる。
1987年　死去

1．自由教育の頃

楯の小学校時代の下伊那の教育界は、自由教育の最中にあった。1918年に千代小学校に着任した吉田一郎校長は、その教育方針に、「個性尊重主義」と「精神主義」、「自学補導的教授方針」を掲げたことから村会で追及されている。曰く、個性尊重主義や民本主義は教育勅語に基づくのか、自学補導は気分教育ではないか、国定教科書を本意としないのか等々。これに対し吉田校長は、以下のように答弁した。

「個性尊重主義というは、金属にても金銀銅鉄と各個性を異にする如く、植物に於いても梅桜松等と、果物についても茄子西瓜等個々の性格を異にすると等しく、人類というも之に共通の性あり。人という共通の上に個性を有す故に人間の天分を見出して向かうべき方向を見出しては教育する方針なり。」(2) また、教科書については、「教科書は、特に修身の教科書は欠点が多いので重きを置かない」(3) と答えている。国定教科書を使用しないことが問題視された川井訓導事件 (4) の6年前のことである。楯はこのような教育環境の中で小学校高等科を終え、1920年に卒業した。楯と同級の高等科卒業生は20名、その中の島岡巳勝は、後の伊那自由大学千代村支部の発足時に、その設立趣意書を書いたことで知られる。

その後、楯は当地域に初めて開校した甲種農学校である下伊那農学校に入学した。下伊那には中等教育機関としては既に飯田中学校があったが、農村で跡継ぎとされる長男は、中学での勉強は必要が認められず、学力や資力があっても進学を諦めることも多くあった。だから卒業時に農学校が開校した楯は、希望を持って進学したであろう。卒業後、楯は農業に携わり、村の青年会の活動にも参加した。千代村の青年会は、郡内でも最も急進的な青年会であり、当時、羽生三七らが始めた社会主義青年運動（自由青年連盟；ＬＹＬ）に関わる青年たちもいた。楯はそれらの青年たちと活動しながらも、自身は直接ＬＹＬに関わることはなく、農学校卒業後に開講した自由大学講座に胸を躍らせたのである。

2．「教えない先生」の教え

楯の小学校時代についてはよくわからないが、楯自身が残した証言がある。1979年、楯は飯田市で開かれた自由大学研究会、座談会に出席した (5)。そこで楯は、自由大学受講のきっかけとして、自由大学開講の新聞記事を見て「意欲をそそられた」と発言し、続けて以下のように小学校時代の担任教師のことを話し始めた。

「そのもとになるのは、…三石直人先生の教えのたまものと思っております。当時、信州の自由教育のその一方の三柱と言われていたと思いますが、授業の時間に教えるというようなことはしないで、全部ゼミといおうか自分等で自習をして疑問点は先生に聞く、そして生徒に自習をさせておいて先生は自分の好きな本を読むという状態だったのです。時には一緒に社会問題とか有名な論文について話をされ、その話を拳をにぎって聞いた覚えがあります。印象に残っているのは、二宅雪嶺の話をしたのを覚えていますが、何を話されたか内容は覚えておりません。そのようなことがこういう思想などについて話を聞く元になったのではないかと思われます。」(6)

楯は小学校卒業後に3年間学んだ農学校ではなく、小学校時代最後の1年間の担任だった三石直人のことを自由大学と結びつけて回想したのである。三石は千代小学校に転任前は飯田小学校に在職し、当時、下伊那教育会の体制改革をもくろむ若手教員のグループに属していた。そして、1918年12月の下伊那教育会総会の役員選挙で、それまでの「大物校長」たちを落選に追い込み、改革派が教育会の実権をにぎることに成功した。この件の首謀者と見なされた三石は、その後まもなく、年度途中の２月に、下伊那地域の拠点校であった飯田小学校から山間部の千代小学校へ転出となってやってきたのであった。そんな成り行きを当時、楯は知るよしもなかっただろうが、その後、高等科２年時に担任となった三石先生に強烈な印象をもったにちがいない。「教えるということをしない」先生、何かに夢中で好きな本を読み、社会問題について、三宅雪嶺について熱く語る先生、楯が引きつけられたのは、三石の人格そのものであろう。楯は、自由大学で学びたいとの思いが「三石先生の教えのたまもの」と言うが、「教えることをしない」先生の教えとは何なのか。それは確かな形を持たず形容しがたいが、学びの契機とも言える体験である。

その後、1924 年１月に開講した第１回目の伊那自由大学講座は、飯田小学校が会場であった。この時、三石は飯田小学校に主席訓導として返り咲いていた。そして、この年の９月に飯田小学校事件[7]と言われる自由教育弾圧事件が起こり、三石は再び、山間部の学校へ転出となったのである。1924 年は１月の伊那自由大学の開講後、３月のＬＹＬ事件、９月の飯田小学校事件と、社会主義運動や自由教育への弾圧が続いた年であった。同年９月に青年たちによって発行された機関誌「政治と青年」は、これらの事件の情報や人の動きをよく取材して伝えており、三石のことも記事になっている。千代青年会、郡青年会の活動に関わっていた楯はこの時、三石先生を再認識したであろう。

３．学びの原点としての高倉輝

楯が自由大学を回想してしばしば語るのが、高倉輝の「ダンテ論」である。楯は後、それは「愛の原型」について語られたものであり、ダンテの『神曲』の分厚い原書を机上に置いて語る高倉の言葉は「音楽であったかも知れない」と回想する[8]。楯の残した講義録ノートには、高倉の「ダンテ論」２講座（1925、1926 年）、計９日間分の講義が約 60 ページにわたって筆記されている[9]。農学校の勉強とは全く異質な講義を、必死になってノートに取る楯の姿が想像される。

高倉輝が楯に与えた影響については、米山光儀「伊那自由大学とタカクラ・テル」[10]に楯の回想や講義録ノートを元に詳しく論じられている。さらに、自由大学における高倉の講義内容について、それが文学論から日本民族史へ変遷していく過程が分析されている。自由大学後期に行われた高倉の講義、「日本民族史」及びその続講について米山は、高倉が「聴講者たちの熱烈な要求＝「飢えたる魂」に敏感に反応した結果生まれたもの」[11]とする。高倉の言う「日本民族史」とは、「農民の歴史」である。それは、高倉が、「民衆の生活から生まれた問題意識をもって自らの知識を再検討、再構成」[12]することで生み出されたものである。同時にそれは、高倉自身が「学び」によって自己を変革する過程でもあった。高倉が、教える対象から自身も学び、それを体現したことは、高倉の教師としての才覚であろう。このことは自由大学での学びの特質を考える上でも注目される。

高倉は伊那自由大学で計５回の講義をしたが、千代村での講義、講演は、自由大学講座の他何度も行われている。自由大学終了後の 1932 年 12 月にも、千代青年会主催で高倉は「百姓は何故貧乏するか」というタイトルの講演をしている。この講演について、『千代青年会史』では以下のように記されている[13]。

十二月六日　北信に於ける農民組合運動実際学に造詣深き高倉輝氏を招聘し、「百姓は何故貧乏するか」の講演を左のヴルガの農村分類表を中心に行った。

A　冨農階級	1.	不在地主
	2.	耕作地主
	3.	資本主義的借地農業者
B　浮動階級	4.	大農
	5.	中農
	6.	小農　自作・小作
C　貧農階級	7.	半貧農　イ、自小作同時に賃労働者
	8.	貧農　　ロ、小作人
		ハ、賃労働者

この講演内容は、自由大学での高倉の「日本民俗史」や藤田喜作による「農村社会について」の講義から発展した論点をさらに学ぶものであった。千代の青年たちは、高倉から継続的に学び、関係性を築く中で、その影響を受けたと考えられる。

4．藤田喜作から信州青年への投げかけ ―「農村社会について」

高倉の「日本民族史」と関連する講義が伊那自由大学の最終期にもう一つあった。それは、千代村支部主催で栖操宅を会場として開催された、藤田喜作の「農村社会について」という講座である。ここでは、栖の残した講義要旨からその講義を再現してみたい。

藤田喜作はどんな人物か

藤田が自由大学の講座を引き受けたいきさつには、当時伊那自由大学に関わっていた三木清との関係が考えられる。三木と藤田の出会いは学生時代のドイツ留学時代に溯り、昭和初期には、三木は法政大学哲学科の主任教授、藤田は法政大学の講師という接点があった。三木はこの年（1929年）の2月に伊那自由大学で講座をもった後､次の講座を持つ人を探し､最終的に藤田がその講義を引き受けたようである(14)。社会学専攻の藤田は、自由大学では農村社会の問題を論じた。また、藤田はこの講座のすぐ後、翌年2月に行われた衆院選に長野二区(上田小諸地区)から立候補するなど異色の学者であった(15)。藤田はその後、1935年より、自由教育を掲げる手塚岸衛が創設した自由ヶ丘学園を引き継ぎ、再興し、青少年教育に専念した。以下は、栖の残した講義要旨である。

【講義要旨　「藤田喜作先生　農村社会（村落社会）について」】(16)

①農村社会は協同生活の基本的な單位であり、人間の生活資料の生産即ちその一義的な生産をなす任務を荷ってゐるのである。

②過去数十万年前太古の原始民族の生産に於ては「各人はその能力に應じて生産に協力し、其の必要に應じて分配に預ることが原則であった」、之原始共同村落（経済学的には原始共産制）と云われしものにて、現に農村は此精神に依って生産を行っている。而して之は永久に農村生産を継續せしめるものであらう。当時土地は村落の共有にして共同に耕作し生産物は必要に應じて各個人に分配せられたのである。次にその経済上の必要に迫られ分割耕作せられるに及んで家族生活が営まるゝに至った。而して土地の優劣のために交換して耕作した。然し乍ら墳墓の所在地たる家屋は其の執着心のため動かさなかった、此処に於て

宅地の私有は許された。之は延いて郷土心即ち愛郷心（発展して愛国心）の発生する因をなした。私有財産制度は此処に萌芽したのである。分割耕作以前は母家長制であり農作は母に依って始められた。
③当時村落自治は家長の寄合自治であった（之は将来新社会に於ける単位となる所のおもかげである）。その経済関係は共同であり、その秩序も共同にして秩序維持の機能は共同的道標共同的掟（法律）であった。生産は全く搾取のない共同生産であった。その精神は平和的、共同的であった、之が原始共産制のおもかげで将来社会の基本となるべきものであらう。
④斯かる村落の平和と共同は農民の永き経験に依る生産力の発達のため、漸次壊はされる至った。二十人の労働に依り廿五人が生活し得る状態となった、即ち「生産余剰」が生れるに至った、之は幸であり、不幸の因をなす所のものであった。二十五人平等に労働すればよき所、五人は遊んでゐても食へる事になり遊閑階級は必然的に発生した。而して此の生産余剰の交換のために都市の発生を見た（商業都市）。此の交換過程に於てその差益を奪取することに依って生きる階級であって、商人は生産階級ではない、のである。商人の依って以って立つ根據は、■（口偏＋虐）言〔虚言カ〕を吐くと云ふ道徳である。今農村は此商業都市に隷属して居るのである。先ず、農村は之の第一搾取に見舞れる。
⑤次に農村は政治都市（搾取支配のための都市即ち軍事上、政治上の都市）に依って、根こそぎ搾取せられる、之は農民と町人（農民に依って立つ階級）とを搾取する、ことに依って生きる。斯くして現に都市は繁栄し、農村は痛苦の極みを呻いているのである。
⑥斯くて農民の歴史は搾取（貧困）の歴史である、農民は鵜である。はじめ自ら食す丈けの魚を捕へる間はよかったが、後多年の経験に依ってその首へ貯へることを知るに至って長良川に飼はれることゝなり、自らは食す丈けしか残されないのである。
⑦現在の実状は何うなってゐるか。（大正 14 年末）

内地総面積	38,442,754 町歩
耕地総面積	6,067,015 〃
内、田	3,100,000 〃
畑	2,967,015 〃
総戸数	11,252,362 戸
農家戸数	5,548,599 戸（四割九歩）

一戸の農家は自家及農家以外の他の一戸を養ふてゐるのだ、即ち一戸の農民は二戸の家族生活を支へてゐるのだ。
⑧次に土地所有関係は何うなってゐるか。

所有土地	農家戸数	土地所有の割合
０反一五反（五反百姓）	三割五分二厘	三割
五反一一町歩（平均七反五畝）	三割三分八厘	
一町一二町（自作）	二割一分	三割
二町一三町	五分八厘	四割
三町一五町	二分五厘	
五町歩以上	一分四厘	

⑨農家中、5,548,599 戸の三割は労働せずに食ってゐる即ち 1,764,586 戸は地主
⑩即ち七割の農民は総面積の三割を所有するに過ぎない水呑百姓であって自活し得ない階級である。斯く土地は不平均に分配されてゐる。自活し得る階級と併せて九割の農民は無産階級農民である。此農民層は三つの方面より生活低下を強いられてゐる。

一、人口増加（小（ママ）供から其の合成体たる家庭から）
二、租税
三、地主

以上三者に依って貧困化してゐる、殊に信州農民は半工業に関係してゐる関係上、資本主義（金融資本）から直接搾取される故その貧困度はより著しいものがある、内実其借金のため其土地の大半は失ってゐるであらう。金融化してゐる丈けにその貧困化の過程は早く著しいものがある。

⑪資本主義の下にては都市労働者と農民とは同じ運命に置かれてゐるが、都市労働者は資本主義を通じて間接に農民を搾取してゐる。農民は此搾取の轉化する所がない、只田畑に送る以外に途はない、眼の覚めてゐる間は働く、即ち田畑を完全に搾取してゐるのだ。今日工業労働者と同一に八時間労働であれば農民は食へない。斯く働いても生活はカツカツだ。農村は最后の搾取場所であるが之を他に轉化する途がない、此処に農民の絶対的（絶体的）な痛苦が存在する。（土地即ち自然には一つの制約　報酬漸減の法則が存する）

⑫今土地を持てる農民はその土地を持てることに依って極至の痛苦の下に置かれてゐるのである。此土地の持てる強き力を自覚しないからである。

⑬農民は社会を根本的に支へ乍ら其官（ママ）〔涵カ〕養分は上へ上へと吸収されてゐる、負担の重荷に苦しんでゐる。理論上、事実上絶対的に搾取されている。之が農村の現状である。

（土台）土地

⑭然らば此の農村は如何になるか、此状態から遁れることは出来ないか、之こそ現在の而して将来の最大重要問題である。

⑮生産部門よりすれば第一生産即ち元生産をして社会の実際上の生命（基）を支へてゐるのである。都市に於ける工業は此元生産の上に咲いた花である。農民が作らざる（自らの必要以外に）而して作りし生産物を賣らざる決心をすれば、現在世界人口の五割は食に苦しむことになるのである。それは五割の人口の死を意味する。此時は都市の威厳は地に墜ちて了う。生命の根本を生産し、人類社会の生命を理論上支へてゐる階級だ。此農民には実際に生きる社会生活には何等の発言を持ってゐない。理論上人類の生命を支へている農民は事実上之を支へず、之は都市の労働者が司ってゐる。現在英国四百万の労働者の行動は母国に於ける生命の鍵を握ってゐる。彼等鉱山、鉄道、電気従業者のゼネラルストライキは事実上英国に於ける生活の消滅を意味する。即ち彼等は今働かざるの権利の自由を行動化する。今農民に土地不耕作同盟、生産物の不賣同盟が成し得るとは思われない。即ち其生命の鍵は握って居ないのである。工業労働者は覚め、農民は眠ってゐるのだ。

⑯農民が決定價格以下に其米を賣らざる自覚を持ったら何うだ、果して此自覚は望まれざるか、現在は埋もれた金鉱だ、猫とコバンだ、自覚し團結して吾々の言分を聴かなければ、一歩も譲らざる決心をすれば吾々の主張は通る。此力を自ら自覚しない為め、現在社会問題からは顧みられてゐないのだ、忘れられてゐるのだ。

⑰理論上吾々は租税と兵体（ママ）とを人類社会に提供してゐるが、吾等の自覚のたの施設は何れ丈け成されてゐるか、由来農民は各々散逸してゐるために團結し得ず、知識を求める（認識する）機会を失ってゐた。然

し此バラバラな姿の有利な場合がある。容易なる團決は容易く壊れる危憂が存する。農民は散兵であって如何としても此■の結束には手の下し様がない、之が自覚し團決し、根強い運動に取りかゝれば之より強きはない。しからば如何にして無産農民が自覚その実体を認識するのの途が握られるであらうか､之は『知識』を求める以外に他ない。

⑱然らば如何にして之を獲得するか、先ず都市と農村とを接近せしめる事を努むべきである。農村の都会化を計るのである。都市に発達した文化（学者—著書—雑誌—新聞）を農村へ持ち込み、其の一様化を計(ママ)ることが重要である。交通の利用（それは此都市と農村との距離を接近せしめた）によって可能の範囲を利用しなければならぬ。かくて形式的には農村の都会化は達成される。

⑲次に内容的には都会を農村化する認識の努力を持つことが重要である。今都会は心理的にも肉体的にも亡びんとしてゐる。精神的には（農村の平和と共同）都市を征服しなければならぬ。（今都市を支へてゐる労働者は農村人である、が、之等は精神的に都会に風靡されてゐる。）

⑳此二つの関係に於いて文化は一様化し共通となる。而して農民の自覚を持つことが出来る。

㉑而して自覚に俟って団結し社会に対して発言権を持ち強く主張しなければならぬ。叫ばざる為め現在社会問題に於て農民は顧みられてゐない。資本家及地主（資本主義）に対する運命に於ては、都市農村労働者は同列であるが、将来も同一運命であらねばならぬと云うことは出来ない。此戦后に於ては職業的に工場労働者は農村を搾取する位置になるであらう。此点に於て農民は十分自覚せんければならぬ、即ち、最后に一元的生産階級として残るのである。此農民の中に於ても最后には生活資料を生産する者の聴かなければ、社会は何うにもならぬ時がくるであらう。

㉒かくして農民は生産余剰を自ら管理し、凡ゆる他の社会を支配し整調する社会的任務を持ってゐるのである。此生産余剰を自ら管理することに依って､自らの人間的開放をしなければならぬ。之を成し得た時、人間は、農民は自然を相手としての生活を成し得るのである。平和的に共同的に自治的に精神的に農村本位の生活が確立されるのである。之を指当って現代農村青年の目標として力めねばならぬ。

㉓この認識から出発して、農村青年の全体の自覚を促し、堅き結束を結成し他の凡ゆる農民層を引見し、ありのまゝの状態を認識することを努め､支配階級及其手先に働く階級よりの甘言（あまやかされること）から自らを解き、学問することに依って確固たる農民意識を持ち、堪えざる忍耐をすることが吾と青年農民層に課されてゐる社会的任務ではなかろうか。

藤田の投げかけ

この講義要旨を読んだだけで、藤田が熱い想いを持って力強く講義をする姿が思い浮かぶようである。藤田は、農村社会が抱える当時の困難状況を資本主義経済下での搾取構造から説き、具体的な投げかけをする。先ず、現状認識をせよ、そのためには知識が必要。自覚を持て、その上で、社会に対して発言しないとダメだ。生産余剰を自分たちで管理すること、これによって、農村本意の生活が確立できる。農村青年は堅く団結して、他の農民を率いよ。このような藤田の投げかけは、青年たちにどのように響いたのだろうか。この時藤田は宿泊した天龍峡の宿に以下のような書を残している。

「自由大学に招かれて初めて信州へ来る。天龍の景奇勝なりと雖自然の生は更一驚にして足る。予の更に驚嘆せんと欲するは、現代文明の生める青年信州の根強くして尖鋭なる思想的傾向にありとす。予の来れるは、説かんが為に非ずして、彼等に聴かんが為め也。」[17]

藤田は、農民を長良川の鵜飼の鵜に喩える（⑥の部分）など、痛烈な直球を青年たちに投げかけている。

そして、上記の感想からは、青年たちからの反応に藤田が手応えを感じている様子がうかがわれる。

楯は、後の回想で、次のように述べる。「藤田喜作先生の"農村社会について"の講座が開かれたが、そこで"今後（将来）隣組が日本社会をリードする時が来る"という指摘があった」と言い、「それはどの辺のことをいわれたものか、今日に至る腑に落ちず放擲されていたが、今日に至って漸くその意味するものをつかみ得たように思われる。今私はヤマギシズムと称し同志相集い一体社会をつくり生活しているが、現在の形は段階的過渡期的のもので、ゆくゆくは家を中心とした隣組の一体生活を最後的目標にするもので、藤田先生の指摘が漸くつかめたように思われる。」(18) これは、講義の中の③にある、「将来新社会に於ける単位となるところのおもかげ」、「将来社会の基本となる原始共産制のおもかげ」という部分と関係するのではないか。楯は「社会実験」としてのヤマギシ会での「一体生活」が将来、どのような具体的な形で実現されるのかを、藤田の講義を思い起こして模索するのである。

自由大学後の千代村の状況

藤田喜作、高倉輝、三木清による1929年から1930年の冬期の三講座を最後に、伊那自由大学の講座は終了した(19)。『千代青年會史』では、自由大学終了後の1931年度の活動状況について、以下ように記されている。

「青年会以外の自主的相互修養機関たる自由大学は、その構成メンバーは読書会組織に発展し……、社会科学の研究活動はその大衆化を叫んで、組織は拡大し各部落に読書会の組織を見るに至り、青年諸氏の間には、産業労働時報、農民の友、戦旗、プロレタリア科学等の左翼雑誌が読破せられ、先鋭的に発展して行った。……日本プロレタリア文化連盟並にプロレタリア作家同盟下伊那支部にプロレタリア科学、文学新聞等を通じて接近して行くに至った。猶、研究活動のみにあきたらない分子は、実際的に農民生活の生活改善、農業生産方法改善研究を目標に楯操、森山充、松島尚、清水米男、長沼秀雄、小島若一、大平重夫，其他拾数名の諸氏にて「新興農民会」を組織するに至った。翌年此の組織は……労働農民組合へと発展成長したのがそれである。」(20)

千代村では当時、「プロレタリア科学研究所」関係の運動が広がり、秋田雨雀や奈良正路等の出入りが見られた。楯操は、「プロレタリア科学者同盟」（プロ科学同盟）の千代村支局を組織したという(21)。青年たちの活動は、読書会などの学習活動と共に、組合等の組織化、支局の設置といった、より実際的なものへと発展していったようである。

5．江渡狄嶺（えどてきれい）の弟子となる

江渡狄嶺は、東京帝国大学を中退して帰農、ゼロから農業を始め、農業共同体を模索した農業思想家である(22)。ここでは、狄嶺の長野県での足跡を追い、楯操と江渡狄嶺がどのような関係を築いていったのかをみていきたい。

狄嶺は、1927年、農民自治会に招かれて信州講演に入り、飯田町で講演をした(23)。この時に熱心な青年信奉者が出て、以来、1944年まで狄嶺は毎年信州を訪れている。楯は、1929年の村青年会主催の講演「農村生活改善問題」で初めて狄嶺に会い、その後、1931年に千代小学校で開催された講演会の後、宿に狄嶺を訪ねて行き、「決縁した」と述べている(24)。

その前年、1930年には、狄嶺による3日間連続の「農道講習会」が、隣村、竜丘村青年会主催で開催された。近隣村からも多くの青年たちが参加し、講座修了後青年たちに連れられるまま、狄嶺は村々を回って講演をした[25]。こうして狄嶺は青年たちと関係を築き、毎年のように信州へやってきた。やがて各地で小グループができて狄嶺を招いて講話を聴くようになった。狄嶺も、信頼関係の下で継続的に講話をする形に手応えを感じたようである。グループには教師の会や女性の会もあり、狄嶺はその対象に応じて講義の準備をし、夏期、冬期にやってきて連続講話を行った。

1931年に狄嶺と「決縁」した楯は、その翌年1932年に応召したためブランクができたが、その後は、自宅に狄嶺を招くなど狄嶺との関係を深めていった。狄嶺は、楯を中心とした実際に農業に携わる人たちの会を構想し、それを「農輪会」と名付けて冬の農閑期に講話会を持った。しかし、楯は1937年、2度目の出征となり、またもや活動は中断した。その後、帰国した楯は、上伊那、南箕輪村の青年、征矢善一郎[26]と共に、「農輪会」の活動に入った。狄嶺は征矢への手紙に次のように書いている。

「楯さんは、本気な人です。私は早くからあの人に嘱望して居りましたので、五年ばかり前に叱りつけてやりましたが、大抵の人ならそれなりになって仕舞ふのだが、あの人は矢張り真実を求めていく人です。根強い人です。招集されて行かなければ、もっと早く縁が結ばれるところでしたらう。今度伊那では、あの人としっかり手を握り合って行ってください。」[27]

狄嶺は楯に強い期待をかけていたが、1942年に新たな農輪会が出発した翌年、1943年1月、楯は3度目の出征となった。この頃、狄嶺はいずれは信州の地に拠点を移し、弟子たちと共に農業をやりながら自身がその教育を担い、共同体を造ることを希望した。狄嶺が農輪会に期待したのもこういう事情からであった。これを知った信州の弟子たちは「期成同盟」を結成して実現のために奔走したが、彼等も次々に出征し、それは叶うことはなく、狄嶺は1944年12月に急逝した。楯は出征後も戦地から狄嶺と手紙のやりとりを続けていた[28]が、この時は、狄嶺の死を知ることはできなった。

楯と狄嶺の関係は1931年以来14年間に及んだが、上記のように3度の出征や満州分村移民への参加もあって何度も中断された。また、狄嶺は自宅でも研究会を開催していたが、楯は参加できず、当時学生で在京中の弟、楯正治に参加させ、その資料を取り寄せている。楯が戦後復員して狄嶺の死を知った時の無念は如何ほどのものであっただろうか。今度こそその教えをじっくりと学びたいという思いがあったであろう。

6．狄嶺とヤマギシズム

楯は、戦後、かつての満州移民への参加について、「満州での日本の政策に幻滅し、すぐに帰国」したと言い、また、「戦争の影響を強く受けて理想の生き方は歩めなかった、戦後もしばらくは「もやもや」とふっきれない月日を送っていたという。」[29] しかしその後、ヤマギシ会と出会い、「特別講習」を受けてそれに参画した。一方、狄嶺亡き後、その弟子たちは狄嶺会を結成し、楯はヤマギシ会に所属後もそれらの活動に参加した。

やがて楯は、1962年にヤマギシ会飯田実顕地（飯田市竜江）を作り、山岸式養鶏をもってスタートした。その後狄嶺会の会員でヤマギシ会の講習を終えた白山秀雄という人物が、1966年に飯田実顕地を訪ねてきた。白山はその時の楯の様子を以下のように述べている。

「…楯操さんという方が信州で飯田実顕地のメンバーであり、三蔦苑に機関誌とおたよりを寄せられ（狄嶺先生が御在世なら、色々ご批判もうかがえるのだが…）とあった由。…一度お訪ねしてみたくなりました。…実顕地の現況よりも寧ろ熱っぽく語られたのは＜正法眼蔵＞勉強えの執念であり、狄翁より頂かれたという岩波文庫版三冊に取り憑かれていられるほどの様子でした。…」[30]

楯が飯田実顕地を開いた頃のヤマギシ式養鶏は新たな段階、「山岸式百万羽化学工業養鶏構想」が推し進められた時期である。百万羽という数は、当時の農家の規模からは遙かにかけ離れたまさに「養鶏工業」であろう。しかし、発会時に山岸巳代蔵が書いた「山岸会趣旨」[31]を読むと、当初からヤマギシ会はこの成長拡大志向を持っていたことがわかる。その趣旨は、「自然と人為、即ち天・地・人の調和をはかり、豊富な物資と、健康と、親愛の情に充つる、安定した、快適な社会を、人類に齎（もたら）すことを趣旨とする」とある。また、その方法として、「(2) 学問と実験を基として、凡ゆる物資を空気・水の如くに容易に使用し得るよう、豊富に生産し」「(3) 物資の豊満により、物の争奪の世界を無くし」、という文言が続く（下線は筆者による)。「自然と人為、天・地・人の調和」に続いてこれら（下線部）の文言をつなげるところに、ヤマギシ会の特殊性をみることができる。

楯がこの時期に正法眼蔵を読み返したのは、単なるノスタルジーからではないだろう。自らも山岸式養鶏を始めた中で、楯は何を感じたのだろうか。狄嶺の教えは農業論とともにそれを実践する場での生活哲学があり、そこに道元禅が応用されていた。それは「物資を空気、水の如くに容易に使う」生活とは到底相容れないものである。

楯が、もう一点、気にかけていたのは、狄嶺の「綜業農制」という共同体構想である。これは、1943年から1944年にかけて狄嶺が集大成を目指したものだが、この時期楯は出征中でその研究に参加することはできなかった。農業を中心とした共同体という点では、狄嶺の思想とヤマギシズムは共通するものがあり、楯がこの二つを結びつけるのは当然とも言える。そして、時を経て1982年、80才近い年齢の楯は再び、狄嶺の「綜業農制」に関心を寄せ、狄嶺会の研究会に出席してこれを学んだ[32]。研究会ではある時は、楯を介してヤマギシ会のメンバーが講師として招かれ、「日本の共同体」と題した話をしたこともあった。翌年、1983年に楯は、『江渡狄嶺研究』25号の特集「狄嶺と私」に、「歩き歩いた末」と題した稿を寄せた。「江渡狄嶺先生とヤマギシズム」というテーマを与えられていたようだが、その文章は途中で終わり、編集者によって以下のような言葉が付されている。

「付記　これより以下で、楯氏は尚、ヤマギシズムの実践と、狄嶺の「綜業農制」の考えの実践、具現につよくふれ、信濃自由大学のことにもふれているが、それは別に稿を起こしてもらうことにした。」

残念ながらそれは実現しなかったが、当時は自由大学60周年記念に関係する研究会や座談会などが行われ、楯もそれらに参加して証言や回想を残した時期である。自由大学、江渡狄嶺、ヤマギシズムを繋ぐことは、楯にとってその思想の集大成ということもできる。

7. 終わりに

以上、楯操の歩んだ道を、駆け足で辿ってみた。それは学びの連続、学び続ける人生であったと思う。ここでもう一度原点に立ち返りたい。

その原点とはやはり、自由大学、高倉輝の「ダンテ論」であろう。ダンテについて学んだことがその本質ではない。その時に学びの窓が開き、そこから見える広大な風景に圧倒されたのである。学問の世界、知識の森はなんと広く、深いことか、その道を歩むことが「真実を求める」ことであると、高倉輝が身を挺して示したのである。高倉はそのような教師であったと思う。

楯の歩んだ人生は、一本の道に見立てることもできるが、その「学び」に目を向けると、それは単なる一本道ではないことに気付く。楯は戦後、自らの意思でヤマギシ会に入ったが、かつての狄嶺の教えはむしろ、ヤマギシ会の中で深まったのではないか。自由大学、狄嶺、ヤマギシズム、これらの間を、真実を求めて、軽やかに行き来し、終生にわたって学び続け、自らの思想を紡いでいったのである。

〔注〕

(1) 1953年に山岸巳代蔵が創始した農業共同体。農業を中心とした生産活動を行い、内部では個々人は私有財産を持たない「無所有」で、「一体生活」と称する共同生活を送る。

(2) 2月25日の村会記録。『村会事件　大正8年度』旧千代村役場文書 4-2-40（この中にある学事記録は大正7年度のもの）　仮名遣い、句読点等は読みやすくするため、適宜修正した。

(3) 同上

(4) 1924年9月5日、松本女子師範附属小学校にて、視学の視察があり、修身授業で国定教科書を使用していないという理由で、同校の川井訓導が退職に追い込まれた事件。

(5) 1979年4月に飯田市天竜峡で開催された、自由大学研究会第6回春期研究例会での座談会

(6) 自由大学研究会篇『自由大学研究　別冊1　伊那自由大学の記録』1979年　pp.25-26

(7) 1924年9月3日、飯田小学校に視学の一行が突然訪れ、行われていた授業を酷評していった。一行はこの2日後に松本女子師範附属小学校を視察し、川井訓導事件となった。

(8) 楯操「回想　伊那自由大学のこと」自由大学研究会編『自由大学研究』第5号 1978年　p.67

(9)「楯操氏寄贈自由大学関係資料」にある講義ノート参照。飯田市中央図書館蔵

(10) 米山光儀「伊那自由大学とタカクラ・テル」慶應義塾大学教職課程センター『年報』1号　1986年

(11) 同上　p.51

(12) 同上　p.53

(13)『千代青年會史』1930年　p.193

(14) 蔵内数太「耳に残っている三木氏」『三木清全集』第18巻月報　岩波書店　1968年参照
蔵内は、戦後に出た『三木清全集』に付された月報に以下のように述べている。
「「下伊那自由大学」というのへ話をしに行ってくれないかという連絡を三木氏から受けたので、詳しいことを尋ねるために…彼を訪ねたことがある。昭和4年のことだった。」
しかし、その後、蔵内の講座は実現しておらず、同じく社会学の藤田へ回ってきたと考えられる。蔵内はこの回想の中で、当時東大の社会学の講師も務める尖鋭な理論家であった藤田に対して、三木が特別に礼節を以て接していたと述べている。

(15) 安田常雄『日本ファシズムと民衆運動―長野県農村における歴史的実態を通して―』れんが書房新社　1979年　pp.165-175参照　本書によると、この時、東信地方では、藤田が社会民衆党から立候補している。また、同じく無産派として、上小農民組合連合会の青柳藤作も立候補し、こちらには高倉輝はもちろん、三木清も応援に駆けつけた。両者の間で無産派として合流する交渉も行われたが決裂、最終的に青柳候補は供託金が払えず立候補を辞退し、藤田も落選した。藤田がなぜ、長野県で社会民衆党から立候補したのかは不明。

(16) 文字や送り仮名は原則原文通り、句読点は読みやすさを優先して適宜修正、加筆した。■は未解読文字、また、原文での改行ごとに①〜㉓の番号を表示した。

(17) 今村良夫・今村真直『天竜峡―歴史と叙情』信濃路　1979年　pp.239-241　藤田が宿泊したのは、天竜峡にある「仙峡閣」という旅館。本書p.239によると、昭和初年から戦争前夜にかけて左右の思想家、運動家が多く泊まったとのこと。藤田の書も紹介されている。自由大学関係では、高倉輝や三木清も宿泊している。

(18) 自由大学研究会編『自由大学運動60周年記念誌』1981年　p.16　「楯操」の文章。

(19) 昨年、2022年10月の「自由大学運動百周年記念集会東京集会」で、伊那自由大学の最終講義は1929年12月の高倉講座ではなく、翌年1930年2月の三木清の講座も開催されたのではないかという疑問が小平千文氏より呈された。小平氏の指摘するように、県史資料編に「昭和5年2月下伊那郡中部青年会等主催自由大学講座開講案内並会計報告」という資料もあり、また三木清の日記にも2月14, 15, 16日、伊那で講演（予定）とある。主催は正確には中部青年会・伊那自由大学千代、竜峡支部となっており、自由大学というよりは青年会主催の色彩が強かったのかも知れない。自由大学の三木の講座については、前年の竜江村大願寺での講座についての証言はあるが、30年の竜江小学校での開催についての証言は確認できていない。

30年2月は他にも多くの講演会があり、さらに衆院選挙を一週間後に控えて選挙運動に飛び回る青年たちもいた。そんな事情から前年同じ「経済学の哲学的基礎」という三木の講座をすでに受講した青年たちは参加しなかったのかもしれない。

(20)『千代青年會史』1930年　p.163

(21) 青木恵一郎『改訂増補　長野県社会運動史』巌南堂書店　1964年　p.384

(22) 江渡狄嶺（1880 － 1944）青森県三戸郡五戸村の商家に生まれる。第二高等学校を経て東京帝大法科、政治学科に進んだ。陽明学から老荘、内村鑑三、聖書、クロポトキンなどを読み、トルストイに傾倒、同郷の学生たちと「精神窟」と称する共同生活を送った。その後大学を退学して帰農を目指し、学生結婚した関村ミキと郷里の友人の弟である小平英男の3人で土地を借りて「百性愛道場」を開いた。2年後、高井戸村に移り、園芸や養鶏も始め、「三蔦苑」と名乗った。これらの初めての農業体験を綴った著書、『ある百姓の家』、『土と心を耕しつつ』が反響を呼び、江渡狄嶺の名前が知られるようになった。狄嶺の農場には、帰農に関心を持つ青年たちや、社会主義者や文学者、宗教者などが多く集まった。この時期に狄嶺は道元禅師の『正法眼蔵』を知り、沢木興道老師とも知り合う。狄嶺は既にキリスト教の洗礼を受けていたが、その上で、道元に傾倒し、自身の農思想を道元禅と一体化させた。1924年に渡米し、帰国後は「村落コミューンの根城」と題する農業共同体論を発表、それは狄嶺独創の「場論」思想を経て、晩年の「綜業農制」論へと発展していった。（以上、狄嶺会『江渡狄嶺選集（下）』（家の光協会刊　1979年）の狄嶺略年譜を参照）

(23) この農民自治会主催の講演については、大井隆男『農民自治運動史　転換期の青春群像』（銀河書房1980年　pp.200-212）を参照。狄嶺講演の同行者は、その講演について次のように述べている。「江渡先生は信州の講演で、「土と手」の弁証法を述べました。即ち、土［＝心］と手［＝現実］、思想と行動のダイヤローグで、マルクシズムと土のアウフヘーベンを説きました。」（同書 pp.209-210）

(24) 楯操「歩き歩いた末」『江渡狄嶺研究』25号　狄嶺会　1983年　p.107

(25) 当時講習に参加した下久堅村の青年、青島秋夫の日記には、講習内容の筆記とともに、青年たちの動きも記されている。それによると講習修了後、狄嶺は青年たちに連れられて、千代村、下久堅村をまわり、講話をし、もてなしを受けた。他の資料からは、その隣の河野村でも講演したことが確認されている。狄嶺は下伊那に入る前に下諏訪でも講演をしており、自宅を出た後、20日間近く信州に逗留した。

(26) 1908年生まれ、上伊那郡南箕輪村出身。小学校時代は白樺派教師たちの影響を受けて過ごし、卒業後、武者小路実篤の「新しき村」の村外会員となる。1934年に村の産業組合に就職、同年に、江渡狄嶺と出会い、師事するようになった。

(27) 征矢善一郎『一粒の籾』私家版　1985年 p.85

(28) 狄嶺への書簡は、ごのへ郷土館蔵（青森県三戸郡五戸町）。狄嶺は地方の青年、弟子たちと非常に多くの書簡のやりとりをしていた。楯が出した約80通の手紙も残されている。

(29) 竹花佳江「伊那自由大学の歴史と思想」明治大学政治経済学部政治学科日本政治思想史演習室編『思想史研究草稿　共同研究・民衆と学問―伊那自由大学の思想史的考察―』1982年　pp.80-81

(30)『江渡狄嶺研究』19号　pp.9-11

(31) 玉川信明『評伝　山岸巳代蔵―ニワトリ共同体の実顕者』社会評論社 2006年　pp.42-43

(32)『江渡狄嶺研究』25号　p.152

『早稲田中学講義』に関する一考察
―『早稲田高等女学講義』との比較から―

川村学園女子大学准教授
関本 仁

はじめに

筆者は、戦前における講義録（通信教育）を用いて自学自習を行っていた人々の「学びに対する考え方」が如何なるものであったのかを掘り起こしていく、ということを大きなテーマとしている。現在においては、講義録による学習を行っていた者たちがどのようにして学を志し、どのように学び、どのように自らが学んだことをその後の彼らの人生に生かしていったのか、ということが主たる関心事となっている。

長野における自由大学運動は、普段は家業等の労働に勤しむ一方で、哲学をはじめとする教養を身に付けようとする学びの姿があったが、講義録という媒体を手段とした、大学拡張としての学びにあっても共通する要素があると思われる。それは、「学びたい」という意思があるにも拘わらず学べない、という思いを抱いていたからこその学びへの強い情熱である。

本稿では、明治期から太平洋戦争前後にかけて展開されたさまざまな講義録のうち、中等教育レベルに焦点を当てた講義録である『早稲田中学講義』を主として取り上げ、その内容について分析をおこなう。その際、男子を対象とした講義録である『早稲田中学講義』を考察するにあたり、同じく中等教育レベルに焦点を当てつつも女子を対象とした『早稲田高等女学講義』とりあげ、比較検討を行う。その比較検討を通じて、学習者はどのような意識をもって講義録に取り組んでいたのかについて分析、考察をおこなうことにより、どのような共通性が見られたのか、あるいは異なる側面があったのかについて明らかにすることが本稿の目的である。なお、本稿が検討をおこなう時代としてはそれぞれの講義録発刊から大正期末までとする。

本稿の先行研究としては、早稲田大学大学史編集所編『早稲田大学百年史』、天野郁夫や竹内洋の論考の他、菅原亮芳編『受験・進学・学校　―近代日本教育雑誌にみる情報の研究―』（学文社、2008年）においては、講義録を用いて学習していた人たちについて、その学習の様子を含めて触れられているが、「受験・進学」に焦点が絞られており、彼女らの「学び」という行為に対する思いや立場についてうかがい知ることは難しい。しかしながら明治末期から昭和初期（1903年から1931年まで）にかけて、当時『早稲田大学講義録』の『早稲田中学講義』が多くの学習者の支持を得ていたことを明らかにしており、同時にこのように多くの受講生が「専検」合格を目的として学んでいたことを示唆している。実際の受講生の実数については、1923（大正12）年において『早稲田中学講義』が57,160人、『早稲田高等女学講義』は19,810人という記録があり[(1)]、当時の講義録を代表するものであったと言って差し支えないだろう。男子向け、女子向けそれぞれが平行して刊行していたことにより、比較検討をしていく意義は大きいものと考える。

1．早稲田大学講義録について

1）早稲田大学講義録の発刊

『早稲田中学講義』をふれる際に、その発刊以前よりおこなわれてきた講義録について概観しておきたい。早稲田大学の前身である東京専門学校が組織的に講義録による「校外生」制度を発足させる以前、1885（明治18）年に英吉利法律学校がその開校当初において講義録発行を開始させており、1887（明治20）年1月から専修学校が法律学および経済学の講義筆記の発行を行っている。さらに同年9月には明治法律学校が講法会から講義録を発行、これは後に校外生制度として発展し、法学科と商学科の2科を置いている。

そうしたなか、東京専門学校が学校直営として講義録を発行することになるのは1887（明治20）年10月の事である(2)。東京専門学校の開校が1882（明治15）年であるから、その5年後ということになる。講義録発行開始初年においては『政学部講義』・『法学部講義』と題された二つの講義録があり、各々60ページ、一部金八銭としていた(3)。これらはそれぞれ東京専門学校の配当表から、代数学、体操、卒業論文の三科目を省いたものとほぼ等しく、担当教員も同一であった。翌年には『行政科講義』が加わり、1895（明治28）年には『文学科講義』の刊行が開始された。なお、哲学館は1888（明治21）年から『哲学館講義録』を発行開始し、哲学館通学者を「館内生」、講義録購読者を「館外生」(4)として通信教育の制度を整備拡充をしている一方、和仏法律学校では1890（明治23）年1月から校外生制度を行っている。また、東京大学は明治10年代では自然発生的な演説活動がみられるなか、1887（明治20）年2月から、理、医、法、文、工の五分科大学の、帝国大学教授有志による大学通俗講談会が設立されている。慶應義塾では1908（明治41）年から夏期休暇を利用して地方巡回講演を開始している。このように、東京大学や慶應義塾などでは「講義録」という形態を用いない大学開放の方法を展開していた。

2）『早稲田中学講義』発刊までの流れ

前節で取り上げてきた講義録は各専門学校等の高等教育機関が発行していた講義録であり、その対象は当然専門学校の知識を得ようとする人々であった。つまり高等教育レベルの講義録である。

早稲田大学（1902（明治35）年に東京専門学校より改称）はそれまでおこなってきた高等教育レベルの講義録に止まらず、1906（明治39）年より中等教育レベルの講義録の発行をおこなうことになる。早稲田大学の発行する中等教育レベルの講義録『早稲田中学講義』の発行に先立ち、発行の趣旨を以下のように述べている。

> 吾邦征露戦捷の結果として、その名既に世界強国の班に列すと雖も、未だその実を収め得たりと謂ふべからず。而も戦後の経営に至りては、百般多くは猶その緒に就かず、国民咸慊焉たらざるの感なきにあらざる也。されば将来此等の重任を負担し、遺業を継紹すべき国家枢要の人材養成は、是実に国民の最大急務たるに拘はらず、方今経済上の圧迫は却て之を忽諸に付するの傾向あり、豈国家前途の一大恨事にあらずや。
>
> （中略）
>
> 我が早稲田大学は茲に見るあり、多年経験し得たる通信教授法により、本年四月新たに『早稲田中学講義』を発刊して此が救治策の任に當たらんとす、抑も亦完全なる通信教授は、極めて低廉なる学資により、而も第一流の学者教育家の訓育を最も広く派及し得るの利益あればなり(5)。

この文章が出されたのが実際の発行の前年である1905（明治38）年9月付であることもあり、その直前までおきていた日露戦争の雰囲気が色濃く残っているのが見て取れる。そしてその戦争による国家の疲弊、そしてこれからの復興という見地から人材育成というものが急務であるといったことが発行の経緯として述べられている。しかし、実際に発刊された後からはいわゆる「戦後復興」としての意味合いとなるような要素は見られなくなる。やはり同じくこれから講義録で学習をおこなっていこうとする人たちに対して示された発行の趣旨は以下のように変化していく。

> 発行の趣旨
> 世界人文の発達は駸駸として、一日も歇む時がない。されば本邦将来の中堅たるべき青年は、常に斯の如き新時代を継承し得る智徳の素養を、中等教育によつて準備し且つその運用に熟達するを要する。翻つて我が養育会の現状を観るに、年々小学校を卒業したる青年は、非常の勢で社会に送り出さるゝにも拘わらず、中学校の設備が不足なると、種々の境遇とに妨げられて、小学以上の学問を継続し得ざる為め、多数の青年は志を懐きながら、遂に中学教育を受くること能はず、立志向上の進路を杜絶して了ふのは、洵に遺憾の極みである。即ち本大学はこゝに見る所あつて、『早稲田中学講義』を発行し、斯の如き境遇に悩める青年をして、坐ながら中等普通の智識を涵養せしめ、健全にして活用に適する人物たらしめる機関としたのである(6)。

ここで示されているように、初等教育は受けられたとしてもその後中等教育を受けることが出来た人々は決して多くはなかった。男子に限っていえば明治30年代にはいるとようやく中等教育への進学率は一割を超えるようになる(7)。しかし、依然として九割近くの者は教育課程が終了してしまっていたことになり、大半の男子たちが中等教育を受ける機会さえ与えられずに社会へ出て行かざるを得ない状況にあったことには変わりはない。「遺憾の極み」というのは教育機関としての本音であろうと思われる。

そして、これまで早稲田大学の講義録の発行において中心的役割を果たしてきた高田早苗は当時、これから講義録を学ばんとする人々に対し、以下のことを述べている。

> 本大学は現代の青年にして已むを得ざる事情により身親しく中学若くは高等の学校に負笈し能はざる人々を教育せん目的の下に明治十九年より通信教授の制を創始し爾来時運の変遷に応じて学科を増設し講義の内容に改善を加へ本年に至る迄満二十五年の星霜を閲し候此間に卒業者を出すこと数十萬現に社会に名望あり枢要の地位を占め候人物亦幾千の多きに達し候斯くの如く本大学監修の講義録が好成績を示し候より自然その真価は内外一般に認められ遂に今日の盛運を見教育界に有益なる機関とせらるゝに至り候就ては這般新学年開始に際し広く配布致候当講義録の栞御熟覧の上各科講義録の趣旨特色等を汎く御吹聴被成下精々力を後進の提撕誘導に致され度特に巻首に於て大方諸君に懇嘱申上候　敬具
> 早稲田大学学長法学博士　高田早苗(8)

内容としては上級学校に進めなかった人たちに対して講義録が発行されていること、そしてそれがこれまで「数十萬」の卒業者を講義録によって輩出したことが述べられているが、ここで高田は「明治十九年より通信教授の制を創始し」と述べている。先に述べたように東京専門学校として講義録の発行をしていくのは翌年の10月からである。それに先立つこと一年前より『政学講義会』(9)というものが高田のバックアップのもとで発行されていて、これがその後の東京専門学校の講義録へと発展していく。それを含めての明治19年開始ということである。

さて、その『早稲田中学講義』の内容がどのようなものであったのか、次章でふれていきたい。

2.『早稲田中学講義』の性格

1）制度的側面

早稲田大学に関係する中等教育機関としては早稲田中学校（1895（明治28年）開校）、早稲田実業学校（1901（明治34）年）があるが、これはあくまで早稲田大学の関係者が設置したものであり、早稲田大学が直接経営に関わったわけではなかった。このようななかで、まず、早稲田大学出版部が発行した中等教育向けである『早稲田中学講義』は制度的見地から見た場合どのようなものであったのかについて確認しておく。『早稲田大学講義録内容見本』つまりこれから学習しようとする人に向けた案内・ガイドブックのなかで記されているので、それぞれ確認していきたい。

> 入学の方法と月謝
> 入学の方法は極めて簡単である。此見本の終りに附けてある振替用紙に、指定通りに適宜に記入し、（振替用紙の裏参照）月謝（別項校外生規則適用にあり、一ケ月壱円、三ケ月弐円九拾銭、半ケ年五円七拾銭、一ケ年拾壱円弐拾銭）を添へ、最寄の郵便局に差出せばそれで宜しいのである[(10)]。

費用については以上のように書かれており、年間で11円という学費になっている。これはその翌年度の学費であり、「大学」の授業料となるので参考程度になるが、年間110円[(11)]となっており、更に修学年限が2年となっていたので通学課程よりも実質半分の負担となっていた。そのように考えてみると実際に通学する際の学費からかなり抑えられていたことが分かる。

> 講義録発送と校外生の資格
> 右の振替用紙は郵便局から本大学出版部に配達される。出版部では、直ちに校外生名簿に登録し、四月三日発行の第一号から、毎月二回（三日と十八日）に最新の講義録を郵送する。（以下略）

> 勉強の仕方と質問
> 講義録勉強の方法は講義録独学指針中に詳細に説明してあるから、中学校の在学生よりも勉強の仕方がハツキリと分る。そして講義は平易懇切で、難解な字句と思はれるものはには特に註解を添へてあり、それでも質問があれば、如何程でも自由に出来る。質問は編輯員が直に各科の講師について尋ね、丁寧な解答をする[(12)]。

講義録は大学出版部から月の始めと半ば計2回教材が郵送されてくる。これを各々で読んで学習していくということになる。分からないことがあれば大学出版部に質問を郵送して、『新天地』（のちに『早稲田』と誌名が変わる）という副読本の誌面で解答する、という形式を取っていた。基本的に読み物としての面が強い教材であるということが出来るだろう。そして次にこの講義録を学んだことでどのような資格が得られるか、ということを見ていきたい。

修業証と卒業証と賞与と給費生

（前略）講習を終ると早稲田大学から修業証を授与するが、其は他の何々会などからの証書と、其価値に於て全く異なつた立派なものである。卒業証に至つては総長　大隈侯爵から授与されるのだから、此証書があれば早稲田大学、工手学校其他の学校に入学上の特典が得られ、又優等卒業生には学資を給して早稲田大学に学ばしめる。[13]

通常の中学校（旧制）が4年で修了するのに対し、『早稲田中学講義』は2年で一通りの課程を修了となっていた。その点からすると、かなり圧縮したカリキュラムであったということが出来、これを働きながら学習を続けていくことはかなりの困難であったということが出来る。学期毎に修業証が授与され、2年の課程を終了した希望者には卒業試験が課され、これに合格すると卒業証が授与されることになっていた。とはいえ、ここでの「卒業」は公的な証明とはなりえなかった。公的に中学を卒業した、そして早稲田大学以外の上級学校に進む資格を得るためには改めて「専検」つまり専門学校入学資格検定試験を合格しなければならなかった。このため、この『早稲田中学講義』を学ぶ人々にとって「専検」突破が大きな目標となっていた。ただ、上に記されているように講義録の卒業試験を合格すれば早稲田大学が設置する上級学校に進む権利が得られたと共に経済的な支援も一部用意されていた。これが後になると、以下のように変化する。

而して本学年より中学科卒業者を無試験にて本大学専門部に入学の許可を得たのは、全く過去の経験により十分校外生の学力を確認せられたからである[14]。

それまでは入学の資格が得られてもまた更に入学試験を受けて、なおかつ合格する必要があったが、講義録の卒業をすれば、無試験で上級学校つまり高等教育を学ぶことが出来たのである。実はここが後にふれる同じ早稲田大学出版部発行である、女性向け講義録とは大きな違いとなるのである。

次に、実際の教育課程はどのようなものであったのかを確認しておきたい。

2）カリキユラム的側面

『早稲田中学講義』発行開始時においてはその内容について、以下のようなことが掲げられている。

嘗て文部省が制定せし中学校教授細目に依ると雖も、亦実際社会に枢要なる学科、及び興味ある新学説報道を加へ、内外の活問題を拉し来つて、常に社会的知力の増進に努むべし[15]。

講義録を執筆していた講師陣の顔ぶれを見てみると、大半の講師が早稲田大学の教員や「学士」の肩書きを持った人たちであり、なかには東京商科大学や学習院の教授など高等教育の教員達が多数を占めていた。

先に述べたように「専検」という公的な試験を合格しなければならないということもあり、通学過程の中学校の内容に準拠したものとなっている旨が記されている。しかし、それに止まることなく「亦実際社会に枢要なる学科、及び興味ある新学説報道を加へ、内外の活問題を拉し来つて」と書かれているように単に中学校の内容を教えていればよいという立場では決してなかったということが出来るだろう。そしてそれは具体的には次に示すような科目から見てとることが出来るだろう。大正15年度から新たに設けられた科目、「公民教育講義」（のち「公民科」となる）である。

> 新たに本年度講義より掲載する公民教育講義
> 早稲田大学総長法学博士　高田早苗講述
> 我が国に立憲政治が施かれて、三十有余年になるが、其立憲政治の何たるかはまだよく国民の間に知悉されていない。吾人が特に公民教育の必要を特に叫ぶ理由は茲に存する。現代青少年諸君が将来日本国民として十分なる責務を果さんが為めに、憲法の何たるかをよく理解して、国家を背負つて立つの覚悟と準備とがなければならない。特に普通選挙の実施も目前に迫れる今日、公民教育の切実なることはこゝに論をまたない。我が大学総長高田博士はこの意味の教育の年来の主張者であり、本講義新学期開始と共に平素の抱負を傾けて「公民教育講義」の題下に親ら講述の労を引受けられたのである。是れ本講義の誇りでなくして何であらう！！！[16]

ここで記されているように、普通選挙を契機として政治に対する理解を深めるため、この「公民教育講義」というものを当時の筆頭教科である「修身」とともに併置している。担当講師も当時早稲田大学総長であった高田早苗であったということからも、この科目に対する熱意が相当なものであったことは想像に難くない。

さて、これまで男子向けの中等教育講義録についてみてきたが、その一方で女子向けに発行された講義録が1923（大正12）年より発行されている。次章についてはこの女子向け講義録、『早稲田高等女学講義』について調べ、男子向けの講義録との比較検討をおこなっていく。

3．『早稲田高等女学講義』との比較

1）設置科目、講師陣の側面から

『早稲田高等女学講義』についての概略を述べると、大正11（1922）年4月に開講。修了年限は一年半[17]であり、月謝一円、月2回刊。春と秋の半年ごとに開講している。『早稲田中学講義』よりも更に短い1年半での全課程修了となっているが、通常の高等女学校の修業年限が4年ないし5年となっていたことから、男子よりも更に圧縮されたカリキュラムとなっていたということが出来るだろう。受講を開始すると校外生証（学生証）や徽章が配布され、全課程を終えると修了、ないしは卒業という扱いとなる。これは卒業のための通信試験を通れば卒業となり卒業証書が授与され、最後まで教材をやり遂げることができると修了ということとなり、希望者には修了証書が送られた。さらに「優良なる卒業生」には大学聴講生の受験資格を付与していた。なお、さらに付け加えると、早稲田大学における「通学課程」の女子聴講生の受け入れは大正10年度（1921年）、つまり『早稲田高等女学講義』発刊の前年度からであり、その数12名であった[18]。また、正規課程での女子学生受け入れは昭和14年度（1939年）からであり、このときには4名の女子学生が入学している。[19] なお『早稲田大学百年史』によれば、戦後の学制改革まで中等教育レベルの講義録刊行は続けられていた[20] 男子が学ぶ中学校とは違い、「家事」「裁縫」といった科目が設置されているという特徴があった。また、こちらも更に上級学校等に進むためには「専検」を合格しなければならなかったということは共通しているが、専検合格者などを対象とした奨学金の制度が存在していたようである[21]。上に述べたように男子とは違い、早稲田大学の内部進学するコースはまだ整備されてはいなかったのである。

そのようななかで、『早稲田中学講義』における「公民教育講義」のように、単に文部省の指定する内容をなぞるだけではなく、独自の科目をもうけ、この講義録ならでは、性格を有していた。それは文芸講座、衛生美容講座、家庭講座、常識修養講座といったものである。また、『早稲田高等女学講義』の講師陣の半数は公立私立を問わず様々な高等女学校の教諭であった。家政に関する科目が多くあったことも『早稲田中学講義』の講師陣との違いに現れている、ということが出来るだろう。

その一方で女性に対する教育のあり方について高田は以下のようなことを述べている。

> 男女の知的理解　併しそれは兎も角として、男がこの様にしてどんどん進む世の中に、女ばかりが依然として小学校を卒業した許りで取り残されて居る様では、何うして満足な家庭を作ることが出来やう。何うして健全な社会をこの人々から期待することが出来やう。女性が男性の男々しい事業に対して、完全な知識の上の理解が出来てそこに始めて円満な家庭生活があり、同時に健全な社会が生まれるのである。
> 私どもが早稲田高等女学講義を社会に出して、女学校に通ふことの出来なかつた人々に、家庭に於ても学校と同様に勉強の出来る機会を与へやうとする理由も一にこゝにあるのである[22]。

ここで挙げられているように「完全な知識の上の理解が出来てそこに始めて円満な家庭生活があり、同時に健全な社会が生まれる」としており、この時点においては女性が社会に進出して参画していく、といったような観点からは述べられてはいなかった。

2）読者の進路

『早稲田中学講義』を受講した後、受講者はどのような進路を辿ったのであろうか。その全貌を知るデータについては残念ながら現時点では把握できていないが、その一端についてはここで示しておきたい。

> 小学校卒業だけで弁護士になる
> 私は尋常小学校を卒業したのみで、上級の学校教育は勿論、高等小学校の教育をさへも受けることは許されなかつた。私が早稲田大学校外生となつたのは十九歳の時即ち大正九年四月で爾来一年有余の間、花は咲いても私には春らしい春は来たらず、紅葉は錦を飾つても、目を娯ませるといふことなく一途に独学して成功を期するといふ方針で勉強した。その甲斐あつて大正十一年十二月に弁護士試験に合格することが出来た[23]。

このように、小学校卒業直後ではなく、更に19歳から講義録の学習を開始し、なおかつ弁護士試験に合格するという人物が紹介されている。何歳になっても学習が可能、という点において現在における生涯学習の学びのあり方そのものであるということができるだろう。これは決して例外的なありようではなく、他にも「逓信省電機技師試験第三級へ合格し満二ケ年以上電氣技術の実務に従事し、大正九年十月銓衡検定で第二級の合格証書を附与せられた」[24] ことや、高等文官試験に合格した者、早稲田大学に入学した者が紹介されている。

さらには早稲田大学へ進学したばかりでなく、弘前高等学校（現弘前大学）の教授になった者、早稲田大学教授になった者も現れている。

それに対して『早稲田高等女学講義』を学んだ女性たちの進路はどのようなものであったのかについて見ていきたい。

私はこの講義に入学してから早や三年になります。入学の当時は専検をもと思ふ程の意気込みで居りましたが、震災の時に一度に溜つたため読みこなせなくなつてしまいました。其後昨年五月に家庭に入り、多忙のために手を付けることが出来ませんでした。家は呉服商ですが、然し以前の失敗を思ふて今度は是非思ひ立つた事を仕遂げたい堅く心に誓つて居るので御座います。(後略)[25]

このように、震災などの不幸に見舞われながら、時間がかかっても勉強をやり遂げようとする意志がうかがえるが、ここで示されているように、女子に関しては「専検」の合格、そしてその後は上級学校への進学というよりはむしろ教員など進むものが多かったようである。これは、女性を対象とした高等教育機関の絶対数が非常に少なかったこと、早稲田大学を含めその時点で設置されていた高等教育機関の女子への門戸開放が充分なものではなかったこともその原因となっていたのは間違いないだろう。「高等教育を受くるべき女子をあだかも（ママ）浮華軽兆の権化であるかの如く見做した」[26]と述べているように、女子の高等教育に対する偏見というものが世相に大きく働いていたことも否めない。

まとめにかえて

以上のように、早稲田大学が発行した中等教育向けの講義録をそれぞれ見てきたが、基本的なところとして当然ではあるのだが文部省が示した中学校、高等女学校それぞれの内容を汲んだカリキュラムが組み立てられている一方で、『早稲田中学講義』『早稲田高等女学講義』それぞれが独自の色、つまり教育内容を盛り込んだものとなっていた。普通選挙に端を発した「公民教育講義」という政治に関心を持てるような内容であったことも含め、これは早稲田大学の教旨にも示されている「学の独立」ここに現れているといえるのではないだろうか。だが、上級学校への接続、という側面においてはこの２つの講義録には大きな分かれ道が存在していたことは否めない。卒業が出来れば、方や無試験で進学が出来、優秀であれば学費免除の特典さえもあった男子に対して、女子には上級学校への聴講、或いは「専検」合格者を対象とした奨学金の制度が存在するのみであった。なぜここまで待遇の違いがあったのか、ということについてはさらなる調査を要するものである。また、本稿は調査の対象を大正期末までとしたが、昭和期に入ってそれぞれの講義録がどのような変容をみせたのか、などについては今後の課題としたい。

〔注〕

(1)「早稲田大学報告　第十三　出版部」『早稲田学報』346号　1923年12月、34-35頁。

(2) 東京専門学校の直接経営に先立ち、1886（明治19）年発足させた『政学講義会』という講義録が東京専門学校の中心人物であった高田早苗主導の下開始されている。

(3) 第七条　校外生ニシテ其卒業証書ヲ受ケント欲スルモノハ試験ノ上之レヲ与フ可シ。
第八条　校外生タラント欲スルモノハ入学金五拾銭ヲ納ム可シ。
第九条　校外生ハ毎月講義録印刷ノ月費トシテ壱学部三拾六銭ヲ納ム可シ。
但府外ハ郵税金五銭ヲ要ス。
「資料21　講義録受持講師および科目記事」早稲田大学大学史編集所編『東京専門学校校則・学科配当資料』早稲田大学出版部　1978年、105頁。

(4) 1888（明治21）年7月より館外生、館内生から館外員、館内員へと呼称が改められている。

(5)「明治39年度　早稲田大学講義録之栞」『早稲田学報』臨時増刊第123号　1905年9月8日発行、29頁。

(6)『中学講義　商業講義　早稲田大学講義録之栞』 早稲田中学講義第廿三号之弐　1911 年 3 月、11 頁。
(7) 中等教育機関への進学率

年度	男	女	平均
明治 28（1895）	5.1%	1.3%	4.3%
33（1900）	11.1	2.7	8.6
38（1905）	12.4	4.2	8.8
43（1910）	13.9	9.2	12.3
大正 4（1915）	10.8	5.0	8.1
9（1920）	19.7	11.5	15.8
14（1925）	19.8	14.1	17.1
昭和 5（1930）	21.1	15.5	18.3
10（1935）	20.4	16.5	18.5
15（1940）	28.0	22.0	25.0
20（1945）	46.9	43.6	45.3
25（1950）	55.0	38.0	46.7
30（1955）	55.5	47.4	51.5
35（1960）	59.6	55.9	57.7
Cf. 平成 19（2007）	97.4	98.0	97.7

文部省『日本の成長と教育－教育の展開と経済の発達－』1963 年、文部科学省『平成 19 年度学校基本調査報告書（初等中等教育機関　専修学校・各種学校　編）』2007 年、より作成。なお、2007 年の数値は高等学校進学率を掲出した。

(8) 同前 1 頁。
(9) これは当時あった普及舎の「通信講学会」（山縣悌三郎立案のもと、1885（明治 18）年 12 月 5 日付「教育時論」第 23 号紙上に「通信講学会興る」と題してその「趣意書」および「規則」の前文が掲載され、この事業の開始を大きく報じている）をヒントにして発足したもの。この「通信講学会」には高田も依頼を受けている。「私は何でもミルの『代議政体論』の翻訳と、『貨幣論』か何かを載せたのであつた（高田早苗述　薄田定敬編『半峰昔ばなし』 192 頁）。」だが、比較的幅広い学問分野をカバーしつつ、基本的に理学思想、理学教育の発達への貢献という理念に貫かれていた通信講学会に対し、政学講義会は国会の開設や官吏の登用試験などを視野に入れた「政学研究」が中心であった。
(10) 第廿四回『早稲田中学講義　内容見本』大正十年四月開始分　発行年月不詳、22 頁。
(11) 週刊朝日編『値段史年表　明治・大正・昭和』朝日新聞社　1988 年、116 頁。
(12) 前掲書　第廿四回『早稲田中学講義　内容見本』大正十年四月開始分　発行年月不詳、22 頁。
(13) 同前。
(14)「中学講義　商業講義　早稲田大学講義録之栞」『早稲田中学講義』第廿三号之弐　1911 年 3 月、14 頁。
(15) 前掲書「明治 39 年度　早稲田大学講義録之栞」 29 頁。
(16) 第三十回『早稲田中学講義　内容見本』大正十五年四月開始分　発行年月不詳、5 頁。
(17) 1927（昭和 2）年 4 月開始分から 1929 年 10 月開始分までは修業年限は 1 年となっていた。
(18)『早稲田学報』318 号　1921 年 8 月、8 頁。
(19)『早稲田大学百年史』第 3 巻　早稲田大学出版部　1987 年、805 頁。
(20)『早稲田大学百年史』第 4 巻　早稲田大学出版部　1992 年、556-560 頁。
(21) 専検試験全科合格者には金十五円など。『女学の友』8 月号　1927 年 8 月 15 日、47 頁。
(22)『早稲田高等女学講義　内容見本』大正十五年開始分　発行年月不詳、4 頁。
(23) 前掲書第三十回『早稲田中学講義　内容見本』大正十五年四月開始分、21 頁。
(24) 同前、20 頁。
(25)「談話くらぶ」『女学の友』 7 月号　1927 年 7 月、61 頁。

(26) 中村政雄編『日本女子大学校四十年史』日本女子大学校　1942 年、149 頁。

自由大学が紡ぐ平和と民主主義

早稲田大学大学院文学研究科博士後期課程1年
城田 美好

東京（早稲田大学）と長野県上田市の2か所で開催された、自由大学運動100周年記念集会。東京集会と上田集会の両方に参加をし、自由大学研究の歴史や自由大学に関わってきた人々の活動について、これまで以上に理解を深めることができた。

特に、当時の様子やその時代に生きていた人々の思いや置かれていた状況、そして実際に自由大学関係者の肉声を聞いたことがある方々からの報告を受け、自由大学が100年経過した現代においても、脈々とその精神が受け継がれ、息づいていることを体感した。また、書籍を読み込むだけでは知ることのできなかった、自由大学設立にかけられた思いと希望、設立及び経営の過程における苦難や苦労に思いを巡らせた。

自由大学記念集会への参加を通して、2つの問題意識が芽吹いた。集会が終わった今も、そして今後も考え続けていきたい大きな問題意識である。

第1に、相互主体的関係を基盤に据えた教育の在り方の模索である。自由大学において、教壇に立つ側の教師陣が、受講生たちとの継続的な対話から学びや気づきを得て、自己変革を繰り返す過程が記録として残っていた。特に、土田杏村が受講生の姿や学びに対する貪欲さから受けた衝撃と受講生と共に学び続ける土田の姿勢を感化した受講生からの働きかけは、注目に値する。自由大学は、近代学校教育において、一方的に教える側であり続ける教師と、教えられる側であり続ける生徒という教授の形態と固定的な立場性を問う機会を私たちに与え、近代学校における学びに相互主体性を取り戻す契機となるのではないだろうか。上下に位置づく権力関係を脱し、相互に主体的な関係を構築するためには、両者が共に学習者であるという意識を持つ、あるいは共にその意識自体をも育て合っていく、そういう自己教育を中心に据えた学び合う関係のあり方に、民主主義の本質を見出すことができるのではないかと考えた。

第2に、大槻宏樹先生が投げかけた、自由大学は平和の問題と陸続きになっているという問いである。集会への参加を経て、相互主体的な学び合い、育ち合う関係、その関係のあり方に見出す民主主義、そしてその延長線上に平和が立ち現れる、この一連の流れが大槻先生の投げかけと共に、私のなかに腰を据えた。自由大学研究者の発表、地域の活動として自由大学を継承する人々の肉声の細部から、自由大学が民主主義や権利の問題、自由や解放など、平和の問題につながっていることを実感したのだ。特に、大槻先生の「自由大学は平和の問題と陸続きである」という問いかけに、首を縦に振る自分の姿を客観視した時、自由大学と平和の問題を考え続けていきたいと考える自分を初めて発見したのである。これまで、日本の民主主義について疑問を抱かずにはいられなかった自分、その疑問を如何に解消すべきかも分からず、手持ち無沙汰に陥っていた自分。そんな私が平和と民主主義の根底に自由大学があることを知った今、平和と民主主義、自由や権利という異なるテーマの共通項としての自由大学を、今後も自身の研究課題として探求し続けていきたい。

100 年前と現代をつなぐ声の響き

早稲田大学大学院文学研究科博士修士課程 3 年
小川 和子

東京集会を迎えるにあたり、村田ゼミでは 2022 年春から書籍・論文等の文献を通して自由大学運動について学んでいた。7 月 12 日、大槻宏樹先生が講義にいらした。大槻先生の著作や論文は自由大学関連以外でも数十年前のものから読んでいたので、ご本人の講義を、ごく近くに座って聴けるのは特別なことであり、私は少し緊張していた。大槻先生は資料･論文を丁寧に準備されていた。この日、強く印象に残ったのは先生の声と表情である。100 年前、自由大学運動に参加した人々も、文字で記された講義資料を読むだけではなく、講義する人の声を直接聴き、表情を見て、一緒に学ぶ人の反応や息づかいを感じながら、特別な学びの場にいるという感覚を共有していたに違いない。生きた声の、力を持った一言は、その場の情景と雰囲気とともに忘れられないものになる。当時の人々も、声で聴いたことばを、会場の照明や内装などの情景と合わせて長く記憶に留めることがあっただろう。

上田集会のチラシにも使われていた写真の、タカクラ･テルの笑顔や周囲の様子から、大正デモクラシー期の自由な、人間中心的な学びの明るい面ばかりをイメージしていた。しかし大槻先生はタカクラ・テルを「特高が見張っていたんです」と一言添えた。その一言で、子どもの頃からこの時代に対して持っていたイメージが変った。そして講義の最後に、「大正デモクラシーはプレファシズムの時代だったのではないでしょうか。」とおっしゃったときの先生の声と表情が忘れられない。文字で読むだけなら、そこまで強く印象づけられなかったと思う。先生は終始明るくポジティブな雰囲気をお持ちで、講義では自由大学研究の楽しかった思い出も話してくださっていたのだが、ファシズムや軍国主義への警鐘を鳴らされていると感じたことばを何度か聴いた。

私は今年 60 才、還暦を迎える院生である。自分が小学生の頃にくらべて、子どもたちが今世紀になって受けた公教育の目的が、個人の自由や幸福よりも国家に役立つ人材を作ることが優先されているように感じ、また画一的な従順さを求めているようで気になっていた。この 10 年の間に特定秘密保護法や安保法制が施行され、「報道の自由」の国際ランキングが下がり、マスメディアへの内閣の介入が強まっているらしいことに不安を感じていた。大槻先生の声で、それらの懸念と 100 年前がつながったのである。

東京集会当日も、学んできた書籍や論文の著者である先生方の声を、会場や終了後の場で直接聴くことができた。集まった多くの人と一緒に学ぶ空間は、2020 年以来慣れていたオンライン集会とは大きく違っており､格別だった。長島伸一先生の「自由人学を戦前の物語として捉えてはならない」ということばも、藤田秀雄先生が「憲法を学校ではじめから終わりまで読んだ人はいないのでは」と語られたことも、やはり声で聴いたから強く印象づけられたのだと思う。

東京集会と事前学習で聞いた先生方の声を通して、はっきりと意識するようになったことがある。人間の自由と尊厳が大切にされる社会をつくるために大人が学ばなくてはいけないこと、権力に飲み込まれない自分を作り、反戦と平和を守るために仲間と学び続けること、次の行動につなげること。今年、憲法学習会に足を運んだのも、自由大学運動の学習があり、先生方の声を聴いたからである。力を持つ声は人を扇動することもあるので、流されないためにも学んでおかなくてはならないと考えている。

私の研究対象は、学校教育とは異なるアプローチで成人の英語の読書を支援する、公共図書館の実践である。春学期の事前学習で出会った長島先生の著書で、上田自由大学での講師経験をもつ中田邦造がのちに図書館長として農村や工場で働く青少年に読書指導を行っていたことを知った。文字が読めても本を読み通すことが困難な人々が、読書と小集団での対話を繰り返す相互教育によって読書習慣をつけていく中田の方法は、現代の公共図書館で行われている英語読書の支援と共通するものがある。現在関心を持っている中田という人物と、その読書による自己教育論に出会えたのも、100周年記念集会があったからなのである。

自由大学から考える学習のあり方

早稲田大学大学院文学研究科修士課程２年
齋藤 柚香

自由大学運動100周年記念集会は、学習の捉え方を見直すきっかけとなった。本集会で学んだ自由大学設立の背景やその教育内容をもとに、学習をする場所と期間、その内容という視点から、改めて学習について考えてみた。

まず、学習をする場所と期間について、私たちは学習を学校で行うものであり、学校卒業後には触れなくなるものだと考える傾向が強いと感じる。例えば、私が大学院に進学する際、大学卒業後に就職する知人から「勉強を続けるなんてすごいね。まだ勉強するなんて私には考えられない」と言われたことが何度かある。このように、学習をする場所といえば学校がイメージされ、学校を卒業すれば「学び終わり」であるかのように捉えられがちである。しかし、土田杏村は自由大学の教育を「終生的」なものであり、「自学的」な方法で「自治的な」施設において行われると述べている。この杏村の教育思想から、学習とは生涯続くものであり「学び終わり」などなく、学校の中で受け身な姿勢で行うのではなく自ら進んで創り出すものなのだと考えた。

続いて、学習の内容についてである。私は高校生の探究学習に関わった経験があるが、その学習内容は、個人の関心を追究して完結するものか、学習者自身の関心があまりないにもかかわらず周囲の勧めで社会課題をテーマとして扱うものが多いと感じる。前者について、個人の関心から探究が始まるのは素晴らしいことであるが、そこで得た学びをもとに他者とつながり、社会の創り手となる段階に至らずに学びが完結するのはもったいないと感じる。後者について、内発的動機がないまま社会について学んでも、自分ごと化されずにかえって社会への関心が削がれてしまうと考える。このような、個人の関心を基点に学んで成長することと、社会をより良く創造するために成長することが両立されない学習のあり方に違和感を抱いていた。一方、自由大学の教育は、それぞれの人が持つ能力を個性的に伸ばすと同時に「社会的創造への参画」を目的としており、個人と社会を二者択一では捉えていない。こうした捉え方は、現代の学習において個人と社会をつなぐためにも重要であり、それができる学習のあり方を探究していくことが求められるのではないか。

以上のように、本集会を経て学習の捉え方を再考した。現代社会は予測困難であるからこそ、あるべき学習や教育について、国内外の先進的な実践を参照したり未来に視点を置いたりして議論することが多いように思う。しかし、本集会への参加を通じて、自由大学のように歴史のある実践からヒントを得て現代の学習や教育のあり方を考えることもまた、重要であり意義が大きいと実感した。

自由大学運動の精神に触れて

早稲田大学大学院文学研究科修士課程２年
鈴木 晴名

ここでは、「自由大学運動100周年記念集会」開催に向けた準備期間で特に印象に残っていること、そこから得た学びについて書く。

10月末に集会が開かれるというお話を伺ったのは同年６月のことで、７月には実行委員の一員として会議に参加し、広報に使用するプログラムデザインの作成の役割をいただいた。社会教育を学び始めてから日が浅い私ではあるが、村田ゼミで、いくつかの文献を通して、自由大学運動について学ぶ機会があった。自由大学運動とは、地域で働く民衆が、自らの力で、生涯学ぶことを目的とした大学を創造する運動であること、そこで行われていた学びの中核には自己教育の精神があり、制約や評価にさらされることなく自由な対話を通して、結果として社会に参画する営みであるということを知った。

現代の学歴至上主義的な教育の中で、私は、わかりやすくノートを取り、たとえば歴史の授業では、詳細な年号を語呂合わせで覚え、試験が終わったらすぐに忘れてしまうということを繰り返してきた。そのような教育の中で、歴史的な出来事はどこか他人事であった。しかし、自由大学運動は、主体的で自由な学びを追い求めて社会教育という学問にたどり着いた私にとって、全く他人事ではなかったことがわかった。

７月の中旬には、村田ゼミに、大槻宏樹先生が講義に来てくださった。私は100周年記念集会にふさわしいプログラムを作成するために、自由大学運動についてさらに深く学びたいと思っていた。大槻先生が講義をしてくださった中で、最も印象に残ることがある。それは、伊那自由大学の聴講生であり、のちに旧大下條村村長となった佐々木忠綱が、満州開拓に抵抗したというお話である。戦争中、村長として失言であると周囲に言われながらも、出征兵士に対し送った「お前！絶対死ぬなよ！」という言葉を、私は忘れることができない。大槻先生はこの言葉に、自由大学運動の芯があるとお話くださった。どんな状況でも、自分の目で見て、自分の頭で考えて、行動するということが、大きな意味を持っていることを確認できた。

８月の頭に、プログラムデザインが完成した。表紙には谷川徹三の「哲学史概説」を聴講した佐々木忠綱のノートを使用した。 最初は、大槻先生から拝借した自由大学雑誌の第一号の写真や、自由大学運動にかかわった人物の写真をコラージュしてみたのだが、うまくいかなかった。大槻先生にご相談をさせていただきながら、試行錯誤する中で、佐々木忠綱の癖字が模様のように見えることを発見した。ノートの中身は解読できないのだけれど、きっと綺麗に板書することが目的ではないそのノートから、佐々木忠綱の学びへの熱や意欲が溢れ出ているように感じられた。

また、プログラムの中面には上田自由大学で文学論の講義をしていた高倉輝の文章そのものを掲載するように 、大槻先生からご指示があった。90歳を超えた高倉輝は「私は自由大学から頼まれて教える役割をしたんですが、実際は自由大学から教わったんです。」と、当時を振り返っている。私はこれまで、常に「大人が教える・子どもが教えられる」という関係の中で、学んできた。だから、この高倉輝の言葉は私の学びに対する考え方を大きく変えるものであった。

このように、集会が開催されるまでの間、プログラムを作成しながら自由大学運動の精神に触れ、これから生きていく上で大切な学びをいくつも得た。私は、大学院を卒業し、年を重ねても、主体的に学び続けることができると、知ることができたことをとても嬉しく思っている。

学びの醍醐味とは
―自由大学運動100年周年記念集会への参加を通しての一考察

早稲田大学文学研究科修士課程1年
平野 叶大

大正期において、学ぶことに対する並々ならぬ情熱を有して、農村青年たちが「自由大学」として学びの場を作った歴史があったということに大変感銘を受けた。哲学や文学、倫理学、心理学、論理学、さらには社会学や政治学など幅広い学問の講座が用意されていたということも興味深い。

ところで、現代の私たちは何のために学ぶのかという大目的をしばしば見失いがちではないだろうか。あくまでも私の感覚であるが、昨今学びという営みが、高校や大学受験に合格するため、仕事に就くのに必要な資格を得るためといった、あくまでも個人の立身出世や実利主義的な価値観に基づいて為される行動として捉えられることが多い気がしている。個人の学ぼうという動機が、外在的(或いは他律的と言っても良いかもしれない)に発せられるものと化しており、本人の自律的な学びに対する欲求から発せられるものではなくなっていることが多いと感じる。学ぶことが立身出世のための苦行としてしなければならないものとして人々に脅迫的にとらえられている現状にはしばしば危機感すら覚えることがある。

社会機能を支える専門性を養うという意味では、外在的な目的において為される学びも決して軽視されるべきものではない。しかし、能力主義に支えられる外在的な要因が取り払われた時、こうした「学び」に慣れ過ぎてしまった人々は、果たして自ら学びの営みを続けようとするだろうか。

さて、ベタな例を出して大変恐縮であるが、アイザック・ニュートンが万有引力の法則を見つけたきっかけが、彼の「リンゴはなぜ木から落ちるのか?」といった素朴な疑問であったというエピソードは彼が学びの実践者であったことを物語っている。このように、本来の営みとしての学びとは、受験や資格など外在的な要素の仲介の有無に関わらず、その学習者の何らかの事象に対する疑問・興味関心やおかしいと思う問題意識に基づいて、自ずから行われる行為であると私は考えている。こうした学びを追求して事象の真理を明らかにしていく学習者の姿勢が、社会の問題の構造や人々の疑問や不安、問題意識の解決に大きく寄与することに繋がるはずだ。

また忘れずに断っておきたいことだが、学びとは必ずしも1人でなされるものではなく、複数人が集って意見交換を通して深められていく営みでもあると思う。1人では思いもよらない視点からの考えに出会う経験、また学びのコミュニティで出会う他者との人間関係を構築する経験を通して、人は精神的にも豊かに陶冶されていく。こうした社会性の獲得も、学びの醍醐味ではなかろうか。

以上が、農村地域に自由大学を組織して学ぼうという強い意志を持っていた大正期の青年たちの姿勢を踏まえて、私が改めて自分の中で整理した学習観である。このような学習観を大事に、今後の研究活動に取り組んでいきたいと考える今日この頃だ。

自由大学運動 100 周年記念集会に参加して

早稲田大学文学部 4 年
古市 祈

私は早稲田大学文学部にて日本史を専攻しています。今回、村田晶子先生から執筆のお声がけをいただき、僭越ながら記念集会参加について記したいと思います。

そもそも、今回の記念集会への参加は偶然の産物でした。早稲田大学戸山キャンパスに掲示されている立て看板を見て、「なんとなくおもしろそうな気がする」という思いを抱き、直感だけで記念集会に参加してしまいました。もとから日本教育史に対する関心はあったものの、言うなれば私は自由大学運動について無学無識の門外漢です。正装に身を包んだ方々による会場の厳かな雰囲気を目の当たりにし、ジーパン姿の私は「場違い者になってしまった」と不安に包まれてしまいました。

しかし始まってしまうと私の心配をかき消すほど報告内容がとても興味深く、記念集会は自由大学運動に関する学習意欲を掻き立てる会でした。特に青年の自己教育という運動の側面に着目すると、現在の大学生との違いに驚きを禁じ得ません。個人によってだいぶ実態が異なるので一概には述べられませんが、今の学生は学びへの意欲が低いように感じます。オンデマンド授業は倍速視聴、授業中は先生の話を耳から耳へ流しながら内職活動、ゼミ形式の演習授業の質問時にわざわざ挙手する学生は片手で足りる人数です。批判的に述べましたが、懺悔すると私も多くの学生の 1 人です。自由大学運動から 100 年後、学業・大学は私たち学生にとってもはや目的ではなく手段にすぎません。

それではなぜ、1920 年代の農村青年たちは自己教育を求めたのでしょうか。さらに述べると、自己教育を求めることができたのでしょうか。自由大学運動が成立した時代背景について、さらに探ってみたいと思いました。大槻宏樹先生が最後に話されていましたが、現在問われている「大学とは何か」「なぜ人は学ぶのか」という問いに対して、自由大学運動は 1 つの解を提示しているように考えられます。

少し話が脱線しますが、最近私は、自由大学運動と同時期に夜間中学が拡大していることに着目しています。就学難の緩和という目的も考慮する必要がありますが、卒業後に資格・特典を付与できずとも昼に働き夜に学ぶ生徒を集めた夜間中学と、民衆自己教育を掲げた自由大学運動。教育を施す側からの運動と教育を受ける側からの運動という相違点はあるものの、どこか通じる部分もあるように感じています。ただの思いつきで検討の余地は多分にあるので、これは今後の課題にしたいと思います。

今回の記念集会に参加して、教育史・教育学・研究・学問の熱を感じ、学ぶことがこんなにもおもしろかったのかということを発見したような気がします。また私事で恐縮ですが、この集会参加をきっかけに、もう少し自身の専門（「師範型」問題や師範教育）を深めたいという所感を抱き、大学院に進学することを決意しました。自由大学運動 100 周年記念集会は、私にとって自由大学運動そのものだったのかもしれません。とても刺激的な一日でした。ありがとうございました。

平和のための学習

立正大学名誉教授
藤田 秀雄

いま、日本の成人の学習に、もっとも必要な学習は、平和のための学習であると考える。

ウクライナ戦争はつづき、今後、この戦争への、直接･間接の加担がますます求められようとしている。台湾問題が、中国との戦争にすすめば、沖縄の米軍が出動し、日中戦争へと向う可能性もある。

こういう時に、事態を冷静にとらえ、平和のための努力をすることは、成人のまぬがれない義務であると考える。

「平和」とは、ただ、戦争がない状態をいうのでなく、「構造的暴力」といわれる、貧困や人権抑圧もない状態をいう。戦争になれば、貧困・人権抑圧は、多くの場合、生ずるものである。しかし、ここでは、とくに、戦争の問題に焦点をあてて、平和のための学習の内容や方法を明らかにしたい。

1　戦争体験者からの聞きとり学習

いま、もっとも急いでおこなうべきことは、戦争体験者からの戦争体験の聞きとり学習であると思う。戦争体験がどんなものであったか、ヒロシマ・ナガサキをはじめとして、日本各地への空爆体験、沖縄戦の実相を知ることは平和学習の基礎である。

これをおこなうのが、急務であるというのは、体験者が、年々少なくなっているからである。戦争時、中学生や高等女学生であったものは、90才以上になっている。いま各地で体験者をさがしだし、語ってもらう機会をつくり、その話を記録する活動をおこなうのは急務である。

ただし、体験を聞きとる場合に、その体験が、今後の戦争のイメージに、そのまま生かせないものがあることに注意を払うべきであろう。

たとえば、戦時下の食料難は、きわめて深刻であった。しかし、今後、日本が戦争に突入すれば、日本人の食料難は、かつての状態をしのぐ、飢餓状態になるであろう。当時より、日本の食料自給率は、はるかに少なくなっているからである。

また、核兵器による被害を考える場合、われわれは、ヒロシマ・ナガサキの経験をイメージするが、いまは、もはや、原爆の時代ではなくなっている。核爆弾といえば、それは水爆であり、その威力は、破壊力でいえば、約1000倍といわれる。

2　日本近現代史学習

日本の学校では、日本の近現代史をほとんど教えていない。この点について、わたしが大学教師の時代、いつも、学年はじめに、学生に聞いたところ、明治維新か、明治のはじめまでしか扱われていない。

たとえば、日本と中国との過去の関係がどうであったかを知らないで、日中関係の将来を展望することはできない。ただし、出版されている日本近現代史の本の多くは、日本の国内の政治史であり、他の国ぐにとの関係史は、かならずしも明らかにされていない。日本近現代史の学習は、平和学習に欠かせないが、日本の対外関係史、戦争史と、日本の加害の歴史、戦争に抵抗した思想や行動に注目して学習することが求められる。

3　日本国憲法の学習

日本の、当面する最大の政治課題は憲法改定問題である。平和憲法が、戦争をおこなう日本の憲法に改定されようとしている。

しかし、日本の学校教育では、ほとんど日本国憲法について教えられていない。中学・高校の教育で、憲法が扱われていても、多くの場合、前文のみか、天皇の条項までしか教えられず、第九条にまで及ぶ例は、きわめてまれである。

したがって、憲法を知らないまま、憲法改定の国民投票がおこなわれようとしている。全国民的な憲法学習をおこなうことは、当面する平和学習の重要課題である。

4　プロパガンダ学習

「戦争の最初のぎせい者は､真実である」ということばがある。戦争のほとんどの場合､フェイク･ニュースがつくられ、宣伝される。

日本の侵略戦争の場合でいえば、足かけ15年の戦争の発端となった1931年の柳条湖事件をおこしたのが、日本の関東軍であったのに、中国軍のしわざといつわり、日本軍が攻撃をおこなった。このプロパガンダは、日本の敗戦時まで、日本国民に伝えられ、国民はだまされた。日本の新聞･ラジオは、連日、「大本営発表」のフェイク・ニュースをそのまま伝えつづけた。

ベトナム戦争時、アメリカは、アメリカ軍艦に対し、ベトナム軍が攻撃したというトンキン湾事件をつくりあげ、これを口実に、ベトナム戦争をすすめた。イラク戦争開始時、アメリカは「油まみれの海鳥」の写真を世界にながして、それがイラクによるものと宣伝した。また、イラクでは、保育器から乳児が放り出されているというフェイク・ニュースを流して、世界の反イラク感情をつくりあげた。

このような、外交・戦争にかかわるフェイク・ニュースにまどわされない批判的思考を身につけることは、平和にとって、きわめて重要である。

5　日米安保体制の学習

日本の戦争と平和にとって、もっとも関係が深いのは、日米安保体制である。日米安保体制とは、日米安保条約、日米地位協定、これらに関係する日米共同宣言、日本防衛のガイドライン、日米間の密約、「思いやり予算」、日本の防衛計画と防衛予算の全体である。

日米安保体制は、1960年の改定以降、変化してきた。1978年以降は、アメリカの戦争への自衛隊の協力がすすめられている。1996年の日米安保共同宣言や1997年の「日米防衛協力の指針」で、自衛隊の加担が要求された。

さらに、2022年12月16日、岸田政権は、国会審議もおこなわず、閣議決定で、「安保三文書」を定め、翌年1月13日、岸田首相は訪米して、バイデン米大統領とのあいだで共同声明が発表され、両国外相・防衛相のあいだで、「2＋2合意」もかわされた。その結果、「安保三文書」は、戦争への道を切り開く、画期的な日米安保体制の文書となった。

その主要な点は、第1に、中国を想定敵国と見立てることが両国の共通政策となった。日米安保は、もともと日本防衛のものであり、その見返りに基地を米軍に提供するものであったが、「臨戦化安保」にふみきったのである。

第2には、「敵基地攻撃能力」の正当化である。従来、日本の防衛は、敵の侵攻を阻止するためのものであり、それ以上に、敵地の陣地の攻撃はみとめていなかった。したがって、たとえば、自衛隊の航空機が空中給油能力をもつことはおさえられた。このような「自衛」の限界が、この文書によって破られることになったのである。「専守防衛」の原則の放棄であり、日本国憲法の平和条項をふみにじるものである。

第3に、大軍拡を定めた。この時期以前から、アメリカ政府は、日本の「防衛費」の大幅な増額とアメリカ軍需産業の武器購入を要求してきた。岸田政権は、この要求にこたえ、「防衛費」をＧＤＰ1%から2%へ、すなわち、2023年度から5年間で、43兆円にふやすことをきめた。これによって、日本の「防衛費」は世界の軍事費のなかで、第3位になるという。大軍拡は、国民の生活をそれだけ圧迫することになるばかりでなく、軍事的緊張を高める。

日本の平和学習は、このような憲法無視の暴挙を阻止する力を生み、育てていかなければならない。

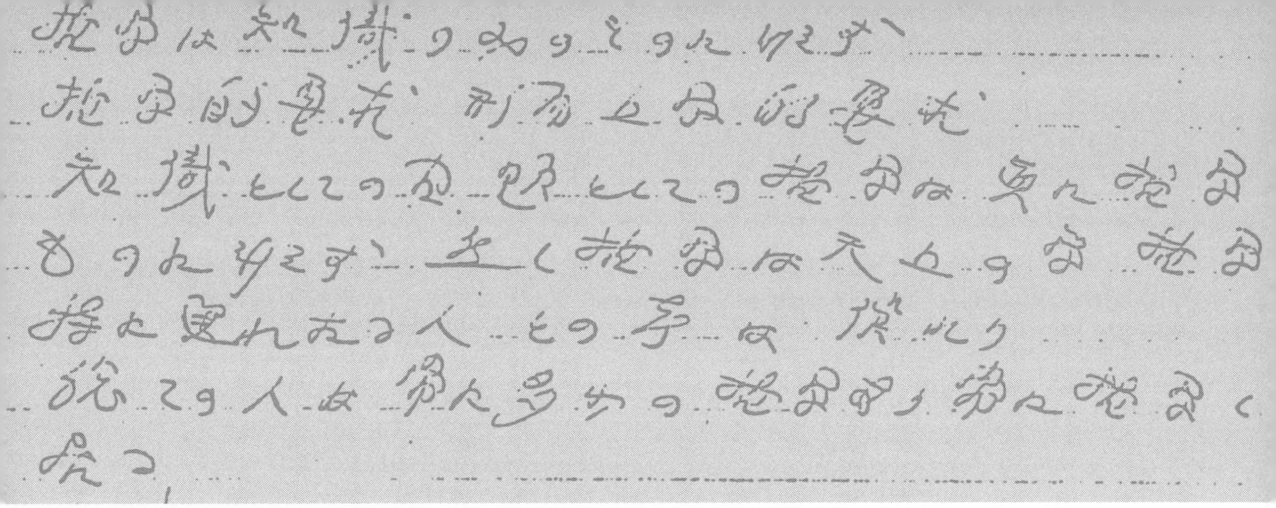

Ⅲ　自由大学運動関係基本資料

「信濃自由大学趣意書」（自由大学研究会『自由大学運動と現代』1983年、信州白樺）
「自由大学協会規約」（同前）
「伊那自由大学千代村支部設立趣旨書」（同前）
「信南自由大学設立趣旨書」
「自由大学講座一覧」（『自由大学運動と現代』）
「自由大学雑誌」第一巻第一号「表紙」大正１４年１月
土田杏村「自由大学へ」（同前）
『文化』創刊号・大正８年（慶応義塾大学図書館蔵）
「神川」第二号・大正14年1月1日、第三号・大正14年3月20日
「上田自由大学再建の趣旨」（大槻宏樹『山越脩蔵選集』2002年、前野書店）
「上田自由大学創立準備案」（同前）
Eden & Ceder Paul “Proletcult”, Leonard Parsons, 1921
「自由大学運動60周年記念集会への御案内」1981年10月31日、11月1日
『自由大学運動と現代』「表紙」「目次」
『自由大学運動60周年記念誌・別冊２』「表紙」「目次」
「自由大学運動90周年ご案内・プログラム」2011年11月5日
『自由大学運動の遺産と継承』「表紙」「目次」
「自由大学運動100年記念フォーラムへのお誘い」（上田集会）
「自由大学運動100周年記念集会」（東京集会）

信濃自由大学趣意書

設立の趣意

学問の中央集権的傾向を打破し、地方一般の民衆が其の産業に従事しつつ、自由に大学教育を受くる機会を得んが為めに、総合長期の講座を開き、主として文化学的研究を為し、何人にも公開する事を目的と致しますが、従来の夏期講習等に於ける如く断片短期的の研究となる事無く統一連続的の研究に努め、且つ開講時以外に於ける会員の自学自習の指導にも関与する事を努めます。

組　織

一、講座の種類

哲　学　　哲学史　　倫理学　　美　学
社会学　　心理学　　宗教学　　教育学
文学概論　　法　学　　経済学　　社会政策

講座は此れを総合的とし、聴講は此れを完全に聴講する事によつて統一的に文化学的研究をなすを得る様に致しますが場合によつてはその講座を選定して聴講する事も許します。

二、開講の時期

聴講生の産業を顧慮して大体次の如く開講します。

十月、十一月、十二月、一月、二月、三月、四月、以上各月の十日以内を一講座の連続開講時期とし、その講義を翌年度に延長します。

三、自学自習

講座の開かれて居ない時間の聴講生の自学自習を尊重し、此れが指導に適当の方策を講じます。

四、講座の年限

一講座は三年乃至四年を以て終ることにします。

五、短期講習

長期連続の講座の外に、別に短期に完結する数講座を並行した講習会を開く事もあります。

経　費

自由大学経営の経費は聴講料と及び寄附金を以て此れに充てます。

聴　講　生

講義を理解し得る各自の自信に信頼して、聴講生の資格に一切の制限を置かず、且つ男たると女たるとを問いません。単に申込を以て聴講生の資格を得ます。

役　員

一、講師　自由大学の趣旨に賛せられ講座担当を諾せられた学者に講師たることを嘱托致します。

二、理事　自由大学経営に関する一切の事務を担当致します。

三、委員　自由大学経営に関する主要の事務を協議します。

四、顧問　自由大学の趣旨に賛せられ、その経営に声援を与えらるる諸士に顧問たることを依頼致します。

計　画

本年十月より開講し、同学年度中に少くも三乃至五講座を開講し、翌学年度より更にその数を増加する運びに致したいと思います。

経費の一部を蓄積して、将来講師の自由に宿泊できる宿舎を設け以て講師と聴講生との関係の密接を計り、更らに講義のための校舎をも設備するに至りたい予定です。

尚この自由大学運動を全国に波及して、到る処にその設備を見、以て地方文化の程度を著しく向上せしめんが為めに、全国の青年と提携することを努めます。

大正十年七月　日長野県上田市横町（猪坂直一方）

信　濃　自　由　大　学　事　務　所

自由大学協会規約

一、目　的

一、本会は自由大学協会と称する

二、本会は独立せる各自由大学の共通問題を共同的に処理し、其の事務の連絡と統一とを得、更に自由大学運動を全国的に派及する様努力することを以て目的とする

二、組　織

三、本会は各自由大学の背景に立ち、各自由大学を離れては其の機能を発揮することの出来ないものであるから、独立した一個の団体であるもの丶、原則として各自由大学の活動と組織とを拘束しない

三、会　員

四、各自由大学の会員及び自由大学運動の精神に賛成するものは、何人も本会の会員となることが出来る

五、本会の目的に反する行為ある会員には幹事会の決議により退会を命ずる事がある

四、役員及会議

六、本会の役員は次の如くである

委員、若干名、各自由大学の委員を直ちに此れに充て、其の数は各自由大学に含まれる本会会員数に対して按分比例を保つを原則とするも、当分は此の条項の規定に捕はれないこと丶する

幹事、各自由大学につき二名以内、前記委員の互選を以て選ばれたものと、其等の幹事の会議により、委員及び講師中より推薦せられたもの数名を以てなる

専務幹事、幹事会により、其の年度内事務所の所在地と定められた土地の幹事一名は、専務幹事となる

七、役員の任期はすべて一ヶ年であるが、再選せられるを妨げない

八、委員分会は各自由大学につき臨時に開かれる、其の自由大学の幹事は委員分会を招集し、其の意見を代表する

必要に応じては、幹事会は委員総会を招集する

必要に応じては、幹事会は会員総会を開くことがある

幹事会は毎年少くも、一回何れかの大学の所在地において開かれる

専務幹事は幹事会の開かれて居ない期間の会務を処理する

但し重要用務は各幹事に其の意見を尋ねた後これを処理するを原則とする

専務幹事は各幹事に口頭又は書信を以て意見を尋ね、其の多数の意見を取り、此れを幹事会の決議となすことが出来る

専務幹事は有給とし、其他役員は無給とする

五、会費及会計

九、本会の経費は会費及び寄附金により支持せられる

一〇、会員は、毎年会費として一圓五十銭を負担する、此れが徴集は、各自由大学に所属する会員に就ては其地の幹事此れが責に任じ、然らざるものに就ては専務幹事此れが事務にあたる

一一、寄附金の受理並びに其れの処分は幹事会によつて決せられる

一二、一年一回会員に向つて会務及び会計の報告をする

六、事　業

一三、各自由大学の活動を助ける為に諸種の方策を講ずることは、本会の事業の主たるものである

一四、毎月一回会誌を発行する、会誌は会員に対しては無代配布する、会誌の編輯には専務幹事其の任にあたるが、専務幹事其の事務煩多なる場合は、幹事会に諮り幹事中の一名又は数名に其の編輯を委嘱することが出来る

一五、パンフレット、講義録、図書を発行し、講演会を開くことがある

七、講　師

一六、各自由大学の講師は、原則として本会の名を以て委嘱する

一七、本会の委嘱した講師による各自由大学の講義の題目、順序等は幹事会により打ち合せられる

八、附　則

一八、本会に参加した自由大学は、上田自由大学、伊那自由大学、魚沼自由大学、八海自由大学及松本自由大学の五つである

一九、本会の事務所は此れを上田自由大学内に置く

（『自由大学雑誌』第一巻第一号、大正十四年一月）

伊那自由大学千代村支部設立趣旨書

　吾々は農村生活者として暗い宿命で今鉛の如きかの如く重々しく感してものうげに生てゐる、まことに今日の百姓程無意義なものはあるまい。しかもその生活は明日は吾々がそのまゝ承けつぐべきものがあり明后日はまた吾々が吾々の子にそのまゝ承げつがさなければならない止むなき一つの流れである。吾々のもってゐる生活と云ふ意味は最も抵い意味の居（ママ）食住をつゞけると云ふことにだけしか外ならない　換言すれば、吾々は物質的な意味に於ての其の日暮しを繰り返してゐるのであって精神的な意味の生活と云ふものは全く持ってゐないと云ふ有様である。従ってこの生活は吾々の精神を愚鈍ならしめ非科学的ならしめ遂には人間的な色を全く塗りつぶして牛馬同様な暗澹たる生活に吾々を歩かしめてゐる。

　吾々は長い間の此の生活の殻を破って新に吾々の生活を築きあげねばならない。晴れたる蒼空の下で自らの生活に意義を感じ健康なる百姓として快活に働き得る理想社会を作りあげねばならない　恐らくこれは吾々と同じ環境にある人々の長い間の希求であったろう　では何故その間の万人の共通な希求は実現されなかったのか　社会的関係　経済的環境、そうゆう要因の最も大きなものとして吾々は一つの事に就て述べたい。それは当然果されなければならなくて果されなかった一つの重要な仕事が残されてゐると云ふ事である　其の道をさへ吾々が突進したら　その仕事をさへ果したなら吾々は必ずもっと吾々の理想に近い生活を今日もつ事が出来たであろう　一つの路―それは教育の仕事である　自我教育の大業である吾々の生活の底を流れてゐる一つの力―それが教育である　吾々はその根底的な力に関して不注意ではなかったろうか　試に吾々の持ってゐる教育を反省して見よう。小学校教育は補習教育は概念的なパンフレットはどれだけ吾々を教育したか　吾々が社会を構成して行く為の人格識見をどれだけ作ったか、経済的関係の批判力をいつ与へたか　吾々は科学の時代に生てゐると云ふが果して吾々はどれだけの科学を攫んでゐるか　誠に吾々は昔乍らに無智無恥なる生活者の悲哀を感じずにはゐられない、真実の人間を作る為に真実の社会を作る為に吾々は早く忘れられた路標を在（ママ）て、只管教育の道を進んで行かねばならない、しかも中央集権〔的―欠落カ〕な今日の時代は都市中心の文化組織であって教育の上に於ても吾々の欲する機関は全く無いと云ってよい状態である　かくの如き時代にあって吾々の希求を代表する一つの教育運動がこの六七年前から日本の中央―信州を中心として全国的に拡りつゝある　即ちこれが自由大学運動である　伊那地方に於ても大正十二年末より伊那自由大学が設立され爾来幾多の困難と闘ひて営々として所期の目的を果すべく底力強く自由大学運動の一角に旗指（ママ）をなびかせてゐる　其処では現代日本の新進学者の粋をあつめたと云ってよい講師が哲学、経済学、社会学、文学、生理学と其々の精粋を担任して年数回の講座を飯田で開いて来た　将来社会の黎明を吾々はその貧しき教育の窓から感受した　講座の度毎に吾々は吾々の無智に戦慄し新に展開する視野に驚異の眼を開き何とも知れない腹底の力を受けて帰った　此の四年間の自由大学へ集る人々を見て如何に教育の力が吾々の人間に影響するかと云ふ事実を吾々は思はずにはゐられない　いつか知らぬ間に吾々は其れ以前と違った吾々を発見した　自由大学の斯の如き特質を吾々が理解すればするだけ深い物足りなさが吾々をおそった　それは自由大学がもっと徹底的に普遍化されねばならない事を感じたからである　例へば千代村の青年会員が昼間の労働の傍ら斯の如き自我教育の時間を持たなければ駄目だと云ふような考へ方が吾々の心を動かしたのである　一つの吾々の心に燃え揚った炎は遂に今日次の様な伊那自由大学千代村支部を作らせるに至った　吾々は此の冬より毎年一ヶ月間の講座を経済学　社会学　哲学　生理学　文学等々数ヶ年に亘って計画をたて総合大学的な教育組織を作る、これ以外に自由大学の講師の来伊を機として講演会講習会を開く　又吾々の仕事と最も密接不可離な関係にある補習学校、図書館等の理想的改革に努力する　又一月一回研究会を開いて社会現象の批判解剖を試み自らの啓蒙に努めよう。この研究会には軈て二三年の後には経済学社会学等専問（ママ）的な研究を発表する会員の出て来るのを吾々は期待してゐる　或いは又千代村の経済統計などが作られ現実的な生産関係に碑益する事も出来なければならない　斯の如き集団が出来てこそ初めて吾々の正しき生活が指示される事を吾々は信ずる。

　二十六才になって青年会を脱ければ去勢された馬の如く昨日の理想を捨て、望み絶え暗澹たる百姓の宿命を背負ってこの習慣的な惰力的に全く反発しなくなってお互の不幸を形作る―今迄よく見るよな人間生活はなくならねばならない

　真理に忠実な正しき人間の社会生活が新千代村の黎明期を作るであらう　其の不断の鉄の如き意志と火の如き熱情ある同志の来り加らん事を切望せる所以である

一九二七・九、

伊那自由大学千代村支部

信南自由大学設立趣旨書　土田杏村

現在の教育制度によれば、学習の能力さえあるものならば、小学から中学、高等学校、大学と、何処までも高い教育を受ける事が出来る様になって居る。此の学校系統は、早く既に十七世紀に於て、コメニウスの創見したものであったが、彼の創見の趣旨とするところは、個人の稟賦を何処までも完全に伸長し、我々の持つたゞ一つの要求も其儘に萎縮させせられてはならないという事であった。然るに其後各国の制定した学校系統は、此の肝要なる趣旨を忘れ、其の創見した学校系統の形式だけを無批判的に踏襲する傾向を示した。いかにも制度の形式は、すべての民衆に教育の機会を与え、最高学府としての大学は其の門戸を何人にも開放して居るであろう、併しその教育を受る為めには、人は莫大の経済的資力を必要とする、其莫大なる教育費を持たないものは永遠に高い教育を受ける機会を持たず、結局高い教育は有資産者のみの持つ特権となるのである。

今や各国の教育はコメニウスの学校に帰らねばならぬ必要を痛感しはじめた、其の結果として、理論的には社会的教育の思潮が盛んとなって来るし、事実的には成人教育の運動が前世紀に比類の無い発達をしめした。そして、コメニウスの学校の本義から言えば、民衆が労働しつゝ学ぶ民衆大学、即ち我々の自由大学こそは教育の本流だと見られなければならぬことが、強く主張せられるに至った。

教育は僅かに二十年や三十年の年限内に済むものでは無い。我々の生産的労働が生涯に亘って為さねばならぬと同じ理を以って、教育は我々の生涯に亘って為される大事業である。教育により自己が無限に生長しつゝある事を除いて、生活の意義は無い、随って教育の期間が、人生の中の或る特定の時代にのみ限られ、其の教育期間には人はすべて農圃と工場とより離籍することは、不自然であると思う。我々は労働と教育との結合を第一に重要なるものと考える。マルクスは、幼年者の労働には必ずしも反対せず、其れにより労働と教育とが結び付けられ得るならば、却て悦ぶ可きことであるとさえした、我々は労働しつゝ学ぶ自由大学こそ、学校としての本義を発揮しつゝあるものと考える。自由大学は補習教育や大学拡張教育では無い。

我々の自由大学は、最も自由なる態度を以て思想の全体を研究して行きたい。併し教育は宣伝では無いから、我々の大学の教育は団体として特に資本主義的でも無ければまた社会主義的でも無い。講師の主張には種々の特色があろう。其等の批判を自分で決定し得る精神能力と教養を得ることが、我々の教育の眼目である。我々は飽くまでも其の自由を保留し得る為めに、すべての外的関係とは没交渉に進んで行きたい。我々の自由大学こそは、我々自身の方を以て、我々自身の中に建設した、最も堅固なる一の教育機関である。

『南信新聞』一九二三（大正一二）年一一月二三日

自由大学講座一覧

1. 信濃（上田）自由大学

学期	開講年月日	日数	講師	講座	聴講者数	会場
1	1921. 11. 1	7日間	恒藤恭	法律哲学	56名	上田市横町神職合議所
	1921. 12. 1	6日間	タカクラ・テル	文学論	68名	上田市横町神職合議所
	1922. 1. 22	7日間	出隆	哲学史	38名	上田市横町神職合議所
	1922. 2. 14	4日間	土田杏村	哲学概論	58名	上田市横町神職合議所
	1922. 3. 26	2日間	世良寿男	倫理学	35名	上田市横町神職合議所
	1922. 4. 2	5日間	大脇義一	心理学	31名	上田市横町神職合議所
2	1922. 10. 14	5日間	土田杏村	哲学概論	44名	上田市横町神職合議所
	1922. 11. 1	5日間	恒藤恭	法律哲学	47名	県蚕業取締所上田支所
	1922. 12. 5	5日間	タカクラ・テル	文学論	63名	県蚕業取締所上田支所
	1923. 2. 5	5日間	出隆	哲学史	50名	県蚕業取締所上田支所
	1923. 3. 9	5日間	山口正太郎	経済学	34名	県蚕業取締所上田支所
	1923. 4. 11	5日間	佐野勝也	宗教学	34名	県蚕業取締所上田支所
3	1923. 11. 5	6日間	中田邦造	哲学概論		県蚕業取締所上田支所
	1923. 11. 12	5日間	山口正太郎	経済思想史		県蚕業取締所上田支所
	1923. 12. 1	5日間	タカクラ・テル	文学論		県蚕業取締所上田支所
	1924. 3. 22	5日間	出隆	哲学史		県蚕業取締所上田支所
	1924. 3. 27	5日間	世良寿男	倫理学		
	1924. 4. 1	5日間	佐野勝也	宗教哲学		
4	1924. 10. 13	5日間	新明正道	社会学（概論）		上田市役所
	1924. 11. 3	5日間	今中次麿	政治学（国家論）		上田市役所
	1924, 11. 21	5日間	金子大栄	仏教概論		上田市役所
	1924. 12. 10	5日間	タカクラ・テル	文学論		上田市役所
	1925. 3. 21	5日間	波多野鼎	社会思想史		上田市役所
	1925. 3. 26	5日間	佐竹哲雄	哲学概論		上田市役所
5	1925. 11. 1	5日間	新明正道	社会学	21名	
	1925. 12. 1	5日間	タカクラ・テル	文学論（フランス文学）	30名	上田市役所
	1925. 1.		谷川徹三	哲学史		
	1926. 2.		中田邦造	哲学（西田哲学）		
	1926. 3.		金子大栄	仏教概論		
	1926. 3. 22	5日間	松沢兼人	社会政策		上田市役所
再建 1	1928. 3. 14	3日間	タカクラ・テル	日本文学研究	60名	上田図書館
	1928. 11. 19	3日間	三木清	経済学に於ける哲学的基礎	25名	上田市海野町公会堂
再建 2	1929. 12. 6	4日間	タカクラ・テル	日本文学研究	28名	上田市海野町公会堂
	1930. 1. 24	3日間	安田徳太郎	精神分析学	44名	上田市海野町公会堂

2．福島自由大学

開講年月日	日数	講師	講座	聴講者数	会場
1923. 1.		タカクラ・テル	文学論		

3．魚沼自由大学

開講年月日	日数	講師	講座	聴講者数	会場
魚沼夏季大学 1922. 8. 25	1日間	土田杏村	教育の基礎としての哲学	約300名	堀之内小学校
1923. 8. 6	3日間 1日間 3日間 1日間 1日間	タカクラ・テル タカクラ・テル 沖野岩三郎 山本宣治 中山晋平 山本宣治	近代思潮論 (婦人のための講演) 恋愛と家庭 (科外講演)宿命された る個人は如何にして自由を得べきか 性教育論 (科外講演)音楽実施指導 (婦人のための講演) 性の問題	約150名	堀之内小学校
1924. 8. 18	3日間	タカクラ・テル 由良哲次	文学論（ダンテ） 現代の哲学、特にナトルプについて	約100名	堀之内小学校
1925. 3. 17	3日間	富田砕花	アイルランド文学		堀之内小学校
1925. 12. 12	5日間	住谷悦治	社会思想史	約 40名	堀之内小学校
1927. 6. 25	2日間	今中次麿	政治学	約 50名	堀之内小学校

4．八海自由大学

開講年月日	日数	講師	講座	聴講者数	会場
1923. 12. 16	1日間	タカクラ・テル	(発会式講演) 文学概論		伊米ヶ崎小学校
1924. 2. 16	2日間	出隆	哲学史		伊米ヶ崎小学校
1924. 8. 1 8. 3	2日間 1日間	山口正太郎 野口雨情	経済学 童心芸術、童謡教育	約150名 約200名	浦佐村普光寺
1925. 3. 14	3日間	富田砕花	アイルランド文学		佐藤清之丞宅
1925. 8. 1	1日間	中山晋平 佐藤千夜子	(音楽講習会)	約150名	六日町小学校
1926. 12. 26	3日間	柳田謙十郎	リッカート　認識の対象概論		伊米ヶ崎小学校

5. 伊那自由大学

開講年月日	日数	講師	講座	聴講者数	会場
1924. 1. 8	5日間	山本宣治	人生生物学	73名	飯田町飯田小学校
24. 1. 28	5	タカクラ・テル	文学論	52	飯田町正永寺
24. 3. 4	5	水谷長三郎	唯物史観研究	27	飯田町天龍倶楽部
24. 3. 10	5	新明正道	社会学概論	32	〃 〃
24. 10. 21	5	山口正太郎	経済学	16	〃 〃
24. 12. 1	5	谷川徹三	哲学史	23	〃 〃
25. 1. 8	5	タカクラ・テル	文学論（ダンテ研究）	26	〃 〃
25. 3. 15	5	波多野鼎	社会思想史	24	〃 〃
25. 11. 7	5	新明正道	社会学(社会の観念について)	22	飯田町飯田小学校
25. 12. 5	5	谷川徹三	哲学史	24	〃 〃
26. 2. 3	4	タカクラ・テル	ダンテ研究（続講）	15	〃 〃
26. 2. 25	4	西村真次	人類学	16	〃 〃
26. 3. 11	5	佐竹哲雄	哲学概論	17	〃 〃
26. 11. 20	2	高橋亀吉	日本資本主義経済の研究	26	飯田町天龍倶楽部
27. 1. 12	3	谷川徹三	哲学史	10	飯田町飯田小学校
27. 3. 25	3	新明正道	近世日本社会史	12	〃 〃
27. 11. 15	5	今川尚	経済学原論		千代村米川公会堂
28. 11. 1	2	佐竹哲雄	哲学概論		飯田町飯田小学校
28. 12. 1	4	タカクラ・テル	日本民族史		
29. 2. 15	3	三木清	経済学の哲学的基礎		龍江村大願寺
29. 12. 12	3	藤田喜作	農村社会について		
29. 12. 20	3	タカクラ・テル	日本民族史研究		

6. 上伊那自由大学

開講年月日	日数	講師	講座	聴講者数	会場
1924. 9. 2		田中龍夫	（講演） 物質観の革命		伊那町小学校

7. 松本自由大学

開講年月日	日数	講師	講座	聴講者数	会場
1925. 1. 11	5日間	谷川徹三	哲学史	91名	松本商業会議所
1925. 2. 10	5日間	児玉達童	哲学概論	88名	松本商業会議所
1925. 3. 26	5日間	金子大栄	仏教概論	66名	松本商業会議所
1925. 4. 6	5日間	中島重	国家論	66名	松本商業会議所
1925. 4. 12	5日間	山口正太郎	経済学	44名	

8. 群馬自由大学

開講年月日	日数	講師	講座	聴講者数	会場
1926. 2. 6		~~今成~~ 谷川徹三	哲学概論	約5-60名	県立前橋男子師範学校
1926. 2. 23	4日間	タカクラ・テル	文学論		県立前橋男子師範学校
1926. 3. 18	5日間	西村真次	日本人類史		県立前橋男子師範学校
1926. 10. 19	5日間	今中次磨	政治学	約120名	県立前橋男子師範学校
1926. 12. 6	5日間	松沢兼人	経済学論		
1927. 1. 23	1日間	関口泰	（特別講座） 普選について		
1927. 3. 10	2日間	岩沢正作	石器時代の上毛に就て	29名	前橋図書館

9. 川口自由大学

開講年月日	日数	講師	講座	聴講者数	会場
1926. 10. 24	1日間	タカクラ・テル	文学論		西川口小学校
1927. 10. 9	1日間	タカクラ・テル	文学論	約70名	西川口小学校

自由大學雜誌

第一巻第一號

大正十四年一月發行

發行所　自由大學協會

自由大學へ

土田杏村

（一）

自由大學の會員諸君！悅べ、僕達の雜誌が出來た。恒藤君が自由大學さいう正體の知れないものの蓋を始めて上田で開けたのが大正十年の十一月、さうだ、自由大學の歷史にもそれからもう四週期が來た。そして此の四週期の歷史を記念するかのやうに、始めて僕達の雜誌が生れたのだ。日本で最初のプロレットカルトの雜誌だ。成人敎育の機關雜誌だ。此處は僕達の交誼場だ。科外研究室だ。そしてまた僕達ご同じ樣な爲事を此れから日本の何處かで始めようこする未知の友人達この交情倶樂部でもある。

此の雜誌の誕生ご共に、僕は三番叟役の論文か、其れごも「床の間」論文こいふ讀んでも讀まないでもよい飾りを書く事に、會から規定せられて居た。けれごももう其の三番叟論文は大概でよいこいふ氣がする。自由大學の趣旨を、僕は此れまで何度書いたか知れない。其れを知りたいものは何れかの自由大學から發行せられて居るパンフレットを見てくれ給へ。また本誌を此の創刊號だけ見る者もなかろうから、僕達のやつて居る事の報告が誌上に現れる時、其れで自然に知つてくれ給へ。雜誌の「自由大學」には、また其れに特有の爲事がある。こにかく僕達が現存の敎育制度なごこは沒交涉に、大膽に、新らしい敎育制度の途を自分達で創つて進んで行くのは嬉しい事だ。

（二）

日本の自由大學は何處の國の敎育機關の模倣でも無い。恐らくは現在でも自由大學の會員諸君の中には、此れこ類似の敎育機關が世界の何處かに存在する事を知らないで居るものがあらう。併しさうした人でも僕達の自由大學の目的こ爲事こだけははつきりこ知つて居る。自由大學は全く僕達會員の要求の中から出たものだ。其の組織、方法なご、此れ亦同じく僕達の事情に相應するやう、僕達によつて案出せられたものだ。其れは何處の國からの借り物でも無い。

僕達の自由大學に稍やおくれて東京には基督敎青年會の市民自由大學が生れた。僕は其處で或夏自由大學の精神に就ての話をしたが、其れはもう二三年前の事である。僕は其時始めてポオルの著書「プロレットカルト」を話したが、後の座談會で皆なが頻りにプロレットカルトの語を使つて議論して居るこ、をくれて來會した人達は「プロレットカルトつて何の事だい」なごこ質問したものだ。けれごも僕は其時、丁抹や獨逸の國民大學の事をまだ知つて居なかつたのはいさゝか氣耻かしい次第である。フォルクスホッホシユウレの語を、僕は其の會合で始めて市民自由大學の石田友治君から聞いた。けれども僕は其後まだ本當に詳しく國民大學の事を調べては見ない。其れに關しての文獻も僕の手許には一向無い。最近に文部省の督學官が獨逸における文獻の一々を詳しく解題してあるのを讀んで、全體の展望を得た事を悅んだ位のものである。其れ程僕達の自由大學は手製の國産品である。「自由大學」の名稱も亦上田の諸君の案出したもので、僕などの造語では無い。此んな名のものが外國にあるかどうかを僕は知らない。たゞタルドの著「社會法則」の序文にコレエジユ、リイブル、デ、シアンス、ソシアルの名が見えるから、「自由大學」の語は前世紀以來の持ち越しだといふ事を知つたが、其れも讀書の時偶然知つたといふだけで、佛國の「社會科學自由大學」がいかなる機關であるかを詳べて見た事もない。けれども僕達の爲事が丁抹や獨逸の國民大學とは精神に於ても氣慨に於ても、全く瓜二つなのには驚いて居る。

自由大學は惠まれた學校だ。先づ其の講師の顏觸れを見るがよい。關東關西の少壯學徒の粹を集めて居るでは無いか。此れまで每年來講してくれた人、此年から來講してくれる人、一寸考へて見たゞけでも其れは確にすばらしい勢揃ひだ。哲學及哲學史、出隆君、佐竹哲雄君、谷川徹三君、僕、宗敎哲學、佐野勝也君、佛敎概論、金子大榮君、倫理學、世良壽男君、心理學、大脇義一君、法律學、恒藤恭君、經濟學、山口正太郎君、水谷長三郎君、社會學及社會思想、新明正道君、波多野鼎君、政治學、吉野作造博士、今中次麿君、文學概論、高倉輝君、富田碎花君、生物學、山本宣治君――ざつと此れだけ勢揃ひとして見ても、何處に其んな俊秀揃ひの大學があるか。法文科大學といふものが雨後の筍の樣に出來てから，人氣のある敎授を集めるに骨が折れ二三の敎授の外は營養不良でともかくも旗揚げをしなければならなくなつた。だが今若し此れだけの勢揃ひで出來上つた法文科大學があるとしたら、其れこそは確に日本一の法文科大學だ。誰れが其れを否定しよう――

然るに其の光榮ある法文科大學が僕達の自由大學なのでは無いか。

僕達は此れからいろ〳〵の事を計畫し、實行して行きたい。さしあたつて特設せられた校舍や圖書館を欲しい。アスコブ國民大學やリスリング國民大學やの寫眞を見ると、僕達も其んな校舍が欲しくなる。なほ行く行くは、此の大學と他の經濟組合、例へば生産組合、消費組合などとの關係を密接なものにしたい。法文科、卽ち我々の文化學科以外の實科本位の自由大學をも創めたい。なほ行く〳〵は高等學校などの階梯を踏まず、自由大學を通つて何時でも、何年でも、在學の出來る、本當に民衆本位の單科大學をも創設したい。――そして我々は本當に學問を民衆のものとしたいのだ。學問を空氣の如く、水の如く我々の周圍に豐かにしたいのだ。今は學問の飢饉時代だ。學校は僕達に無緣の蜃氣樓だ。隨つて學問自身も亦、其の蜃氣樓の中で痩せ細り、一本立ちの出來ないものになつて居る。僕達は學校を救はう、學問を救はう。野蠻なる民衆の手、其れが何時も死にかけたものに生命を吹き込むのだ。

DIE KULTUR
文化
日本文化學院
創刊號

文化　第一巻第一號　目次

綱領

余輩は元來、余輩の所謂文化學の純理論的研究、並びに其れの歷史學的研究に志す一の學究者にして、又常に實行に着眼し、批評に沈思し、志士たるの襟度を捨てざらんと欲するものなり。今や世界の大勢と、特に我が國現時の混亂せる思想と生活とは、余輩をして切に其の後者の事業の急務なるを思はしむ。蓋し余輩は眞なる思想を愛す。しかもなほより以上に人間を愛せざるを得ざればなり。現時我が國に盛んなる文化批評の言論を見るに概ね此れに二類の謬想者あり。一は單に特殊文化科學の原理を應用して、此の生きたる全人生の價値問題を決定せんとし、其の背後に哲理より出でたる人生觀の體系を缺く政治學者、經濟學者、社會學者なり。他は嚴密學問としての哲學の素養を有するも、しかもなほ時勢批評の勇氣と着眼とを缺き、文化批評家の言論に哲學上の謬想あるを指摘するに止まりて、漫然彼等を冷笑し去らんとする哲學者なり。共に此れ思想問題を論ずるものゝ眼れる處置にあらずして何ぞ。蓋し前者は人間を愛することを知りて未だ思想を愛することを知らず、後者は思想を愛することを知りて未だ人間を愛することを知らざるの致すところにあらざるか否か。余輩は識乏しく見淺しと雖も、竊かに思ひを此處に潜むるもの、幸ひに大方の助力と奬勵とによりて、幾分なりとも此の兩者の長處を併せ、弊處を碎き得ば、欣幸此れに過ぎたるもの無からんとす。

余輩は民主主義者にもあらず、又社會主義者にもあらず。現時の狀勢に對應し、强いて余輩の執らんとする手段の方針に命名せば、或は此れを文化主義と名づけて可ならんか。

余輩は此の主張を一般に徹底せしめんとするに當り、先づ正面より斷定するの途を避けて側面より多くの有力なる思想家の正見を解説し、其の註解に口を借り、間々自身の見解を挿入することゝしたり。解説頗る平易に、補註懇切を極めたりと雖も、余輩の惡文、往々にして解し難きの章句無しと言ふべからず。大方の批正と指導とを得ば幸いなり。

若し其れ我が日本文化學院の事業に至りては、到底此の一月刊雜誌の刊行によりて滿足せらるべきものにあらず。余輩は始めより、頗る重大の目的を持して此れが創設に當りたるものなりと雖も、一未だ遂せずして既に十を望むべからず。こゝに黽勉努力して次第に其の初志を貫徹せんことを期す。しかも其の努力たるや、寧ろ余輩自身に於てよりも大方諸君子に於てより以上に大なる性質のものなり。此に學院將來の進路を懷ひ、三度大方の助力指導を懇請するもの也。

大正八年十二月一日

日本文化學院

---

(1) 文化主義とは何ぞ(一)

思想と實生活

我々は今『文化』といふ小冊子を刊行して、現今世界に喧しい文化の問題を解明し、世界人類の生活方針に誘導原理としての文化主義を高唱しようとする。其の刊行の趣旨の公表を兼ねて文化主義とは一體如何なる主張であるかを論評して見たい。

私の考へるところでは、一般に思想と實生活との距離の近接したこと、大戰後の今日の如き其の稀れなる一に數へらるべきであると思つて居る。こゝに思想といつたのは、或は適切には理想と言つてもよい。我々の頭腦の中で考へて、或は時に空想と呼ばれ狂想と嘲られた其の種の思想でさへも、今では單なる空想單なる狂想では無くなつた。其れは幾らでも我々の實生活に實現せられるプロバビリティイを持つ眞想となつた。實想となつた。昔し希臘の古へには、すべての現實を懷疑の中に葬つて了ひ、此の眼前の自然の如きも實は此の如きものが實在して

文化第一卷第一號內容

大正十四年一月一日　神川　第二號　(一)

神

卷頭言

山雨來生

『行けど行けどいたらぬ空をしたひつゝのぼるや人の心なるらむ。』得ては擲ち、擲ちては得、乗り越へのり超ひ精進す。吾人は須らく吾人を超越せざるべからず。生々發展、是人格の本質ならずや、努力創造、是人生の眞趣ならずや。

前途茫々意氣旺盛、少青年は最も有望なるも、徒に若きを傲り歳月を恃んで醉生すべきにあらず。老齢や先途短しと雖も、其の人全く無用にあらざらん、某々事に於ては却つて壯年者に勝る用なしとせず。ふところ手して慢然未來をたのむと、濫りに過去を悃悵して萎縮し去ると共に非なり。

日毎に輝く太陽の新しきを仰ぐべし、夜毎に光る星辰の美しきを望べし。年新にして、男女と言はず、老若と言はず、總べての人の一層其使命に新鋭なれ。

神川村に望む

『拜啓大變お寒くなりました、皆様益々御健

大正十四年三月廿日　神川　第三號　(一)

神

卷頭言

山雨來生

『人生は頂なき山の登山である。』張合のない事、つまらない事と力をぬかすかも知れない。併し頂があつてはお仕舞である。頂がないから無限の發達があるのだ。成長しても成長しても、成長しきれないから面白いのだ。永遠に新天地が開けて來るから意味深いのだ。人生が富士の山であつたらさぞ退屈な事だらう、富士の山ならまだしもそこらの丘か土手かであつたら厭世自殺者が百倍する事だらう、万倍する事だらう。

永遠に新しい旅路を行く事の出來る人生！

味つても味つても味へきれない無盡藏なる人生！

何と祝福された事だ。

道に就て

中村賢次郎

先回の「神川」に我神川村に望むてう諸子の名論卓説を見、諸士が如何に村の向上發展を望むの切なるものあるやに感激せり。予は一介の武辨否一田夫野人、學淺く文に嫺はずと雖も村の發達を望むに於いて敢へて人後に墜つるものに非ず。聊か所懐を述べて大方識者の共鳴を得んと欲

上田自由大学再建の趣旨

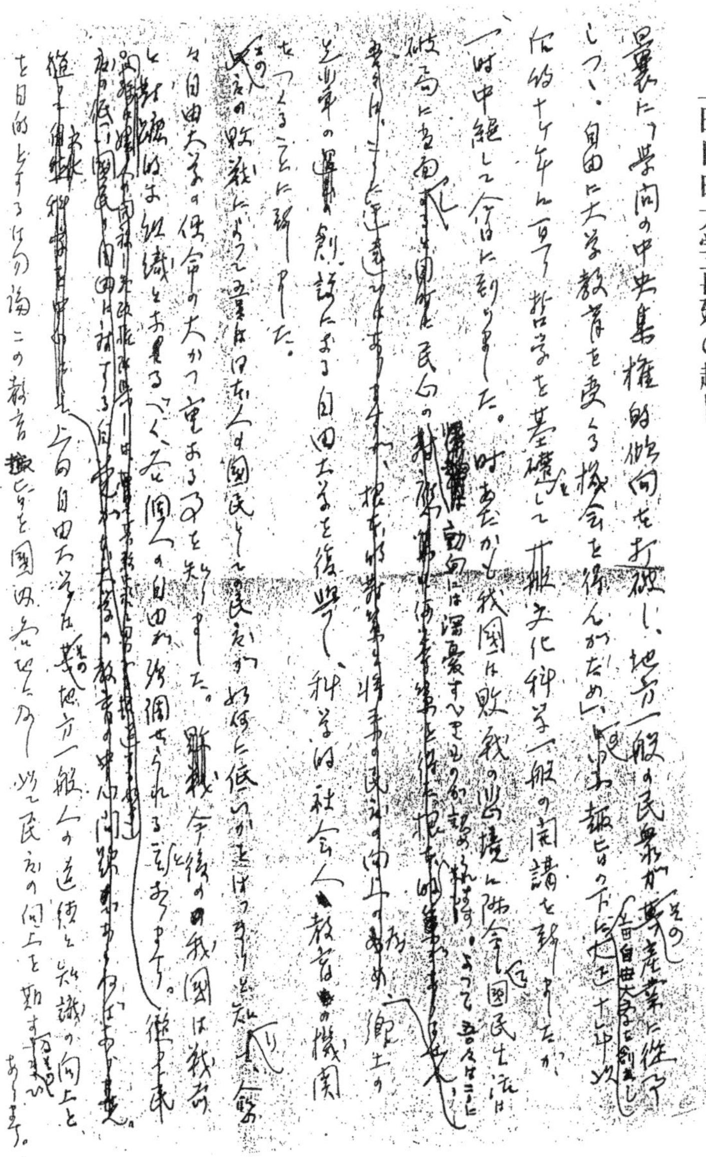
畏たる学問の中央集権的傾向を打破し、地方一般の民衆がその産業に従事しつゝ、自由に大学教育を受くる機会を得んがため、[illegible]趣旨の下に大正十年以来上田自由大学を創立し
約十ケ年に亘り哲学を基礎として一般文化科学一般の開講を継続したが、
一時中絶して今日に到りました。時あたかも我国は敗戦の悲境に陥り国民生活は[illegible]動向には深憂すべきものが認められます。よって吾々はここに
破局に当面し[illegible]民心の[illegible]
[illegible]
過半の[illegible]創設による自由大学を復興し、科学は社会人教育の機関
とすることに致しました。
[illegible]の敗戦によって吾人は日本人は国民としての民意が如何に低いかを[illegible]
自由大学の使命の大かつ重なることを知りました。[illegible]今後の我国は[illegible]
[illegible]
[illegible]
[illegible]地方一般人の道徳と知識の向上と
を目的とする[illegible]以て民衆の向上を期する[illegible]あります。

上田自由大学創立準備委

一、相談役

金井正、山越脩蔵、猪坂直一

堀込義雄、高倉先生

二、世話人

小岩井滋水　五十嵐、

山越完吾　清水実　高遠彦之助

馬場三九郎　中島弘爾　北川太郎吉

尾崎一雄　本村亨（荘亨）　[illegible]

三、相談役候補者

和村校長　塚田[illegible]勝　（和村）竹内誠治

武石〃　石川巌　（西塩田元助役）黒沢勝

上田市長青年学校長　内堀衛男　（滋野村）柳沢恰

西塩田校長　田中信義

浦里村長　内[illegible]

別所村長　南條三郎

上田師範　赤松新

殿城村　三井義雄

四、経費

会場費　三〇円

旅費　一〇

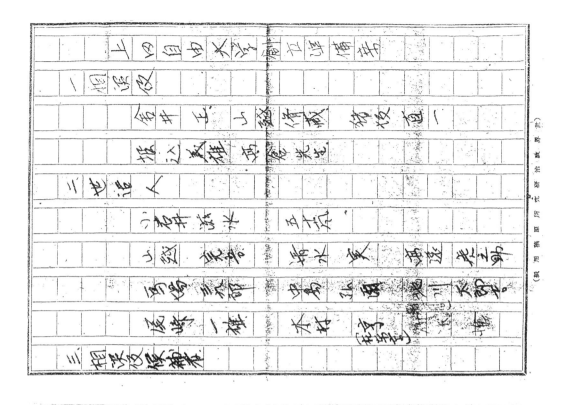

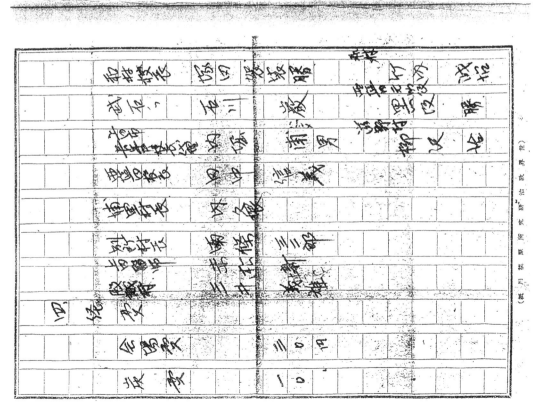

（世界政治研究所原稿用紙）

雑費　一〇円

計　五〇円

講師費用

謝礼　三〇〇円

旅費　二五〇

宿泊費　一〇〇

土産代（宿泊用食費）　二〇〇

計　四七〇

雑費（通信費）　三〇円

合計　五五〇円（一講座分）

五、五〇〇円（十講座分）

(世界政治研究所原稿用紙)

五、謝礼及手当　二四〇〇円

總計　七九〇〇円

木村氏謝礼

六、講座及講師予想

財政学　東大教授　大内兵衛

社会政策　元九大教授　風早八十二

東北大教授　宇野弘蔵

経済学　東北大教授　服部英太郎

九大助教授　高橋正雄

(世界政治研究所原稿用紙)

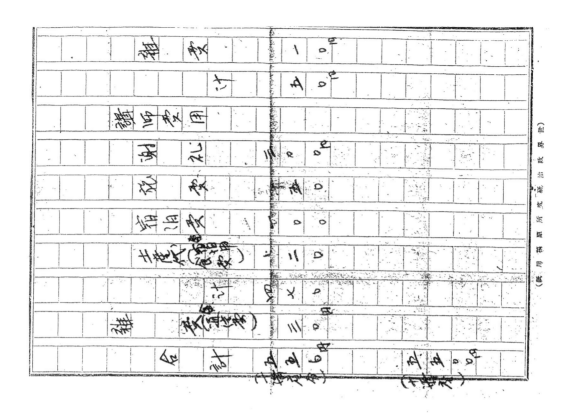

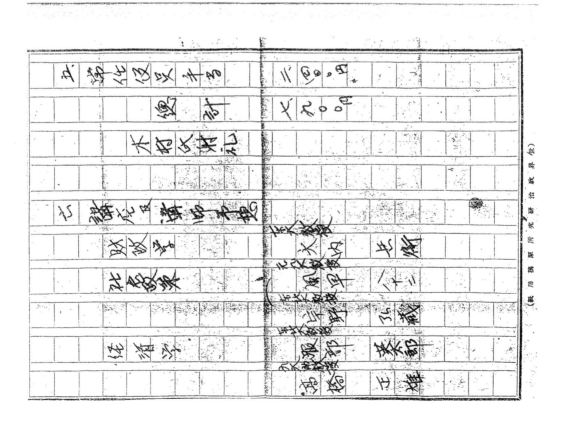

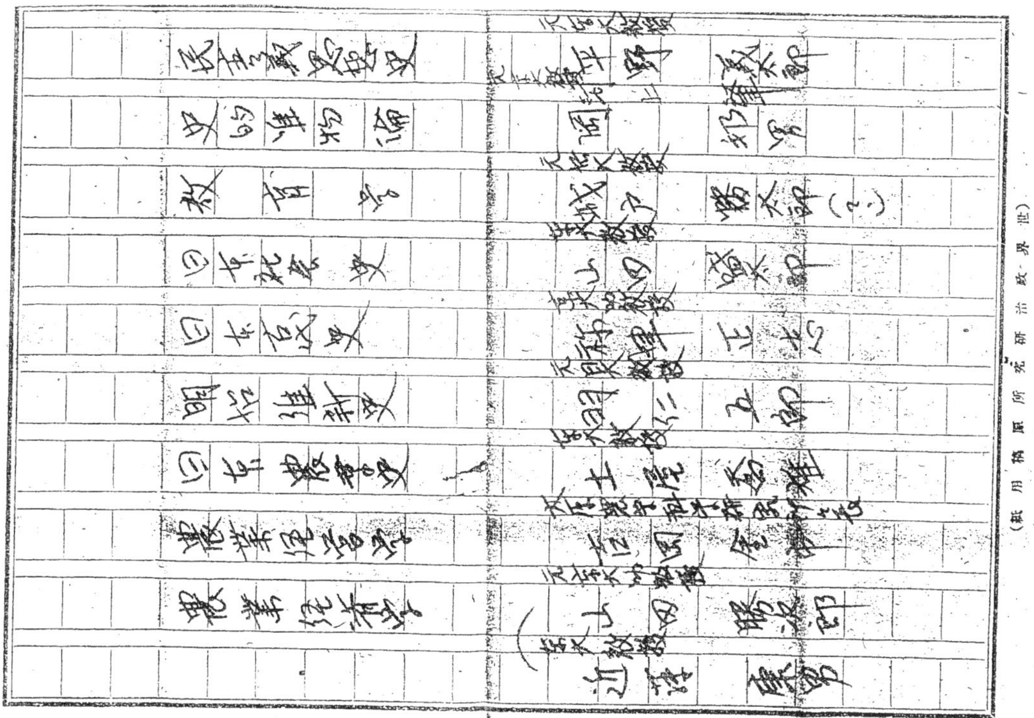
（紙用稿原所究研治政界世）

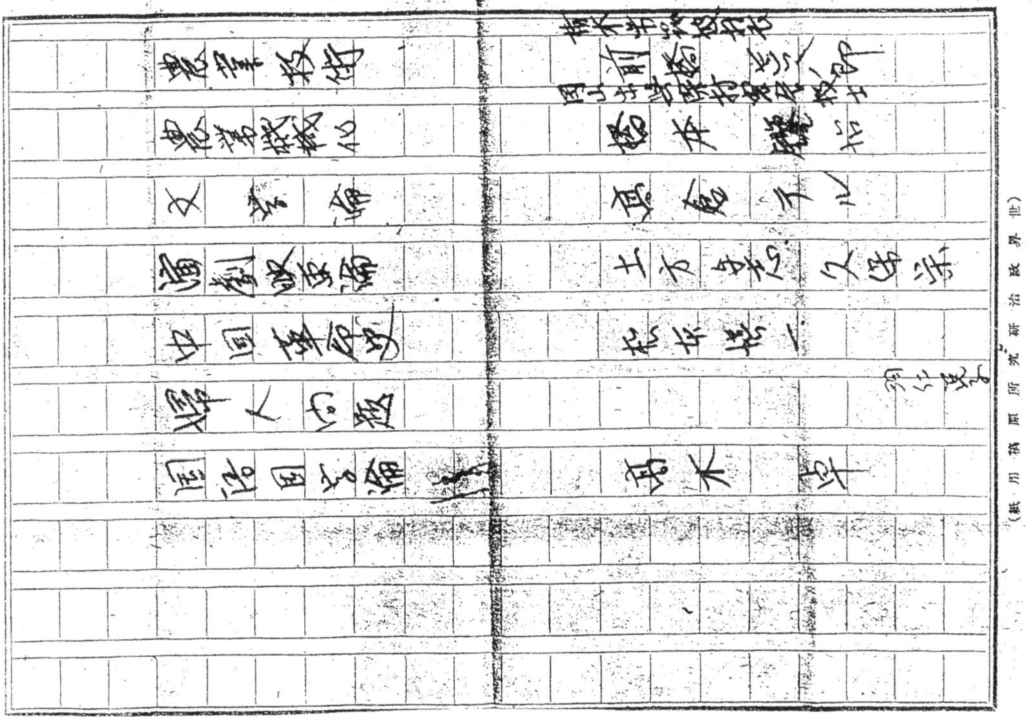
（紙用稿原所究研治政界世）

overturn the old order, and create the new. There are three means by which, in collaboration, you will bring about this revolutionary change: political organisation in the ranks of the Communist Party; mass action on the part of the organised workers; and proletarian culture.

Now Proletcult is the lamp whereby all the roads of advance are lighted.

CHAPTER TWO

WHAT IS PROLETCULT?

New ideas make a more definite impression on the mind when they are associated with a new name.—WALTER RATHENAU. (In Days to Come, p. 247.)

TERMINOLOGY

PROLETARIANS who are alive to their class interest (which is the true interest of civilisation) will insist upon doing their own thinking; they will insist upon Independent Working-Class Education, upon proletarian culture, upon Proletcult. The term Independent Working-Class Education is about twelve years old. The word Proletcult is fire-new, and brings us up with a jar against the question of terminology.

Proletcult is a compact term, a "portmanteau word," for proletarian culture. In the prerevolutionary phase, when a specifically proletarian culture is requisite as a fighting culture, as a means to the social revolution, Proletcult is practically synonymous with what is generally known in this country by the cumbrous name of Independent Working-Class Education. What do we understand by education? In the widest sense of the term, education signifies the sum of the environmental influences which act on the individual so as to promote his mental development, and transform him from the savage he is at birth into a civilised human being. But as a method of culture deliberately employed, Proletcult, like all educational methods, is tendentious, for it has a definite aim. Just as bourgeois education—"higher-class" education in public schools, private schools, and universities, and "lower-class" education in the State schools—has the definite aim of promoting the maintenance of the existing order; so Independent Working-Class Education has the definite aim of subverting that order. Both types of education are tendentious. The only difference between them in this respect is that bourgeois education is less consciously tendentious, and often claims to be entirely above the battle, to be purely impartial. Independent Working-Class Education proclaims itself to be candid but not impartial. Its frankness in this respect is a source of strength. An essential element of proletarian culture is the belief that all education outside the domain of the extremely abstract sciences like mathematics and outside the domain of the purely physical sciences like mechanics, all education which involves imparting a knowledge of man's place in nature and society, is necessarily tendentious. In the first chapter we offered a reasoned justification of tendency in science and education. Our present concern is not to justify Proletcult, but to explain what the word means.

In the postrevolutionary phase—for instance, in Soviet Russia—Proletcult broadens out in two directions. Before the social revolution, it is mainly if not exclusively a fighting culture.

Dominated throughout by the tactic of the class struggle, Independent Working-Class Education can pay little attention to the arts and graces of life. At best, its interest in these is incidental merely, in so far as they are vehicles of propaganda—what Tolstoi termed "means of infection." Economics, economic geography, history, biology, sociology, psychology, politics (in the Aristotelian sense)—these are the subjects which, taught from the proletarian outlook, render the worker's mind immune to bourgeois ideology. They arouse the revolutionary spirit and mentality essential to the overthrow of capitalism and to the upbuilding of a society based upon labour instead of ownership, upon production for use instead of production for profit. After the revolution in any particular country, and until the world-wide proletarian revolution has been achieved, the need for a fighting culture still remains; but such a culture differs in certain respects from prerevolutionary Proletcult. The workers' vanguard has overthrown the capitalist State, has achieved the dictatorship of the proletariat. Just as, under capitalism, the aim of capitalist State education is to produce in the children of the workers a mentality suitable to the purposes of the capitalist State, to inoculate with bourgeois ideology those who are proletarian by status, to make of them docile wage-slaves and submissive instruments of capitalism; so, under workers' rule, the workers will use the machinery of State education to produce an average mentality tending to stabilise the workers' State. This is what the Soviet Government is successfully accomplishing in Russia.

1981年10月31日・11月1日

自由大学運動60周年記念集会への御案内

主催　自由大学研究会

今年は，１９２１年に長野県上田市に信濃自由大学（のち上田自由大学）が開設され，自由大学運動がはじめられてから，ちょうど６０年目にあたります。そこで，自由大学研究会では，これを記念する事業として，「自由大学運動60周年記念集会」を開催することにしました。

この集会は，戦前日本における数少ない民衆の自己教育運動の１つとして評価されている自由大学運動の今日的意義をあきらかにする場とするとともに，各地の自由大学関係者を招待し，自由大学運動に関心をもつ市民・研究者との交流をはかる機会をもつことを意図して開催するものです。これまで各地の自由大学関係者が一堂に会する機会はなかっただけでなく，すでに関係者も高齢であることから，このような機会をもつことはおそらく最後の機会になるのではないかとも思われ，その点からも大きな意義をもつ集会になるものと考えています。また，教科書改悪の動きにみられるように教育の反動化がつよまり，国家による教育への介入があらわになってきている今日，地域民衆の手でみずからの学習の場を創造していった運動である自由大学運動を見直してみることは，教育の原点を考えるうえでも，重要な意義をもつものと考えるものです。多数の方々の参加をお待ちいたしております。

テーマ　自由大学運動と現代

第１日　＜自由大学関係者を囲む集い＞

日　時　１０月３１日（土）　午後３時 ～ ７時

会　場　長野県別所温泉　柏屋別荘

TEL　０２６８－３８－２３４５

（交通）　国鉄信越線上田駅のりかえ上田交通別所線別所温泉駅下車徒歩１０分

参加費　4,０００円（懇親会費）

申込方法　第１日の参加希望者は，予約金2,０００円をそえて１０月１５日までに集会事務局へお申込みください。

※１０月３１日の宿泊を希望する方は，懇親会費・宿泊費の予約金4,０００円をそえて１０月１５日までに集会事務局へお申し込みください。（宿泊費は8,０００円位です）

第２日　＜記念講演会＞

日　時　１１月１日（日）　午前９時 ～ 午後４時

会　場　上田市公民館大ホール

長野県上田市材木町１－２－４７　TEL　０２６８－２２－０７６０

（交通）　国鉄信越線上田駅下車徒歩１５分

参加費　2,０００円（記念誌代を含む）

申込方法　集会当日直接会場へおいでください。

集会事務局　〒181　東京都三鷹市牟礼５－６－１０　山野晴雄 気付

TEL　０４２２－４３－２４８３

振替口座　東京３－２０３４０　自由大学研究会

プ　ロ　グ　ラ　ム

第１日（10月31日）　<自由大学関係者を囲む集い>　柏屋別荘

3：00	開会あいさつ	自由大学研究会代表	小　川　利　夫
3：30	講演「自由大学運動の歴史とその意義」	自由大学研究会事務局長	山　野　晴　雄
5：00	自由大学を語る		

（出席予定者）　タカクラ・テル，新明正道，住谷悦治，谷川徹三，松沢兼人，山越脩蔵，猪坂直一，その他自由大学関係者

第２日（11月1日）　<記念講演会>　上田市公民館

9：00	開会あいさつ	自由大学研究会代表	小　川　利　夫
		作家	タカクラ・テル
9：10	自由大学関係者の紹介		
9：40	講演「土田杏村と自由大学運動」	東京造形大学	上　木　敏　郎
	講演「自由民権から自由大学へ」	信州大学	上　條　宏　之
	質疑討論		
12：00	昼食・休憩		
1：00	講演「大正自由教育と自由大学運動」	立教大学	中　野　　光
	講演「自由大学運動と現代社会教育の展望」	名古屋大学	小　川　利　夫
	質疑討論		
3：50	閉会あいさつ	早稲田大学	大　槻　宏　樹

カ　ン　パ　の　お　願　い

記念集会の開催にあたっては多額の費用がかかります。自由大学研究会員・実行委員をはじめ多くの方々にカンパを要請いたします。よろしくお願いいたします。

募金方法　　1口　1,000円　　1口以上

送 金 先　　集会事務局　〒181　東京都三鷹市牟礼5－6－10

山野晴雄 気付

振替口座　東京3－20340　自由大学研究会

<実行委員>

猪坂直一（自由大学関係者），板橋文夫（高校教員），稲葉宏雄（京都大学），小川利夫（名古屋大学），大串隆吉（東京都立大学），大槻宏樹（早稲田大学），柿沼　肇（日本福祉大学），上條宏之（信州大学），北田耕也（明治大学），小林文人（東京学芸大学），佐々木忠綱（自由大学関係者），渋谷定輔（詩人），新明正道（創価大学，自由大学関係者），タカクラ・テル（作家，自由大学関係者），太郎良信（筑波大学院生）中野　光（立教大学），橋口　菊（聖心女子大学），橋本　聡（　　　　　），平野勝重（上田市立図書館長）藤田秀雄（立正大学），藤岡貞彦（一橋大学），前島邦子（上田女子短期大学），前野　良（長野大学），松尾尊兊（京都大学），松沢兼人（芦屋大学，自由大学関係者），松村憲一（早稲田大学），宮坂広作（東京大学），安原　昇（香川大学），山越脩蔵（自由大学関係者），山崎時彦（愛知学院大学），山野晴雄（日体桜華女子高校），百合野圭子（津田塾大学院生），米山光儀（慶応義塾大学院生），横山　宏（国立教育研究所），金原左門（中央大学）

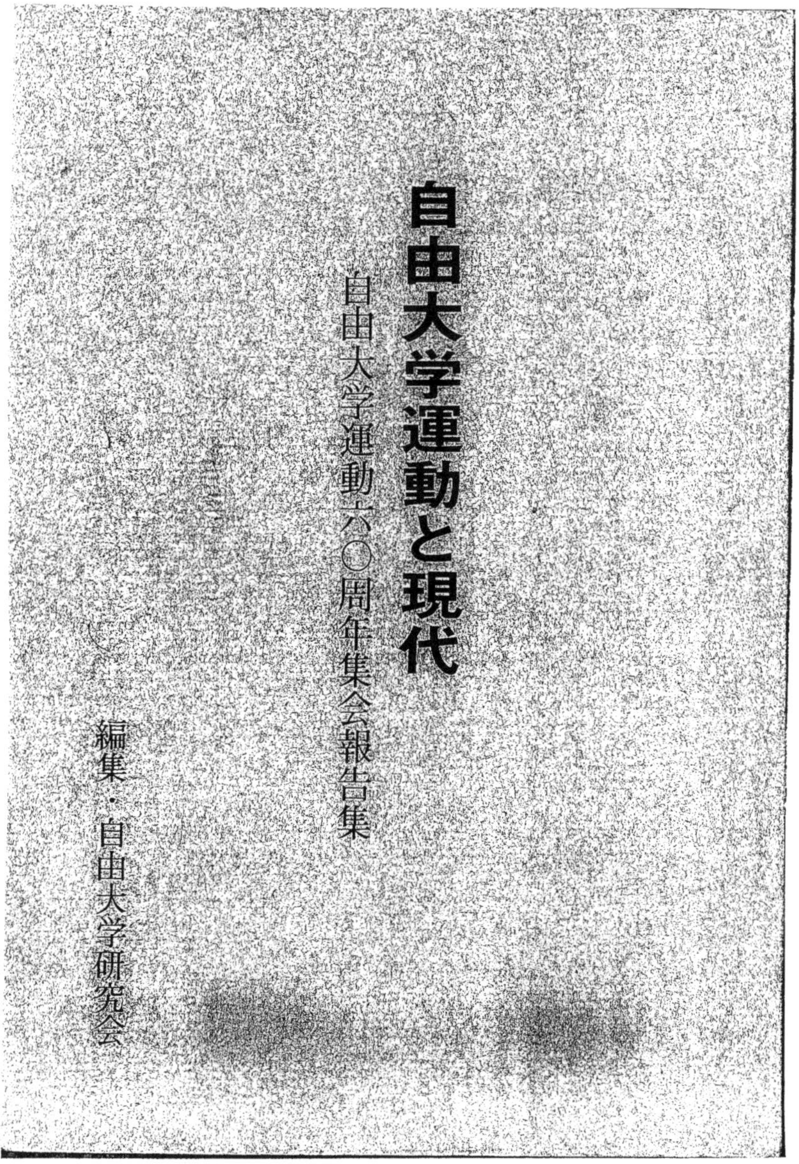
自由大学運動と現代
自由大学運動六〇周年集会報告集
編集・自由大学研究会

目　次

第三部　自由大学運動史料

刊行のことば

〝自由大学とは、労働する社会人が、社会的創造へ協同して個性的に参画し得るために、終生的に、自学的に、学ぶことの出来る、社会的、自治的の社会教育設備だということが出来る。〟

（土田杏村『自由大学とは何か』）

本書は、自由大学運動60周年記念集会の記録である。

同集会は、一九八一年の一〇月三一日と一一月一日の両日、自由大学運動の発祥の地である信州の上田市で開催された。まず三一日には「自由大学関係者を囲む集い」が、関係者にはとくに思い出の多い、同市別所の柏屋別荘で開かれ、翌一日には「記念講演会」が上田市の公民館ホールで行われ、一般市民にも公開された。

自由大学関係者として集会に参加された方々は、第一に、タカクラ・テル氏をはじめ新明正道氏や松沢兼人氏ら自由大学の講師たち、第二に、上田自由大学や下伊那自由大学で実際に受講された聴講生たち、さらに第三に、はじめて自由大学なるものを企画し事務局の運営にあたられた山越脩蔵氏ならびに猪坂直一氏らである。これらの自由大学関係者を囲んで、同集会には長野県下はむろんのこと、東京や名古屋その他の各地から、自由大学運動に関心をもつ市民や研究者、学生たちが多数参加された。その総数は延べ一八〇余名、実質的に一二〇余名にのぼり、盛況であった。

このような集会の記録をまとめるに当り、私たちはまず何よりも忠実に、集会そのものの模様を再現するようにつとめた。すでに大半が八〇歳から九〇歳におよぶ高齢な自由大学関係者を囲む、このような集会は、おそらく今後ふたたび同じような形で開かれることは困難であろう。それだけに関係者からの発言を最大限に重視したのであるが、そこにも自ら限度がある。

自由大学運動60周年記念誌

自由大学研究　別冊２

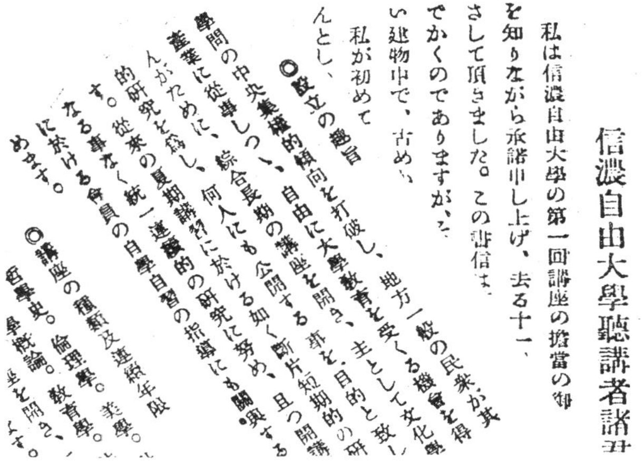

自由大学研究会

目　　次

自由大学運動 90 周年記念集会

猪坂直一

金井正

山越脩蔵

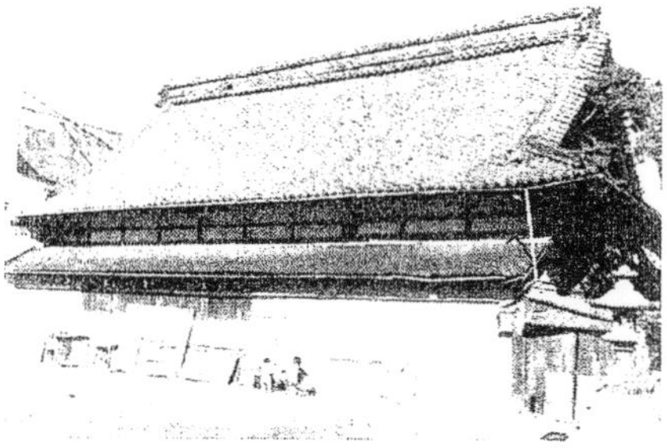

神職合議所

土田杏村

高倉輝（タカクラ・テル）

日時　：　2011 年 11 月 5 日（土）　10：30～18：00
会場　：　長野大学　4 号館　304 会議室

自由大学運動９０周年集会　ご案内

自由大学の季節がやってきました。

１９２１年７月「信濃自由大学趣意書」が宣言され、同年の１１月１日に信濃自由大学第１期第１回講座が開講し、自由大学運動のうねりの蠢動が始まりました。今年は、この自由大学開設９０周年の節目の年輪を刻印します。このことを記念して、ここに「自由大学運動９０周年集会」を開催いたします。

自由大学は、わが国における青年・民衆の自己教育運動として注目され続けてきました。その理由は、自由大学が現代においても「自由」「大学」「教育」「教養」等を考えるうえでの大きな知恵の山脈であるからです。

自由大学に係わり、参加した青年・民衆は、どこに向おうとし、なにを学習しようとしたか。登壇者は参加者に教材とともになにを語ろうとしたか。両者はどんな対話や関係性を編もうとしていたか。地域は自由大学になにを期待していたか。体制の眼はどうであったか。どんな思想がどんな磁場をもっていたのか。自由大学には様々な課題が残されています。

この９０周年集会において、自由大学のなにを記憶し、なにを選択し、なにを継承するのか、改めて考える機会にしたいと思います。

自由大学ゆかりの上田、長野大学の舞台に多くの方々のご参加ご来聴をお待ちしております。

発起人代表　大槻宏樹（元早稲田大学）

発起人

上條宏之（長野県短期大学）
小平千文（上小近現代史研究会会長）
小宮山量平（元理論社会長）
長島伸一（長野大学）
中野光（元中央大学）
村田晶子（早稲田大学）
柳沢昌一（福井大学）
山野晴雄（慶応義塾大学）
米山光儀（慶応義塾大学）

（五十音順）

289

プログラム

10：30　開会　長島伸一（長野大学）
趣旨説明　大槻宏樹（元早稲田大学）

報告・討議
司会　村田晶子（早稲田大学）・飯塚哲子（首都大学東京）

10：50　自由大学運動の９０年
－自由大学研究史を回顧して－　山野晴雄（慶應義塾大学）

(12:00-13:00 昼食)

13：00　８０年代生まれからみる自由大学
－「自由」と「大学」の現在的課題－　大谷俊（早稲田大学大学院）

14：10　自由大学と土田杏村
－他者との出会い－　古市将樹（愛知文教大学）

15：20　関係者を囲んで
山越さち・深町稔

15：40　小県郡連合青年団役員と上田自由大学受講者
－宮下周、堀込義雄、中島忠次、石井泉の軌跡－　長島伸一（長野大学）

16：50　自由大学運動における＜自由＞の再考
柳沢昌一（福井大学）

18：00　閉会　野原光（長野大学）

＊　終了後、懇親会を予定しております。

（写真）上田自由大学で講義中の高倉輝（タカクラ・テル）

290

金井正

猪坂直一

山越脩蔵

神職合議所

土田杏村

高倉輝（タカクラ・テル）

目　　次

自由大学運動 100年記念フォーラムへのお誘い

令和４年度
長野県地域発元気づくり支援金事業

開催テーマ「自由大学運動100年から学ぶ　過去・現在・未来」

1921年に上田自由大学（創設当初は信濃自由大学）が創設されてから100年余が経ちました。上田自由大学が起点となり全国各地に拡がった自由大学運動は、大正デモクラシー期における地域民衆の自己教育運動として知られています。

この自由大学運動は、地域で生活し働く民衆が、自分たちで費用を負担し合い、自分たちが学ぶ場を創造し、そこで生涯にわたって情熱をもって学問を学び、自分で考え判断力をもった人間となることを目標とし、民衆のアカデミーを創造しようとしたものでした。「主体的に学びの場を創りだすこと」「働きながら学び続けること」「学問を民衆のものとすること」という自由大学の基本的な理念は、100年後の現代においても、社会教育の基本原理としての意義をもちつづけています。

フォーラムでは、上田自由大学の歴史的な意義と自由大学の精神を再確認すること、それをふまえ、多様な学びの場が創られ、地域に根ざす学習文化を発展させてきた上田市などの住民による諸活動が、自由大学の精神とどのような関わりをもっているのか、そして次世代につないでいくために必要なことは何かを考えていく場にしたいと願っています。

日　時　2022年11月13日(日)　9:20〜16:30［受付 9:00〜］

《午前の部》基調報告　9:30〜
山野 晴雄さん（自由大学研究者）　**長島 伸一**さん（長野大学名誉教授）

《午後の部》シンポジウム　13:30〜16:30
テーマ「自由大学の理念と精神を継承するために」

会　場　上田商工会議所 5階ホール 長野県上田市大手1-10-22

参加費　500円（資料代含む）

要申込
定員 100名
［申込順］
定員に達し次第締め切ります。
詳細は裏面をご覧ください。

■昼食について…会場での飲食は、コロナ感染症対策としてご遠慮いただきます。昼食は、各自でご対応ください。
■上田商工会議所の駐車場は有料です。　■感染対策を行い実施いたします。

主催◎自由大学運動100年記念フォーラム実行委員会［代表　小平 千文］　共催◎上田市教育委員会

後援◎上田市　東御市　長和町　青木村　東御市教育委員会　長和町教育委員会　青木村教育委員会　上田商工会議所　信濃毎日新聞社　東信ジャーナル社　信州民報社　週刊上田新聞社　㈱上田ケーブルビジョン　丸子テレビ放送㈱　朝日新聞長野総局　読売新聞長野支局　毎日新聞長野支局　NHK長野放送局　SBC信越放送　NBS長野放送　TSBテレビ信州　abn長野朝日放送　信州大学繊維学部　長野大学　上田女子短期大学　長野県高等学校教職員組合上小支部　長野県教職員組合上小支部　上田小県近現代史研究会　NPO法人上田図書館倶楽部　神川・山本鼎の会　長野県歴史教育者協議会　ヤマンバの会

お問い合わせ先◎自由大学運動100年記念フォーラム実行委員会　事務局　村山　隆　TEL 090-7189-0375

［上田集会］
A 自由大学運動100年記念フォーラムへのお誘い

午前の部　基調報告　9:30〜

山野　晴雄 さん

長島　伸一 さん

山野　晴雄 さん（自由大学研究者）
演題「上田自由大学運動の歴史」

長島　伸一 さん（長野大学名誉教授）
演題「自由大学の理念と精神とはどのようなものか」

午後の部　シンポジウム　13:30〜16:30

テーマ「自由大学の理念と精神を継承するために」

司　　会　**小平　千文**　（上田小県近現代史研究会会長）

シンポジスト　**山野　晴雄** さん（自由大学研究者）
清川　輝基 さん（さくら国際高等学校名誉校長）
村山　　隆 さん（ヤマンバの会事務局長）
窪島誠一郎 さん（無言館館主・作家）
佐藤　一子（かつこ） さん（東京大学名誉教授）

事前学習会

資料代　各100円　要申込（定員になり次第締め切ります。）

B「自由大学＝民衆の自己教育」って何だろう!!?

日　時●8月27日（土）13:30〜15:00　会　場●塩田公民館・小ホール（長野県上田市中野20番地）
講　師●長島　伸一さん（長野大学名誉教授）　定　員●30名

C まちあるき　自由大学ゆかりの地籍をめぐる〔上田市中心市街地〕

日　時●9月24日（土）13:30〜15:00　集合場所●ひとまちげんき・健康プラザうえだ駐車場（長野県上田市中央6-5-39）
案内人●竹内　秀夫さん（都市・建築工房）　定　員●20名

D「自由大学の学び」から何が生まれたか!!?

日　時●10月15日（土）13:30〜15:00　会　場●塩田公民館・小ホール（長野県上田市中野20番地）
講　師●長島　伸一さん（長野大学名誉教授）　定　員●30名

参加お申込み方法

FAX・メール・郵送にて、任意の書式で**参加希望のフォーラム及び事前学習会のA〜D**（下記参照）と**お名前、ご住所、ご連絡先**を明記の上、お申込みください。定員超過後の申込みについては、ご連絡いたします。
（感染症対策のため、複数でお申し込みされる場合はすべての方のお名前、ご住所、連絡先をご記入ください。）

〔フォーラム〕A 11月13日　〔事前学習会〕B 8月27日　C 9月24日　D 10月15日

《申込先》
〒386-0016 長野県上田市国分1-7-12（有限会社仲和印刷内）　自由大学運動100年記念フォーラム実行委員会
FAX 0268-22-7718　E-mail:nakazawa@p-shinwa.co.jp

［東京集会］10月30日（日）早稲田大学　文学学術院3号館
《お問い合わせ先》
大槻　宏樹　TEL 090-6937-4595

【お願い】
2050ゼロカーボンに向けたアクションを実施します。会場内での飲み物はマイボトルご持参でお願いいたします。ご来場は、可能な限り徒歩・自転車・公共の交通機関をご利用いただき、複数名でご参加される方は乗り合わせ等でゼロカーボンに向けた取り組みにご理解いただけますようお願いいたします。

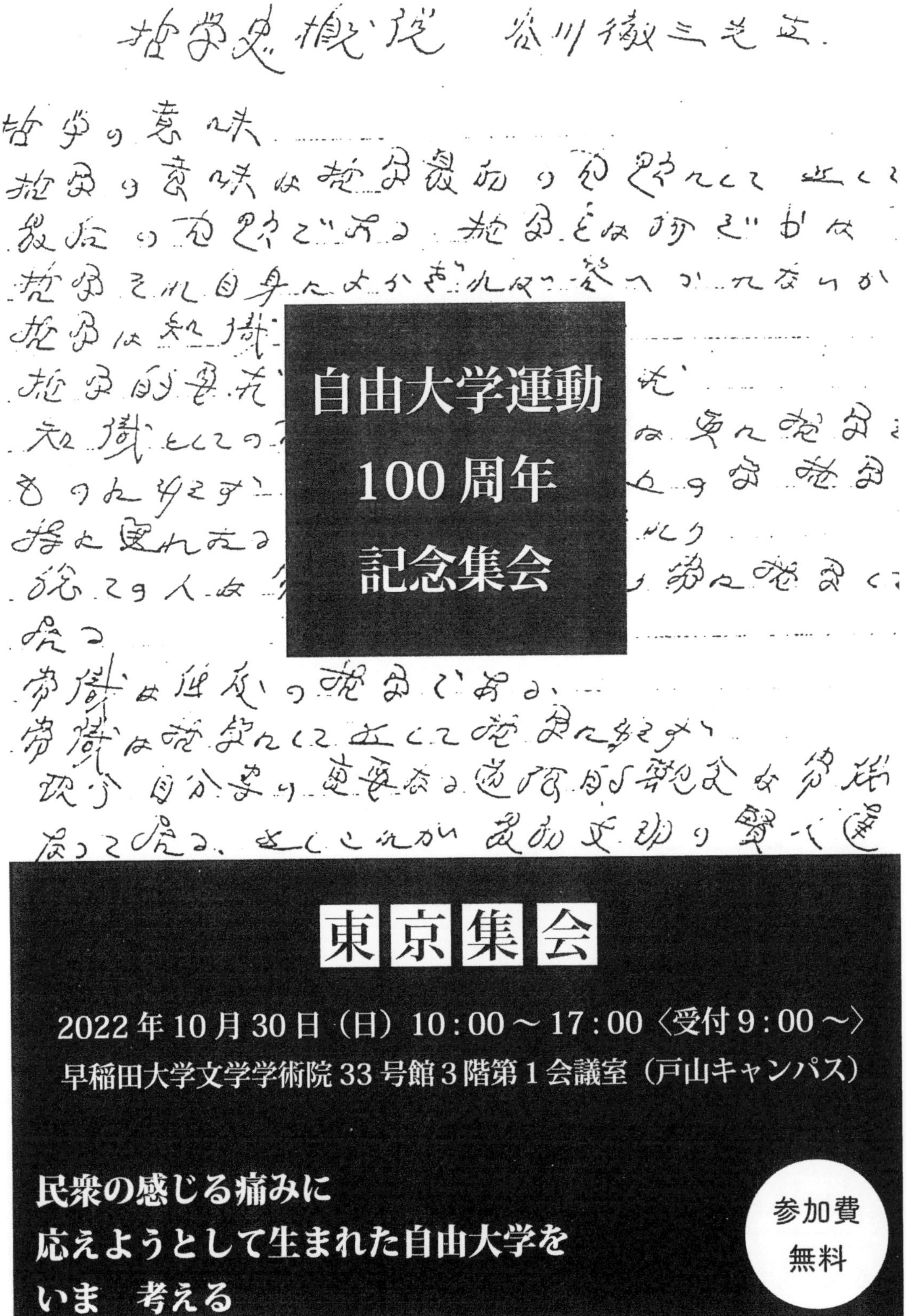
哲学概論　谷川徹三先生
哲学の意味
自由大学運動
100周年
記念集会
東京集会
2022年10月30日（日）10：00～17：00〈受付9：00～〉
早稲田大学文学学術院33号館3階第1会議室（戸山キャンパス）
民衆の感じる痛みに
応えようとして生まれた自由大学を
いま　考える
参加費
無料

ごあいさつ

自由大学運動は100周年目の節目の年輪を刻むことになりました。自由大学は1921年7月に「信濃自由大学趣意書」を宣言し、同年11月に信濃自由大学（のち上田自由大学）第1期第1回講座が開校されて産声をあげました。趣意書の冒頭は「学問の中央集権的傾向を打破し（後略）」と謳っています。

自由大学運動は、眼前にひろがる不自由、格差、係争、不平等に立ち向かい、世の中を、教育を、身のまわりを、自分たちを、少しでも良く変化させようとした民衆の自己教育運動でありました。

皮肉にも、人類が求めてきた文明は、いま逆に自然破壊、人間破壊の危機を迎えようとしています。こうしたなか、人間が人間らしく生きるため、労働と教育の結合を芯としながら、働きながら学ぶ民衆のための自由大学の心棒を支え合うときがきました。民衆の感じる痛みに応えようとして生まれた自由大学運動の歩みを確かめるために、100周年を機に、いま学び合いましょう。いま語り合いましょう。（大槻宏樹）

自由大學へ

土田杏村

（一）

自由大學の會員諸君！悦べ、僕達の雜誌が出來た。恒藤君が自由大學こいふ正體の知れないものの蓋を始めて上田で開けたのが大正十年の十一月、さうだ、自由大學の歷史にもそれからもう四週期が來た。そして此の四週期の歷史を記念するかのやうに、始めて僕達の雜誌が生れたのだ。日本で最初のプロレットカルトの雜誌だ。成人教育の機關雜誌だ。此處は僕達の交誼場だ。科外研究室だ。そしてまた僕達こ同じ樣な爲事を此れから日本の何處かで始めようこする未知の友人達この交情倶樂部でもある。

此の雜誌の誕生こ共に、僕は三番叟役の論文か、其れこも「床の間」論文こいふ讀んでも讀まないでもよい飾りを書く事に、會から規定せられて居た。けれごももう其の三番叟論文は大概でよいこいふ氣がする。自由大學の趣旨を、僕は此れまで何度書いたか知れない。其れを知りたいものは何れかの自由大學から發行せられて居るパンフレットを見てくれ給へ。また本誌を此の創刊號だけ見る者もなかろうから、僕達のやつて居る事の報告が誌上に現れる時、其れで自然に知つてくれ給へ。雜誌の「自由大學」には、また其れに特有の爲事がある。

號一第巻一第　誌雜學大由自
會協學大由自所行發　行發月一年四十正大

タカクラ・テル——ご承知の方もいるかも知れませんが、私は九〇歳をこしておりまして、今日、こられるかどうかということが大変な問題でして、主治医から医者がついていけば行ってもよろしいと許しがでましたので、幸い娘が医者をしておりますのでそれを連れて、来たような次第でして、来るのがやっとこさでしたから、みなさんにお話ができるよう な準備を何もしておりません。ほんのわずかの感想だけを申し上げます。

およそ六〇年前になりますね。私この地方にまいりまして、偶然というものでしょう、この地方で自由大学運動がおきておったものですから、その人たちと親しくなって自由大学と関係するようになりました。私は自由大学から頼まれて教える役割をしたんですが、実際は自由大学から教わったんです。特に自由大学の会員である農民・労働者、その人たちから非常に大きな影響を受けまして、私のものの見方というのがだんだんですけれども根本的に変わりました。もしここで私のものの見方が変わらなかったなら、私は、ある学問をやる人間のひとりとしてか、または作家のひとりとして一生を送ったでありましょう。ところが、自由大学を通じて、この地方の勤労者である労働者・農民その他の人たちと直にふれあうことをつうじて、非常に影響を受けて、私のものの見方が根本的に変わってしまったんです。そして、あらためて社会運動の方へゆっくりと進むことになりました。社会運動の方向へ進むようになりましてからは、いままで一貫してその道をたどってまいりました。だから私は、教えに来たんですけれど、実は自由大学から教わったんです。私のすべての根本的なものの見方、考え方の発展は、自由大学のおかげでした。自由大学の会員である労働者・農民のみなさんから教育されて、自分の進む道を見いだし、一生それを貫いたということになっております。

自由大学研究会『自由大学運動と現代』
1983年　信州白樺

プログラム

【午前司会】 飯塚哲子（東京都立大学准教授）/ 平川景子（明治大学教授）

10:00　開会
　　　開会の挨拶　大槻宏樹（早稲田大学名誉教授）
10:15　「自由大学理解のために」　片岡了（明治大学講師）

I　基調報告

10:30　「自由大学 100 周年の意義」　長島伸一（長野大学名誉教授）

11:40　～昼食休憩～

【午後司会】 片岡了（明治大学講師）/ 村田晶子（早稲田大学教授）

II　学問の自由と主体形成

12:30　「省察的民主主義（Refrective Democracy）への企図としての自由大学運動」
　　　柳沢昌一（福井大学教授）
13:10　「伊那自由大学とはなにか」　清水迪夫（飯田市歴史研究所市民研究員）
13:40　「阿智自由大学の現状と課題」　林茂伸（阿智自由大学運営委員会代表）
14:10　「自由大学から現在の大学を問い直す」　古市将樹（常葉大学准教授）
14:40　～休憩～
14:55　「学びの場のつくられかた ―大正期の上田自由大学を中心に」
　　　渡辺典子（日本女子大学、武蔵野美術大学講師）
15:25　「自由大学の影響を考える ―林源と勤労青少年教育―」
　　　米山光儀（田園調布学園大学教授・慶應義塾大学名誉教授）
15:55　「自由大学研究への期待」　大槻宏樹（早稲田大学名誉教授）

III　質疑応答

16:25　質疑応答
17:00　閉会
　　　閉会の挨拶　藤田秀雄（立正大学名誉教授）

参加方法

コロナウイルス感染対策のため、申し込み方式とさせていただきます。

【申し込み方法】
① Google フォームから https://forms.gle/n97coiQLJGzHKU7M8
② FAX から 03-5286-3624（村田研究室）
　氏名、参加方法（来場 / オンライン）、電話番号、メールアドレスをお書きください。

参加にあたってのお願い

・感染状況によっては、完全オンライン実施とさせていただきます。
・対面参加が締め切りとなった場合は、オンライン参加とさせていただきます。
・コロナ感染対策に留意してご参加ください。
・当日は記録用に録画、写真撮影をさせていただきます。
・飲料、昼食は各自ご用意ください。

会場案内

【会場】早稲田大学文学学術院
戸山キャンパス 33 号館 3階 第 1 会議室
・JR 山手線 高田馬場駅から徒歩 20 分
・西武新宿線 高田馬場駅から徒歩 20 分
・地下鉄東京メトロ東西線 早稲田駅から徒歩 3 分
・副都心線 西早稲田駅から徒歩 12 分
・学バス 高田馬場駅―早大正門 馬場下町バス停

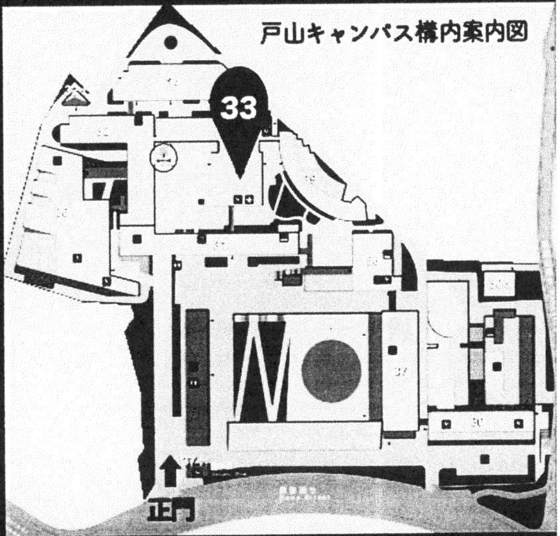

60 周年 / 90 周年資料

『自由大学と現代―自由大運動六〇周年集会報告集―』
編集 自由大学研究会 / 発行 信州白樺
『自由大学運動 60 周年記念誌 自由大学研究別冊2』
編集・発行 自由大学研究会
『自由大学運動の遺産と継承― 90 周年記念集会の報告―』
編集・発行 大槻宏樹・長島伸一・村田晶子 / 発行 前野書店

【東京集会発起人】
新井浩子、飯塚哲子、大槻宏樹、斎藤俊江、清水迪夫、林茂伸、
平川景子、藤田秀雄、古市将樹、村田晶子、柳沢昌一、米山光儀

【主催】
自由大学運動 100 周年記念集会東京集会実行委員会

【後援】
日本社会教育学会 / 早稲田大学文学学術院教育学会 / 明治大学社会教育主事課程

本研究は、2022 年度早稲田大学教育総合研究所公募研究の助成を受けた。
課題番号「B-10　学習の自由と主体の形成―自由大学 100 周年を記念して―」

【お問い合わせ先】
早稲田大学文学学術院 村田晶子〈akikom@waseda.jp〉
表紙の画像は、佐々木忠綱氏のノート「哲学史概説」の写しである。

上田集会

自由大学運動 100 年
記念フォーラム

2022 年 11 月 13 日（日）
9:20 ～ 16:30
会場：上田商工会議所 5 階ホール
《お問い合わせ先：村山隆（090-7189-0375）》

Ⅳ　自由大学運動関連文献目録

年	著者	論文・記事など	書籍・掲載誌など	発行所・〈再録〉など	月／日
1920年	吉野作造	言論の自由と国家の干渉	『我等』	〈再録〉松尾尊允編「近代日本思想体系17　吉野作造集』筑摩書房（1976年）	3
1921年	山越脩蔵	青年と青年教育者との対話	『芸術自由教育』第1巻第3号		3
	山越脩蔵	村と産業美術	『農民美術』第1巻第6号		6
	土田杏村	哲人村としての信州神川	『改造』第3巻第8号(夏期臨時号)		7
	平沢桂二	青年会の使命に対する一考察	『天龍公論』第3年第2号		
	土田杏村	信濃自由大学趣意書	『土田杏村全集』第14巻	〈再録〉『土田杏村全集』第14巻・「改訂増補　農村問題の社会学的基礎」第一書房（1932年）・上木敏郎「解題土田杏村と自由大学運動」(『教育労働研究』第1号、1973年4月)・『自由大学運動と現代』信州白樺（1983年）	
	Paul, Eden and Cedar		Proletcult (Proletarian Culture)	所収（島中雄三・北島修一郎訳「プロレット・カルト」『社会思想全集』第36巻、平凡社、1929年	
1922年	土田杏村	我国に於ける自由大学運動に就て	『文化運動』	〈再録〉『土田杏村全集』第14巻	1
	土田杏村	階級自由教育の新潮流	『創造』第4巻第8号	〈再録〉『教育の革命時代』(1924年)	8
	土田杏村	教育設備の改造	『文化』第4巻第4号	〈再録〉『教育の革命時代』(1924年)	9
	土田杏村	自由大学運動の意義	『文化運動』第129号		10
	横田憲治	信南自由大学設立に就て	『南信新聞』	〈再録〉山野晴雄「(資料紹介)『南信新聞』伊那自由大学関係記事」『自由大学研究』第5号（1978年）	12/17
	恒藤恭	訳者序	F・ハルムス（恒藤恭訳）『法律哲学概論』	大村書店	
	遠藤恭介	出講師哲学史（受講ノート）1922年1月22日～28日		上田市立図書館蔵	
1923年	土田杏村	プロレットカルト運動	『朝日新聞』		3/2～6
	土田杏村	教育と宣伝	『教育の日本』	〈再録〉『教育の革命時代』(1924年)	4・5
	土田杏村	プロレタリア文化及びプロレットカルトの問題(1)(2)	『文化』第5巻第4号～第5号	〈再録〉『教育の革命時代』(1924年)	4・5
	土田杏村	プロレットカルト論	『中央公論』第38巻第7号（夏季増刊号）	〈再録〉『教育の革命時代』(1924年)・『教育学紀要』第1巻（1924年）	6
	土田杏村	所謂自由の学府と労働大学	『解放』第5巻第7号	〈再録〉『教育の革命時代』(1924年)	7
	恒藤恭	信濃自由大学聴講者諸君！	『信濃自由大学の趣旨及内容』	〈再録〉『土田杏村とその時代』第7・8合併号(1968年)・『自由大学研究』第3号(1975年)・『自由大学運動と現代』(1983年)	10
	土田杏村	自由大学に就て	『信濃自由大学の趣旨及内容』	〈再録〉『改訂増補　農村問題の社会学的基礎」第一書房（1932年）・『土田杏村とその時代』第7・8合併号(1968年)、上木敏郎「解題土田杏村と自由大学運動」『教育労働研究』第1号(1973年4月)・『自由大学研究』第3号(1975年9月)・『自由大学運動と現代』(1983年)	10

1923 年	土田杏村	〔信南自由大学〕設立の趣旨	『信南自由大学趣意書』	〈再録〉『改訂増補　農村問題の社会学的基礎』第一書房（1932 年）・上木敏郎「解題土田杏村と自由大学運動」『教育労働研究』第 1 号（1973 年 4 月）・『自由大学研究』第 3 号（1975 年 10 月）	11
	北原亀二	信南自由大学の趣意書を見て　上	『信濃時事』		11/25
	佐野勝也		『宗教学概論』	ロゴス社（1923 年） 大村書店（1924 年）	
1924 年	土田杏村	自由大学の理念について	『文化』第 6 巻第 3 号		1
	土田杏村	自由大学へ	「北越新報」7 月 10 日・『新潟時事新報』7 月 11 日		7
	土田杏村	自由大学とは何か	『自由大学とは何か』（伊那自由大学パンフレット）	〈再録〉『自由大学研究』第 4 号（1976 年）・『自由大学運動と現代』（1983 年）	8
	高倉輝	自由大学に就て	『自由大学とは何か』（伊那自由大学パンフレット）	〈再録〉『自由大学研究』第 4 号（1976 年）・『自由大学運動と現代』（1983 年）	8
	新明正道	自由大学の精神	『自由大学とは何か』（伊那自由大学パンフレット）	〈再録〉『自由大学研究』第 4 号（1976 年）・『自由大学運動と現代』（1983 年）	8
	土田杏村	自由大学協会の設立	『文化』第 7 巻第 5 号		10
	土田杏村		『教育の革命時代』	中文館	
1925 年	土田杏村	自由大学へ	『自由大学雑誌』第一巻第一号	〈再録〉『改訂増補　農村問題の社会学的基礎』第一書房（1932 年）・上木敏郎「解題土田杏村と自由大学運動」『教育労働研究』第 1 号（1973 年 4 月）・「自由大学運動と現代」（1983 年）	1
	山越脩蔵	冬と村の青年	『農民美術』第 2 巻第 1 号		1
	土田杏村	自由大学の危機	『自由大学雑誌』第 1 巻第 2 号		2
	山本宣治	自由教育の諸潮流	『自由大学雑誌』第 1 巻第 2 号		2
	渡辺泰亮	魚沼八海両自由大学便り	『自由大学雑誌』第 1 巻第 2 号		2
	土田杏村	直ちに眞文化を建設する自由大学へ－『自由大学雑誌』の創刊	『アルス新聞』	〈再録〉『文化』第 8 巻第 4 号（1925 年 4 月）	3/5
	土田杏村	労働学校の意義に就て	『文化』第 8 巻第 4 号		4
	猪坂直一	上田自由大学の回顧（一）～（五）	『自由大学雑誌』第 1 巻第 1 号～第 5 号		1 ～ 5
	横田憲治	教育とその運動	『信濃時事』（連載）	〈再録〉『自由大学運動史料伊那自由大学関係書簡（横田家所蔵）』（1973 年）	6
	猪坂直一	上田自由大学の回顧（六）	『自由大学雑誌』第 1 巻第 7 号（全集第 8 巻）		7
	土田杏村	自由大学の二途	『自由大学雑誌』第 1 巻第 8 号		8
	土田杏村	自由大学の季節が来た	『自由大学雑誌』第 1 巻第 9 号		9
	横田憲治	自由大学季節が来た	『信濃時事』	〈再録〉『伊那自由大学』第 1 号、復刻版月報（1978 年）	11/5
	土田杏村		『社会哲学原論』	内外出版	
1926 年	土田杏村	プロレットカルト私論	『教育之日本』第 4 年第 30 号		1
	土田杏村	自律的人格への教育運動ー自由大学の使命	『教育之日本』第 4 年第 32 号		4
	土田杏村	木崎村事件と将来の農村学校	『地方』第 34 巻第 10 号	〈再録〉（「農村争議と将来の農村学校」と改題）『農村問題の社会学的基礎』・上木敏郎「解題・土田杏村と自由大学運動」『教育労働研究』第 1 号（1973 年 4 月）	10
	高倉輝		『生命律とは何ぞや』	アルス	
1927 年		伊那自由大学千代村支部設立趣意書		〈再録〉『自由大学運動と現代』1983 年	

1929年	長尾宗次	1929年の下伊那郡民諸君にささぐる詩	『伊那自由大学』第1号		3
	吉澤清之	自由大学運動の精神を語る	『伊那自由大学』第1号		3
	楯章	自由大学とは何か	『伊那自由大学』第1号		3
1930年	住谷悦治	マルクス陣営攻防戦雑感	『中央公論』		7
	土田杏村	子供の教育について	『金木犀』創刊号	〈再録〉『土田杏村全集』第15巻	10
1932年	土田杏村	教育改革論	『報知新聞』		6/3 ～ 6
1935年	土田千代子	自由大学	『紫野より』第5号	第一書房〈再録〉「夫と自由大学運動」と改題して『土田杏村とその時代』第7・8合併号（1968年）	6
	金井正	農村における技術と教育	『唯物論研究』		9
	猪坂直一	土田さんと自由大学	『紫野より』（土田杏村全集付録）第八号	〈再録〉『『自由大学研究』通信』第2号、1979年	
1937年	高倉輝	自由大学運動の経過とその意義ー農村青年と社会教育	『教育』第5巻第9号	〈再録〉『青銅時代』中央公論社(1947年)・『文学論・人生論』理論社(1953年)	9
1939年	高倉輝	農村教育論	『教育・国語』第9巻第4号	〈再録〉 自由大学研究会編『自由大学研究通信』第4号（1981年）	4
1946年	平沢桂二	自由大学に就て	『伊那青年』第6号		9/25
1947年	高倉テル		『青銅時代』	中央公論社	
1949年	宮原誠一	社会教育本質論	全日本社会教育連合会編『教育と社会』	〈再録〉「社会教育の本質」『宮原誠一教育論集』第2巻 国土社(1977年)	
1953年	恒藤恭	学究生活の回顧	『思想』第343号・第344号		1・2
	高倉輝	ミキ・キヨシ	『文学論・人生論』〔タカクラ・テル名作選〕	理論社	
1956年	吉田昇	戦前における青年団の自主性をめぐる論争ー長野県下伊那郡を中心として	『お茶の水女子大学人文科学紀要』第8巻		
1960年	宮原誠一	日本の社会教育	『世界の教育』9	共立出版〈再録〉『宮原誠一教育論集』第2巻 国土社（1977年）	
	下伊那郡青年団史編纂委員会編		『下伊那青年運動史』	国土社	
1962年	宮坂 広作	戦前における社会教育運動の遺産について(一)ー自由大学運動	『月刊社会教育』	〈再録〉『近代日本社会教育史の研究』法政大学出版局（1968年）	11
1963年	猪坂直一	自由大学の思い出	『上田市図書館報』第9号		3
	宮原誠一編		『教育史』	東洋経済新報社	
	出隆	出隆自伝	『出隆著作集』第7巻	勁草書房	
1964年	猪坂直一	自由大学と金井正氏	『上田市図書館報』第14号		6
1966年	木戸若雄	土田杏村と信濃自由大学	学校運営研究会『学校運営』	〈再録〉上木敏郎編著『土田杏村とその時代』第七・八合併号	
	上木敏郎		『土田杏村とその時代』（個人雑誌）全16号 1966年2月～1972年4月（1991年合本）		
1967年	猪坂直一		『回想・枯れた二枝：信濃黎明会と上田自由大学』	上田市民文化懇話会	
	伊東正代	自由大学運動史研究序説ー民衆の教育要求とその組織化の論理	『社会問題研究』（法政大学社会学部学生学会）第4号		
	渡辺基一	上木敏郎宛て書簡	『成蹊論叢』第6号		
	坂元忠芳	教育運動の思想ー下中弥三郎とその周辺	『思想』521号		11
1968年	新明正道	信濃自由大学の想い出思い出	上木敏郎編著『土田杏村とその時代』第7・8合併号		3
	高倉輝	自由大学の思いで	上木敏郎編著『土田杏村とその時代』第7・8合併号		3
	大脇義一	信州自由大学の想出	上木敏郎編著『土田杏村とその時代』第7・8合併号		3
	今中次麿	四十五年前の回顧	上木敏郎編著『土田杏村とその時代』第7・8合併号		3

1968年	佐竹哲雄	信州自由大学の思い出	上木敏郎編著『土田杏村とその時代』第7・8合併号		3
	遠藤恭介	一冊のノート	上木敏郎編著『土田杏村とその時代』第7・8合併号		3
	中川杏果	八海・魚沼自由大学とその後	上木敏郎編著『土田杏村とその時代』第7・8合併号	〈再録〉『自由大学研究』第6号(1979年)・『自由大学運動と現代』(1983年)	3
	出隆	再び自由大学を思う	上木敏郎編著『土田杏村とその時代』第7・8合併号		3
	波多野鼎	自由大学の想出	上木敏郎編著『土田杏村とその時代』第7・8合併号		3
	木全力夫	「自由大学」運動研究序説	上木敏郎編著『土田杏村とその時代』第7・8合併号		3
	山越脩蔵	土田杏村先生と山本鼎先生の会見	上木敏郎編著『土田杏村とその時代』第7・8合併号		3
	由良哲次	魚沼自由大学の思い出	上木敏郎編著『土田杏村とその時代』第7・8合併号		3
	猪坂直一	自由大学のイメージ	上木敏郎編著『土田杏村とその時代』第7・8合併号		3
	宮坂 広作		『近代日本社会教育史の研究』	法政大学出版局	
	平沢薫	わが国における大学と社会教育(戦前)	二宮徳馬編『社会教育の現代化』〔日本社会教育学会年報第11集〕	東洋館出版社	
	中野光		『大正自由教育の研究』	黎明書房	
	中野光	教育における統制と自由	『教育学全集』第3巻	小学館	
1969年	鶴見俊輔ほか	日本の地下水「土田杏村とその時代」	『思想の科学』第91号		8
	岡田幸一	回想三章	京都一中・洛北高校同窓会会誌『あかね』第7号		10
	酒井武史	「反大学」の源流	『朝日ジャーナル』10月19日号		10
	橋口 菊	大正デモクラシーの社会教育：その「近代化」をめぐって特に上田自由大学を中心に	「日本教育学会大會研究発表要項」28(0)		
	松尾尊兊	第一次大戦後の普選運動	井上清編『大正期の政治と社会』	岩波書店	
	宮坂広作	解説：金井正　農村における技術と教育	『社会的形成論』〔近代日本教育論集第7巻〕	国土社	
	小原国芳編		『日本新教育百年史』第5巻（中部編）［長野県、新潟県］	玉川大学出版部	
1970年	渋谷定輔・上木敏郎	杏村の個性と「農民哀史」をめぐる往復書簡	上木敏郎編著『土田杏村とその時代』第12・13合併号		3
	木全力夫	土田杏村と信州の若者たち一自由大学運動	『教育時報』		8
	大槻 宏樹	自由大学運動における社会教育論〔含自由大学運動年譜(大正10～昭和7)〕	早稲田大学教育学部学術研究 教育・社会教育・教育心理・体育編(19),		12
	小林利通	「民主社会への険路　大正から昭和へ」	『上田近代史』	第一法規出版	
	松村憲一	自主的成人教育活動としての『上田自由大学』運動とその限界一大正デモクラシー理念にもとづく民衆教育	『日本のファシズムⅠ　形成期の研究』	早稲田大学出版部	
1971年	森山茂樹	魚沼・八海両自由大学の成立と経過一大正期自由大学運動研究への試み	『人文学報』〔東京都立大学〕第82号		3
	上木敏郎	本多謙二に宛てた杏村の書簡	上木敏郎編著『土田杏村とその時代』第14・15合併号		4
	中川杏果	長谷川巳之吉、松岡譲氏のこと	上木敏郎編著『土田杏村とその時代』第14・15合併号		4
	長野県編		『長野県政史』第1巻		
	上木敏郎	土田杏村の生涯(『華厳哲学小論攷』の頃までを中心に)	土田杏村『象徴の哲学　付　華厳哲学小論攷』叢書名著の復刊13	新泉社	
1972年	森山茂樹	堀之内、伊米ヶ崎の自由大学運動	『小出郷新聞』		1/1
	山野晴雄	上田自由大学運動研究ノート	『民衆史研究』第10号		5
	山越脩蔵	上田自由大学の頃（1）～（7）	『信州白樺』第7～13号		1972. 7～1974. 4

1972 年	上木敏郎	土田杏村と自由大学運動－信濃自由大学を中心に	『思想の科学』別冊 No.6		4
	宮柊二	なつかしい自由大学	『朝日新聞』		9/24
	大槻宏樹	自由人学運動における社会教育論	『学術研究』（早稲田大学）第 19 号		12
	山崎時彦編		『若き日の恒藤恭』	世界思想社	
	山越脩蔵	信濃黎明会と自由大学	『信濃　長野県の歴史と風土』	ジャパンアート社	
	小林英一	大正デモクラシー期の教育・文化	『長野県政史』第 2 巻		
1973 年	鹿野政直	大正デモクラシーの解体―民衆思想の次元における	『思想』第 583 号		1
	鹿野政直	青年団運動の一資料としての時報について	『史観』第 86・87 号		3
	上木敏郎	解題　土田杏村と自由大学運動	村川栄一編集『教育労働研究』第 1 号		4
	『自由大学研究』会編		『自由大学研究』第 1 号（～第 9 号：1986 年 1 月）	自由大学研究会	
	天田邦子	上田自由大学運動前後における上小地方青年層の動向（要旨）	『自由大学研究』第 1 号		6
	山野晴雄	昭和初期の上田自由大学	『自由大学研究』第 1 号	〈再録〉『長野県近代史研究』第 6 号（1975 年）〔「昭和恐慌と自由大学運動―上田自由大学を中心に」と改題・加筆〕	6
	小林利通	幻想としての自由大学　解釈のためではなく、変革のために	『自由大学研究』第 1 号		6
	小川利夫	「自由大学」運動の再評価－その現代的視点（1）	『自由大学研究』第 1 号		6
	黒沢惟昭	自由大学研究に関する若干の問題点	『自由大学研究』第 1 号	〈再録〉『社会教育論序説』八千代出版、1981 年	6
	鹿野政直	絹の道と青春	『朝日新聞』1973 年 7 月 2 日～24 日	〈再録〉『思想史を歩く』下巻（朝日選書 6）1974 年	
	佐藤忠男	思想史を歩く－土田杏村と自由大学	『朝日新聞』1973 年 7 月 30 日～8 月 13 日	〈再録〉『思想史を歩く』下巻（朝日選書 6）1974 年	
	池田憲介	自由大学	『信濃毎日新聞』		9/9
	山野晴雄	解説　伊那自由大学の成立と経過	山野晴雄編『自由大学運動史料　伊那自由大学関係書簡（横田家所蔵）』	自由大学研究会	9
	高倉輝	自由大学かんけいの書簡集	山野晴雄編『自由大学運動史料　伊那自由大学関係書簡（横田家所蔵）』	自由大学研究会	9
	黒沢惟昭	自由大学研究の現段階	『月刊社会教育』	〈再録〉『国家・市民社会と教育の位相』御茶の水書房、2000 年	10
	桑原福治		『伊米ヶ崎の明治百年　上巻』	自費出版	
	新潟県教育百年史編さん委員会編		『新潟県教育百年史』大正・昭和前期編	新潟県教育委員会	
	鹿野政直	青年団運動の思想	『大正デモクラシーの底流』	日本放送出版協会	
	半田孝海和上米寿記念会		『楽土荘厳』	天地人堂	
1974 年	上木敏郎	土田杏村と自由大学運動 -- 信濃自由大学を中心に	『思想の科学』（別冊 6）		4
	山野晴雄	自由大学運動と国民の学習権	『民衆史研究会会報』第 2 号		5
	黒沢惟昭	自由大学研究についての覚書―教養概念をめぐって	『一橋論叢』第 71 巻第 5 号	〈再録〉『社会教育論序説』、1981 年『国家・市民社会と教育の位相』、2000 年	5
	山野晴雄	上田自由大学の成立とその経過	『月刊歴史手帳』		7
	小川利夫	「自由大学」運動の再評価－その現代的視点（2）	『自由大学研究』第 2 号		9
	山野晴雄	自由大学研究の現段階と課題	『自由大学研究』第 2 号		9
	山野晴雄	自由大学の講義内容について（1）	『自由大学研究』第 2 号		9
	小林利通	私にとっての自由大学	『自由大学研究』第 2 号		9
	深町広子	自由大学と私	『自由大学研究』第 2 号	〈再録〉『自由大学運動と現代』1983 年	9
	山越脩蔵	草稿・信濃自由大学〔1955 年頃執筆〕	『自由大学研究』第 2 号	〈再録〉『自由大学運動と現代』1983 年	9

1974年	国立教育研究所上田調査団	猪坂直一氏との対談	『自由大学研究』第2号	〈再録〉『自由大学運動と現代』1983年	9
	上木敏郎	新しい「自由大学」の創造にあたって	『月刊社会教育』		10
	青木孝寿	信濃黎明会から信濃自由大学への道	『信濃路』第11号		10
	小崎軍司	農民哲学者・金井正	『思想の科学』第39号(別冊No. 9)		11
	上木敏郎	土田杏村による教育体系の構想とその実践	『成蹊論叢』第13号		12
	桑原福治		『伊米ヶ崎の明治百年　下巻』	自費出版	
	松尾尊兊		『大正デモクラシー』	岩波書店	
	小川利夫	自由大学運動	国立教育研究所編『日本近代教育百年史』第7巻	〈再録〉『青年期教育の思想と構造』勁草書房、1978年	
	島岡潔	千代自由大学の頃	『館報ちよ』第24号		
1975年	山野晴雄	伊那自由大学の歴史(研究報告)(信州の社会教育<特集>-2-)	『月刊社会教育』		9
	山野晴雄	新潟県における自由大学運動(1)	『自由大学研究』第3号		10
	小林利通	タカクラ・テルについて―その思想形成	『自由大学研究』第3号		10
	鹿野政直	大正デモクラシーの思想と文化	岩波講座『日本歴史（近代5)』第18巻		
	中野光	教育の自由と解放を求めて	金原左門編『日本民衆の歴史』第7巻	三省堂	
	榊原祥子	自由大学―その民衆性について	『社会教育の研究』〔早稲田大学教育学部社会教育専修大槻宏樹ゼミ報告書〕第4号		
	小崎軍司	夜あけの星：自由大学/自由画/農民美術を築いた人たち	『夜あけの星：自由大学・自由画・農民美術を築いた人たち』	造形社	
1976年	久田邦明	自由大学再建運動の思想と実践	『創』	〈再録〉同『民衆教育思想史論』〔自費出版〕(1980年)	1
	青木孝寿	長野県の青年運動	『長野』第68号		7
	山越脩蔵	上田自由大学	『長野』第68号	抄録『自由大学運動60周年記念誌』1981年	7
	中込道夫	大正デモクラシー―その内包と外延	『現代の眼』17（8）		8
	中野光	教育改造運動の高揚と反動のきざし	『歴史公論』第2巻第9号		9
	青木孝寿	地域と民衆―大正初期信州の民衆像	『歴史公論』第2巻第9号		9
	山野晴雄	新潟県における自由大学運動(2)	『自由大学研究』第4号		9
	青木猪一郎	（資料）青木猪一郎日記（抄）	『自由大学研究』第4号		9
	中沢鎌太	（資料）中沢鎌太日記（抄）	『自由大学研究』第4号		9
	新明正道	自由大学の思い出	『自由大学研究』第4号	〈再録〉『自由大学運動と現代』1983年	9
	蒲地紀生・渋谷定輔	上田自由大学のころ―山越脩蔵、猪坂直一氏に聞く　上	『月刊社会教育』		11
	尾崎英次	神川村読書会について	『千曲』（東信史学会）第11号		11
	上沼八郎	信濃（上田）自由大学	『信濃毎日新聞』		11/30
	上沼八郎	信南（伊那）自由大学	『信濃毎日新聞』		12/4
	蒲地紀生・渋谷定輔	上田自由大学のころ―山越脩蔵,猪坂直一氏に聞く　下	『月刊社会教育』		12
	山野晴雄	大正デモクラシーと民衆の自己教育運動―上田自由大学を中心として	『季刊現代史』第8号		12
	仕谷悦治	「信濃自由大学」を想う	『赤旗』（1976年12月27日）	〈再録〉『自由大学研究』第6号（1979年）・『自由大学研究通信』第3号（1980年）	12
	西田公久・深見恭子	「一粒の麦」は終りぬ―自由大学運動の衰退をめぐって	『社教育の研究』〔早稲田大学教育学部社会教育専修大槻宏樹ゼミ報告書〕第5号	早稲田大学教育学部大槻研究室	
	増田恵子・森康子・玉井禎子	自由大学論―上田自由大学考、上田自由大学の経過、自由大学の終焉	『社教育の研究』〔早稲田大学教育学部社会教育専修大槻宏樹ゼミ報告書〕第5号	早稲田大学教育学部大槻研究室	

1976年	自由大学研究会事務局編		『自由大学雑誌』第1巻第1～11号(1925年1月～12月)(復刻版)	自由大学研究会	
	尾形憲	土田杏村と自由大学	『学歴信仰社会』	時事通信社	
	安田徳太郎	山本宣治	『思い出す人びと』	青土社	
	吉澤潤	"自由大学運動"と土田杏村の教育思想	『教育学雑誌』〔日本大教育学会〕第10号		
	猪坂直一	『自由大学雑誌』発行の回想	『自由大学雑誌』 復刻版月報	抄録『自由大学運動60周年記念誌』1981年	
	山野晴雄	自由大学協会の成立	『自由大学雑誌』 復刻版月報		
1977年	山崎 時彦	上田(信濃)自由大学ーその開始	『法学雑誌』第23巻第4号		3
	山野晴雄	信濃自由大学の成立と展開	『日本歴史』第347号		4
	上木敏郎	土田杏村と山本宣治ー往復書簡を中心に	『成蹊論集』第16号		12
	小出町教育委員会編		『八海(魚沼)自由大学書簡集』小出町文化財調査資料第1輯	改訂〈再録〉『小出町歴史資料集』第1集(近代教育編Ⅱ) 1981年	
	星野右一郎	八海自由大学の沿革	『八海自由大学記念碑建立記録』		
	小川利夫	現代社会教育思想の生成ー日本社会教育思想史序説	『現代社会教育の理論』(講座現代社会教育)	亜紀書房	
	中野光	教育反動の中の教師と民衆	『大正デモクラシーと教育』	新評論	
1978年	坂本令太郎	土田杏村ー信濃自由大学創設者(近代を築いたひとびと139回)	『日本の屋根』(信越放送月刊誌)		4
	長尾宗次	伊那自由大学運動の頃	『信州白樺』第29号		5
	山越脩蔵	土田杏村の手紙と上田自由大学	『信州白樺』第29号		5
	高倉輝	自由大学のこと	『信州白樺』第29号		5
	猪坂直一	土田杏村先生と自由大学	『信州白樺』第29号		5
	蒲地紀生	土田杏村と渋谷定輔	『信州白樺』第29号		5
	渋谷定輔	魅せられた杏村二十七通の書翰	『信州白樺』第29号		5
	上木敏郎	土田杏村と恒籐恭	『信州白樺』第29号		5
	大槻宏樹	自由大学運動についての二・三の問題	『自由大学研究』第5号		5
	林源	伊那自由大学の思い出	『自由大学研究』第5号	〈再録〉 同『社杜都雪の高田』(句文集、自費出版)(1981年)・『自由大学運動と現代』(1983年)	5
	楯操	(回想) 伊那自由大学のこと	『自由大学研究』第5号		5
	福本多世	〈回想〉自由大学と二人のあにー義兄・横田憲治と兄・平沢桂二	『自由大学研究』第5号	〈再録〉『自由大学運動と現代』(1983年)	5
	代田保雄	自由大学関係者の証言 (1)	『自由大学研究』第5号	〈再録〉『自由大学運動と現代』(1983年)	5
	小林千枝子	伊那自由大学について	『自由大学研究』第5号		5
	山野晴雄	(資料紹介)『南信新聞』伊那自由大学関係記事	『自由大学研究』第5号		5
	山野晴雄	聞き取り 自由大学関係者の証言 (1) ～ (5)〔(1) 代田保雄、(2) 林広策、(3) 小沢一、(4) 井沢譲、(5) 中川杏果〕	『自由大学研究』第5～9号		1978.5～86.1
	矢口格	木崎夏期大学の真髄を考える	『地域と創造』第6号		8
	小崎軍司	高倉輝が農民に語りかけた〈ことば〉講演資料の紹介	『信州白樺』第30号		12
	山野晴雄	山本宣治と自由大学運動	『信州白樺』第30号		12
	浜田陽太郎・小杉巌	上田自由大学	浜田陽太郎・石川松太郎・寺崎昌男『近代日本教育の記録』(下)	日本放送出版協会	
	松本市教育百年史刊行委員会編		『松本市教育百年史』		
	山野晴雄	教育県長野ー上田自由大学とその周辺	金原左門編『地方デモクラシーと戦争』〔地方文化の日本史 第9巻〕	文一総合出版	
	自由大学研究会編		『伊那自由大学』復刻版月報		
	山野晴雄	羽生三七氏の証言	『伊那自由大学』復刻版月報		
	林源	〈回想〉『伊那自由大学』第1号について	『伊那自由大学』復刻版月報		
	林広策・中林昌平ほか	座談会 明治青年大いに語るー懐しい自由大学の頃	堀之内公民館報『ほりのうち』第189号		
	山野晴雄	木崎夏期大学に再生は可能かー自由大学の立場から	『季刊地域と創造』第5号		

1978 年	佐藤泰治	魚沼・八海自由大学発祥の考察	『魚沼文化』第 11 号		
	稲葉宏雄	土田杏村の教育思想と自由大学運動	池田進・本山幸彦編『大正の教育』	第一法規	
1979 年	上條宏之	大正デモクラシーと上田自由大学	『伝統と現代』第 56 号	〈再録〉『民衆的近代の軌跡ー地域民衆史ノート2』銀河書房　1981 年	1
	自由大学研究会編		『自由大学研究通信』第 1 号（1979 年 3 月）〜第 5 号（1982 年 8 月）		
	森山茂樹	〈研究の視点〉魚沼・八海両自由大学の場合	『自由大学研究通信』第 1 号		3
	小川利夫・渋谷定輔	対談：青年と自己形成ー『農民哀史』の著者と語る	教育科学研究会編『教育』29（6）		6
	小林千枝子	〈研究の視点〉自由大学とコミューン思想	『自由大学研究通信』第 2 号		8
	久田邦明	もうひとつの大学ーその歴史的系譜	『進ゼミ情報』秋季号	〈再録〉『民衆教育思想史論』	9
	中林昌平	（回想）魚沼自由大学の開講	『自由大学研究』第 6 号	〈再録〉『自由大学運動と現代』 1983 年	10
	林広策	自由大学関係者の証言（2）	『自由大学研究』第 6 号	〈再録〉『自由大学運動と現代』（1983 年）	10
	佐藤泰治	越後の自由大学をめぐる二・三の問題	『自由大学研究』第 6 号	改訂〈再録〉『小出町歴史資料集』第 1 集（近代教育編Ⅱ） 1981 年	10
	山野晴雄	「魚沼自由大学の性格ー佐藤泰治氏の批判に答えて」「魚沼自由大学関係資料」	『自由大学研究』第 6 号		10
	渡辺はつ江	八海自由大学の生まれた素因	『自由大学研究』第 6 号		10
		「下村正作『手帳』〔昭和二年日記〕」	『自由大学研究』第 6 号		10
	自由大学研究会編		『自由大学研究』別冊 1（伊那自由大学の記録）		10
	羽生三七・林源・長尾宗次・佐々木忠綱・楯操ほか	座談会	『自由大学研究』別冊 1（伊那自由大学の記録）	〈再録〉『自由大学運動と現代』（1983 年）	10
	山野晴雄	伊那自由大学の性格をめぐって	『自由大学研究』別冊 1（伊那自由大学の記録）		10
		楯操・福元多世両氏を囲んで	『自由大学研究』別冊 1（伊那自由大学の記録）		10
	山野晴雄	上田自由大学の歴史（1）〜（5）	『大学論通信』第 73 〜 77 号		1979.12 〜 1980.4
	宮坂広作	土田杏村と上田自由大学	『季刊教職課程』第 5 巻第 5 号	〈再録〉 上沼八郎編『人物近代教育小史』協同出版（1981 年）・『宮坂広作著作集』第 1 巻　明石書店（1994 年）	
	猪坂直一	猪坂直一氏の証言と質疑	『長野県近代史研究』第 9 号		
	藤田秀雄	1920 年代の自己教育運動	『社会教育の歴史と課題』	学苑社	
	吉川正道	近代日本の社会教育の歩み	藤原英夫編『社会教育論』	ミネルヴァ書房	
	安田常雄		『日本ファシズムと民衆運動』	れんが書房新社	
	長野県教育史刊行会編		『長野県教育史』第 14 巻・史料編 8	長野県教育史刊行会	
1980 年	佐藤泰治	川口自由大学序説	川口町民俗研究同好会『会報』第 2 号		1
	山野晴雄	（資料紹介）上田自由大学関係記事（『上田毎日新聞』）	『自由大学研究通信』第 3 号		3
	佐藤泰治	本県自由大学運動の研究	『新潟県史研究』第 7 号	改訂〈再録〉『小出町歴史資料集』第 1 集（近代教育編Ⅱ） 1981 年	
	小川利夫・山野晴雄	大正デモクラシーと社会教育ー自由大学運動の現代的考察	碓井正久編『日本社会教育発達史』（講座現代社会教育Ⅱ）	亜紀書房	
	山野晴雄	自由大学運動の生成とその展開	碓井正久編『日本社会教育発達史』（講座現代社会教育Ⅱ）	亜紀書房〈再録〉『自由大学運動 60 周年記念誌』（1981 年）	
	久田邦明		『民衆教育思想史論』	私家版	
	柳沢昌一	信濃自由大学成立過程の再検討ー農村社会運動と民衆の自己教育その 1	『社会教育の研究』〔早稲田大学教育学部社会教育専修大槻宏樹ゼミ報告書〕第 8 号	早稲田大学教育学部大槻研究室	

1981年	山野晴雄	上田自由大学運動	『地方自治職員研修』臨時増刊第6号		3
	自由大学研究会		『自由大学運動60周年記念誌 自由大学研究　別冊2』	山野晴雄「自由大学運動年譜」（引用あり：細田延一郎「筆記帳自由大学講義二号」）	11
	平野勝重	土田杏村と自由大学運動	『学習指導研修』		11
	大槻 宏樹	戦前自己教育論の思想構造	大槻宏樹編『自己教育論の系譜と構造ー近代日本社会教育史』	早稲田大学出版部	
	柳沢昌一	自由大学運動と〈自己教育〉の思想	大槻宏樹編『自己教育論の系譜と構造ー近代日本社会教育史』	早稲田大学出版部	
	安田常雄		『出会いの思想史　渋谷定輔論』	勁草書房	
	中野光	個性の尊重と自由の追求	鹿野政直編『図説・日本文化の歴史⑩　大正・昭和』	小学館	
	米山 光儀	上田自由大学の理念と現実ータカクラ・テルの教育的営為	『社会学研究科紀要』〔慶応義塾大学大学院〕第21号		
	高倉輝	自由大学がわたしを変えた	『自由大学運動60周年記念誌』		
	石井清司	自由大学運動60周年を記念して	『自由大学運動60周年記念誌』		
	楯操	自由大学運動60周年を記念して	『自由大学運動60周年記念誌』		
	中林昌平	自由大学運動60周年を記念して	『自由大学運動60周年記念誌』		
	深町広子	自由大学運動60周年を記念して	『自由大学運動60周年記念誌』		
	羽生三七	自由大学運動60周年を記念して	『自由大学運動60周年記念誌』		
	佐々木忠綱	自由大学運動60周年を記念して	『自由大学運動60周年記念誌』		
	北沢小太郎	自由大学運動60周年を記念して	『自由大学運動60周年記念誌』		
	松沢兼人	自由大学と信州的土壌	『自由大学運動60周年記念誌』		
	福本多世	横田憲治の写真にそえて	『自由大学運動60周年記念誌』		
	長尾宗次	伊那自由大学と私	『自由大学運動60周年記念誌』		
	島岡潔	当時を懐古して	『自由大学運動60周年記念誌』		
	小出町教育委員会編		『小出町歴史資料集』第1集（近代教育編Ⅱ）		
	渡辺泰亮	我等の自由大学	小出町教育委員会編『小出町歴史資料集』第1集（近代教育編Ⅱ）に再録		3
	山野晴雄	信州白樺運動と自由大学運動	信州の民権百年実行委員会編『信州民権運動史』	銀河書房	
	北沢小太郎	〈証言〉大正デモクラシーと下伊那の青年たち	信州の民権百年実行委員会編『信州民権運動史』	銀河書房	
1982年	山野晴雄	自由大学運動六〇周年記念集会ひらかるー自由大学運動の今日的意義を問う	教育科学研究会編『教育』32(1)		1
	山野晴雄	自由大学運動と現代ー自由大学運動60周年記念集会を開いて	『月刊社会教育』		1
	山野晴雄	自由大学運動60周年記念集会報告	『日本教育史往来』第7号		2
	飯島丁巳	長野県の自由大学と青年団自主化運動　上・下	『月刊公民館』		5・6
	山野晴雄	自由大学運動と現代ー自由大学運動60周年記念集会を開いて	『歴史学研究』No.506	〈再録〉『自由大学運動と現代』（1983年）	7
	山野晴雄	自由大学運動60周年記念集会報告	『自由大学研究通信』第5号		8
	大槻宏樹	自由大学運動ー自己と他者の関係性	『歴史公論』第83号		10
	山野晴雄	自由教育運動を推進した人びとー金井正	『歴史公論』第83号		10
	小川利夫・堀尾輝久・金原左門	座談会・国民教育の可能性をめぐって	『歴史公論』第83号		10
	小澤一	自由大学関係者の証言（3）	『自由大学研究』第7号		10
	松沢兼人	信州自由大学の土壌	『自由大学研究』第7号	〈再録〉『自由大学運動と現代』（1983年）	10
	佐々木敏二	長野県における社会運動と自由大学運動	『自由大学研究』第7号		10
	竹花佳江	伊那自由大学の歴史と思想	『思想史研究草稿』第5号		10
	米山光儀	タカクラ・テルの半生ー大衆から学んだ知識人	山手英学院『紀要』第12号		10
	米山光儀	土田杏村の生涯教育論構想	『日本生涯教育学会年報』第3号		11

1982 年	山下史路	上木敏郎著「土田杏村と自由大学運動」	『現代の理論』19(4)	現代の理論社	12
	長野県教育史刊行会編		『長野県教育史』第３巻	長野県教育史刊行会	
	社会教育施行三十周年記念誌編集委員会編		『長野県社会教育史』	長野県教育委員会	
	鹿野政直・由井正臣編		『近代日本の統合と抵抗』3	日本評論社	
	上木敏郎		『土田杏村と自由大学運動：教育者としての生涯と業績』	誠文堂新光社	
	大槻宏樹編著		『社会教育史と主体形成』	成文堂	
	下伊那地域史研究会編		『下伊那の百年』	信毎書籍出版センター	
	山越脩蔵	出先生の思いで	出かず子編『回想出隆』	回想出隆刊行会	
1983 年	金原左門	現在に問いかける“自己教育”活動の歴史的経験	『自由大学研究』第８号		10
	馬場直次郎	上田自由大学講座筆記	『自由大学研究』第８号		10
	前野良	回想ー上田自由大学と今中政治学	『自由大学研究』第８号		10
	前野良	(資料) 魚沼自由大学における「政治学」講義の内容	『自由大学研究』第８号		10
	安達朋子	新潟県における自由大学運動 (上)	『自由大学研究』第８号		10
	米山光儀	自由大学の発展的継承とは何かー上佃自由大学を素材として	『自由大学研究』第８号		10
	井沢謙	自由大学関係者の証言 (4)	『自由大学研究』第８号		10
	大槻宏樹編著		『金井正選集』(大槻ゼミ報告書『社会教育の研究』〔早稲田大学教育学部社会教育専修大槻宏樹ゼミ報告書〕特別号)	早稲田大学教育学部大槻研究室	
	高倉輝	金井正くんのこと	大槻宏樹編著『金井正選集』(大槻ゼミ報告書『社会教育の研究』〔早稲田大学教育学部社会教育専修大槻宏樹ゼミ報告書〕特別号)	早稲田大学教育学部大槻研究室	
	山越脩蔵	金井正さんのこと	大槻宏樹編著『金井正選集』(大槻ゼミ報告書『社会教育の研究』〔早稲田大学教育学部社会教育専修大槻宏樹ゼミ報告書〕特別号)	早稲田大学教育学部大槻研究室	
	前野良		『上田自由大学と今中次麿博士の政治学』	私家版	
	自由大学研究会編		『自由大学運動と現代：自由大学運動六〇周年集会報告集』	信州白樺	
	山野晴雄	自由大学運動の歴史とその意義	『自由大学運動と現代：自由大学運動六〇周年集会報告集』	信州白樺	
	山野晴雄	働く民衆のために大学をー上田自由大学が語るもの	市川正巳監修『博学紀行　長野県』	福武書店	
	柳沢昌一	「自由大学の理念」の形成とその意義 -- 民衆の自己教育運動における＜相互主体性＞の意識化	『東京大学教育学部紀要』(23)		
	安田常雄	上木敏郎著『土田杏村と自由大学運動 - 教育者としての生涯と業績 -』, 誠文堂新光社, 一九八二・七刊, 四六, 二八六頁	『史学雑誌』92(2)		
1984 年	柳沢昌一	「自由大学の理念」の形成とその意義	『東京大学教育学部紀要』第 23 巻		3
	柳沢昌一	民衆の自己教育運動における知識人と民衆の関連性	『日本教育史研究』第３号		5
	小平千文	「大正九年九月記事録信濃黎明会」を見て	『上田近代史だより』第 22 号		7
	下久堅青年運動史研究会編 (文責：長沢成次)	長野県下伊那郡下久堅村青年会の『自主化』運動	『信州白樺』第 59・60 合併号		9
	望月彰	土田杏村著「教育の革命時代」に学ぶ	『信州白樺』第 59・60 合併号		9
	長野県編		『長野県史』近代史料編第８巻 (3) 社会運動・社会政策	長野県史刊行会	
	川口幸宏	大正期新教育運動の展開	川合章ほか『日本現代教育史』	新日本出版社	
	大串隆吉	1920 年代白己教育活動の展開	藤川・大串編『日本社会教育史』	エイデル研究所	

1985年	上條宏之	自由大学運動の語りかけるもの	『クオータリーかわさき』第6号		3
	長野県上小地方農民運動史刊行会編		『長野県上小地方農民運動史』	上小地方農民運動史刊行会	
	山野晴雄・成田龍一	民衆文化とナショナリズム	『講座日本歴史』第9巻（近代3）	東京大学出版会	
1986年	安達朋子	新潟県における自由大学運動（下）	『自由大学研究』第9号		1
	山野晴雄	大正デモクラシー期における青年党類似団体の動向	『自由大学研究』第9号		1
	中川杏果	自由大学関係者の証言（5）	『自由大学研究』第9号		1
	米山光儀	伊那自由大学とタカクラ・テル	『慶応義塾大学教職課程センター年報』第1号		
1987年	倉沢美徳		『別所温泉の高倉テルさん』	信濃教育会出版部	
	安田常雄	生活者と運動者の間一渋谷定輔再論	『暮らしの社会思想』	勁草書房	
	社会教育基礎理論研究会		『叢書　生涯学習Ⅰ一自己教育の思想史』	雄松堂	
	柳沢昌一	自由大学運動における自己教育思想の形成過程	社会教育基礎理論研究会編『叢書　生涯学習Ⅰ一自己教育の思想史』	雄松堂	
	柳沢昌一	民間の学と民衆の自己教育ー自由大学運動の担い手たち	『思想の科学』(96)		
	米山光儀	自由大学の影響に関する一考察ー長野県下伊那郡大下条村の場合	『慶応大学教職課程センター年報』第2号		
1989年	小川 利夫	ドキュメント社会教育実践史＜戦前編＞-3- 自由大学運動とその周辺	『月刊社会教育』		4
1990年	宮原誠一		『社会教育論』〔初出1960年〕	国土社	
1991年	松本衛士	上田自由大学とその周辺（1）～(31)	『週刊上田』		1991.9～1992.3
	上木敏郎編		『土田杏村とその時代』	新穂村教育委員会	
	新明正道	信濃自由大学の想い出	『土田杏村とその時代』	新穂村教育委員会	
1993年	渡邊典子	（聞き取り）長野県小県郡神川村における学習集団「路の会」について	『中等教育史研究』〔中等教育史研究会〕第1号		5
	大日方悦夫	「満州」分村移民を拒否した村長	『歴史地理教育』第508号	〈再録〉　歴史教育者協議会編『語りつぐ戦中・戦後1　近衛兵反乱セリ』労働旬報社　1995年	10
	山口和宏	土田杏村における「教養」の問題ーその思想的根底としての華厳の世界観について	日本教育史学会紀要編集委員会編『日本の教育史学』第36集		10
	渡邊典子	（研究ノート）昭和恐慌期における青年層の学習活動ー長野県小県郡神川村を事例として	『日本生涯教育学会年報』第14号		11
	中野光	大正自由教育と「芸術自由教育」自由教育協会と「芸術自由教育」	冨田博之ほか編『大正自由教育の光芒』	久山社	
	山野晴雄	土田杏村と上田自由大学	冨田博之ほか編『大正自由教育の光芒』	久山社	
	梨本雄太郎	社会教育理論における「学習」の位置ー社会教育学習論の学説史に向けて（1）	東京大学教育学部社会教育学研究室 編『社会教育学・図書館学研究』第17号		
	梨本雄太郎	学習の場における「公共性」をとらえる視角	『日本社会教育学会紀要』第29号		
1994年	渡邊典子	ファシズム体制移行期における青年団運動ー長野県小県郡を事例として	『人間研究』第30号		3
	渡邊典子	（聞き取り）長野県小県郡神川村の青年団活動ー望月与十氏に聴く	『中等教育史研究』〔中等教育史研究会〕第2号		5
	山口和宏	自由大学における「教養主義」再考	日本社会教育学会『日本社会教育学会紀要』30号		6
	渡邊典子	1920～30年代における青年の地域活動ー長野県神川村『路の会』による学習・教育を中心に	『日本教育史研究』第13号		8
	山越脩蔵	神川村分村計画、中原開拓団成立の経過（私記：1950年頃）	中村芳人編『神川村分村、開拓団の歴史』（私家版）		

1995 年	山口昌男		『「敗者」の精神史』	岩波書店	
	上原民恵	深町広子と上田自由大学	『上田小県近現代史研究会ブックレット』No.1	上田小県近現代史研究会	
1996 年	佐々木 敏二	土田杏村と自由大学－恒藤恭，山本宣治との関係を中心に（近代京都における自由主義思潮の研究）	『立命館大学人文科学研究所紀要』65 号		2
	山口和宏	「非近代的教育方法」再考	『立命館教育科学研究』第 7 号		3
	渡辺 典子	埼玉県児玉郡丹荘村における丹荘自由大学：下中弥三郎「農民自由大学」の構想と実践	日本教育史学会紀要編集委員会編『日本の教育史学』第 39 集		
	渡辺光弥編		『資料・土田杏村と新潟新聞』増補版		私家版：1992 年
	山口和宏	土田杏村のユートピア	上杉孝實ほか『社会教育の近代』	松籟社	
	小宮山量平ほか		『戦後精神の行くえ』	こぶし書房	
1997 年	小林千枝子		『教育と自治の心性史一農村社会における教育・文化運動の研究』	藤原書店	
	米山光儀	「土田杏村」「タカクラ・テル」	『「援助」教育の系譜－近世から現代まで』	川島書店	
	渡辺かよ子		『近現代日本の教養論－ 1930 年代を中心に』	行路社	
	米山光儀	わが国における大学拡張運動の展開と挫折－慶應義塾を事例として	『近代思想のアンビバレンス』	御茶の水書房	
	古川貞雄・福島正樹ほか編		『長野県の歴史』	山川出版社	
	上田市教育委員会編		『自由大学に学ぶ今日の生涯学習』(市民フォーラム報告集)		
	松井慎一郎	土田杏村の「文化主義」一理想主義と社会主義との調和に向けて	『民衆史研究』〔民衆史研究会〕第 53 号		
1998 年	山口和宏	土田杏村の人間観に関する一考察	『教育論叢』〔近畿大学〕第 9 巻第 2 号		1
1999 年	平野勝重	上田自由大学物語（1）～（5）	『懇』第 12、14、16、19-20 号		1999.1 ～ 2001.1
	山口和宏	土田杏村における『華厳の世界観』の成立	『教育論叢』〔近畿大学〕第 11 巻第 1 号		9
	渡辺かよ子	「修養」と「教養」の分離と連関に関する考察－ 1930 年代の教養論の分析を中心に	『教育学研究』第 66 巻第 3 号		9
	土橋荘司	土田杏村と信濃自由大学（上）	「自由」編集委員会『自由』41 巻 10 号		10
	土橋荘司	土田杏村と信濃自由大学（下）東京高師、京都帝大、自由大学運動における杏村の活動	「自由」編集委員会『自由』41 巻 11 号		11
	鹿野政直		『近代日本思想案内』	岩波文庫	
2000 年	土橋荘司	信濃自由大学の終焉	「自由」編集委員会『自由』42 巻 2 号		2
	伊藤安正	自由大学から公民館へ（特集 20 世紀の社会教育から学ぶ）	『月刊社会教育』		12
	小林利通		『日本近代史の地下水脈をさぐる－信州・上田自由大学への系譜』	梨の木舎	
	渡邊典子	埼玉県入間郡における豊岡大学の創設過程－地域的背景との関わりを中心に	『地方教育史研究』第 21 号		
2001 年	伊藤友久	須山賢逸の関連資料 -- 信南自由大学発起人と画家石井伯亭との接点	『信濃』〔第 3 次〕53(2)		2
	山口和宏	土田杏村における「社会」と「国家」（1）～（4）	『教育論叢』〔近畿大学〕第 13 巻第 1 号～第 14 巻第 2 号		2001.3 ～ 2003
	伊藤 友久	史料紹介 須山賢逸の関連史料 (2) 信南自由大学の創立と理念	『信濃』〔第 3 次〕53(9)		9
	渡邊典子	埼玉県入間郡における豊岡大学と日本弘道会との関係 -1920 ～ 30 年代における地域的学習活動の一事例	『人間社会学部紀要』〔日本女子大〕第 7 号		
	安田徳太郎	山本宣治と私	『二十世紀を生きた人びと』	青土社	

2002年	山野晴雄	戦時下知識人の思想と行動ータカクラ・テルの場合	『法学新報』〔中央大学法学会〕第109巻第1・2合併号		4
	大槻宏樹編著		『山越脩蔵選集ー共生・経世・文化の世界』	前野書店	
	上田市誌編さん委員会		『上田市誌　近現代編（1)』	上田市・上田市誌刊行会	
2003年	伊藤友久	史料紹介 須山賢逸の関連史料(3)郡青から信南自由大学へ、そして信濃自由大学との係わり	『信濃』〔第3次〕55(7)		7
	山崎時彦		『恒藤恭の青年時代』	未来社	
	古市将樹	土田杏村のプロレットカルト論に関する研究ー教育観のパラダイム	『早稲田教育評論』第17巻第1号		
	渡邊典子	地域社会における青年・成人の〈教養〉と学習ー埼玉県入間郡豊岡大学を中心に	千葉昌弘・梅村佳代編『地域の教育の歴史』	川島書店	
	林鈴子	大正デモクラシーと上田自由大学	法政大学通信教育部文学部史学科2003年度卒業論文		
2004年	田中 幸世	勤労・実践を捉えかえす学び(3)上田自由大学と基礎研と	『経済科学通信』105号		8
	森源三郎、旭洋一郎、小川勝一[他]	大正期自由大学運動の総合研究	『長野大学紀要』第26巻第2号		9
	山口和宏		『土田杏村の近代』	ぺりかん社	
	小平千文	あらためて上田自由大学をみつめる	『上田自由大学と地域の青年たち』上田小県近現代史研究会ブックレットNo.11	上小近現代史研究会	
	中野光	上田に輝いた「二つの一等星」	『上田自由大学と地域の青年たち』上田小県近現代史研究会ブックレットNo.11	上小近現代史研究会	
	村山隆	住民の立場で上田自由大学を考える	『上田自由大学と地域の青年たち』上田小県近現代史研究会ブックレットNo.11	上小近現代史研究会	
2005年	米山光儀	書評:山口和宏「土田杏村の近代」	『日本社会教育学会紀要』第41号		
	山野晴雄	農村青年の熱き志ー自由大学	『地域文化』第72号		4
	馬本勉	明治期の英語授業過程に関する一考察：広島高等師範学校附属中学校の教育実習教案下書をもとに」	『英學史論叢』第8号		7
2005年	森源三郎、旭洋一郎、小川勝一、小高康正、小林正洋、長島伸一	大正期上田自由大学の総合的研究(2)(研究C,2004年度長野大学地域研究・一般研究助成金による研究報告)	『長野大学紀要』第27巻第2号		9
	大槻 宏樹	学問の磁気と臨界ー福元多世の自由大学と早稲田大学	「早稲田大学史記要」第37巻		12
2006年	長島伸一	自由大学運動の歴史的意義とその限界	『経済志林』74巻1・2号		8
	森源三郎、旭洋一郎、小川勝一、小高康正、小林正洋、長島伸一〔他〕	大正期上田自由大学の総合的研究(3)(2005年度長野大学地域研究・一般研究助成金による研究報告)	『長野大学紀要』第28巻第2号		9
	長野大学編		『上田自由大学とその周辺』	郷土出版社	
2008年	長島伸一	上田小県地域の青年団活動と『社会的教養』ー『西塩田時報』を中心に」	『長野大学紀要』第30巻第2号		9
	古市将樹	土田杏村の教育論および自由大学運動再考ー学習/自己省察の契機としての他者	『関東教育学会紀要』第35号		10
	山野晴雄	タカクラ・テルの一九二〇年代	『長野県近代民衆史の諸問題』	龍鳳書房	
2009年	長島伸一、野原光、京谷栄二[他]	自由大学と上田小県地域の青年団運動ー「社会的教養」をめぐって(領域を越えた学問的コミュニティを目指してー長野大学研究交流広場研究会の記録)ー(長野大学研究交流広場研究会：報告と討論)	『領域を越えた学問的コミュニティを目指してー長野大学研究交流広場研究会の記録　特別号第1号』		3

2010 年	中嶌 洋	学習メディアとしての「自由大學雑誌」の役割－雑誌の構成及び掲載論文・記事の分析から	『生涯学習・社会教育研究ジャーナル』第 4 号		
	和田登		『唄の旅人　中山晋平』	岩波書店	
2012 年	長島伸一	上田自由大学受講者群像 (1) 宮下周、堀込義雄の軌跡	『長野大学紀要』第 33 巻第 2 号		2
	長島伸一	準備研究 長野県上田小県地方の青年団運動と信濃黎明会・上田自由大学との関係 (2010 年度長野大学研究助成金による研究報告)	『長野大学紀要』第 33 巻第 2 号		2
	中嶌洋	ホームヘルプ事業誕生における教育的地盤の基礎形成 - 戦前日本社会を中心として -	『国際医療福祉大学学会誌』17 巻 2 号		7
	大谷俊	ある作家と教育運動：タカクラ・テルと自由大学運動	文藝と評論の会『文藝と批評』		11
	大槻宏樹、長島伸一、村田晶子編		『自由大学運動の遺産と継承：90 周年記念集会の報告』	前野書店	
	大槻宏樹	まえがき・趣旨説明	『自由大学運動の遺産と継承：90 周年記念集会の報告』	前野書店	
	山野晴雄	自由大学運動の 90 年－自由大学研究史を回顧して	『自由大学運動の遺産と継承：90 周年記念集会の報告』	前野書店	
	大谷俊	土田杏村における「もう一つの学問」の模索と展開－「もう一つの大学」としての自由大学の自律性への問い	『自由大学運動の遺産と継承：90 周年記念集会の報告』	前野書店	
	古市将樹	自由大学運動におけるもうひとつの「他者」－学びの欲望を体現する「他者」	『自由大学運動の遺産と継承：90 周年記念集会の報告』	前野書店	
	長島伸一	上田自由大学受講者群像 (2) －山浦国久、石井泉の軌跡	『自由大学運動の遺産と継承：90 周年記念集会の報告』	前野書店	
	柳沢昌一	自由大学運動をめぐる歴史的な省察－「自由大学の理念」の再考	『自由大学運動の遺産と継承：90 周年記念集会の報告』	前野書店	
	野原光	閉会のあいさつ－「自由」と「大学」について	『自由大学運動の遺産と継承：90 周年記念集会の報告』	前野書店	
	深町稔	「関係者を囲んで」深町（三井）広子の話	『自由大学運動の遺産と継承：90 周年記念集会の報告』	前野書店	
		＜土田杏村から山越脩蔵への書簡＞	『自由大学運動の遺産と継承：90 周年記念集会の報告』	前野書店	
	小平千文	上田自由大学の自学自習の精神に学んで設立した上田小県近現代史研究会、その活動の一班	『自由大学運動の遺産と継承：90 周年記念集会の報告』	前野書店	
		ブックレット第 1 号－第 18 号	『自由大学運動の遺産と継承：90 周年記念集会の報告』	前野書店	
	小平千文	60 周年から 90 周年に至る間の長野県における自由大学関係史料	『自由大学運動の遺産と継承：90 周年記念集会の報告』	前野書店	
		＜信濃毎日新聞＞	『自由大学運動の遺産と継承：90 周年記念集会の報告』	前野書店	
		＜週刊上田＞	『自由大学運動の遺産と継承：90 周年記念集会の報告』	前野書店	
	清水迪夫	胡桃澤盛と山本宣治－『胡桃澤盛日記』から	『自由大学運動の遺産と継承：90 周年記念集会の報告』	前野書店	
	伊藤友久	小林多喜二と自由大学－プロレタリア作家が出会った自由大学関係者	『自由大学運動の遺産と継承：90 周年記念集会の報告』	前野書店	
	村山隆	土着住民の「自由大学」覚書メモ	『自由大学運動の遺産と継承：90 周年記念集会の報告』	前野書店	
	井上恵子	地域と大正期の自由大学－「学び合うコミュニティ」への一私論	『自由大学運動の遺産と継承：90 周年記念集会の報告』	前野書店	
	渡辺典子	潜在的カリキュラムの強さ－自由大学運動 90 周年集会に参加して	『自由大学運動の遺産と継承：90 周年記念集会の報告』	前野書店	
	米山光儀	自由大学運動 90 周年記念集会参加記	『自由大学運動の遺産と継承：90 周年記念集会の報告』	前野書店	
	村田晶子	あとがき	『自由大学運動の遺産と継承：90 周年記念集会の報告』	前野書店	
2013 年	池上洋通	基本の「き」から学び合う地方自治 (第 12 回) 町村長・農民の抵抗と自由大学と：大正デモクラシーのなかで (2)	『住民と自治』		11

2014 年	山中芳和	土田杏村の教育観と修身教科書批判 (1) 自由大学運動と教育目的論を中心に	『岡山大学大学院教育学研究科研究集録』157 巻		
	柳沢昌一	自由と大学をめぐる歴史的な省察 :「自由大学の理念」の再考 (教育改革の歴史的展望)	『教師教育研究』7		
2015 年	田嶋一	啓明会の教育運動と農民自由大学の構想 : 青年の自立と教育文化	『國學院大學教育学研究室紀要』第 50 号		
2016 年	野本三吉	暮らしのノート (16) 自主講座、自由大学の思想	『公評』		8
	長島伸一	社会認識と自立的精神	『長野大学紀要』第 37 館第 3 号		
	田嶋一	1920 年代における青年たちの自立への希求と自由大学運動	『國學院大學教育学研究室紀要』第 51 号		
2018 年	芳井研一	八海自由大学と地域文化水脈	『佐渡・越後文化交流史研究』第 18 号		3
	米山光儀	図書紹介 自由大学運動の遺産と継承 : 90 周年記念集会の報告	『生涯学習・社会教育研究ジャーナル』第 12 号		
2019 年	「青年の自立と教育文化」研究部会	青年の自立と教育文化	『野間教育研究所紀要』第 61 集	野間教育研究所	
	粟谷真寿美	農業青年・楯操 (たてみさお) の歩み : 自由大学の回想より	『信大史学』第 44 号		
2020 年	山野晴雄	戦後上田自由大学の再建と展開	『長野県近現代史論集』	龍鳳書房	
	上條宏之監修 ; 長野県近代史研究会編		『長野県近現代史論集』	龍鳳書房	
	岡本洋之	土田杏村の自由大学理念構築に関する問題点 :—英国労働者教育についての情報受信を中心に—	『日本教育学会大會研究発表要項』79 巻		
2021 年	伊藤友久	自由大学運動の起因と崇高な理念 : 生涯学習発祥地としての責務	『長野県立歴史館研究紀要』第 27 号		3
	岡本洋之	土田杏村の彼方に青年たちが見た「学問的自己教育化」の文化 :—英日比較教育史の中の自由大学運動と長野千代村の人々	『日英教育研究フォーラム』Vol.25		8
2022 年	長島伸一		『民衆の自己教育としての「自由大学」』	梨の木舎	
	佐々木七美	農村「青年」の〈実像〉: 大正デモクラシー期、信濃地域における、普選運動及び自由大学運動を中心に	『学習院女子大学紀要』24 号		
	小平千文	自治の歴史と文化 (第 8 回) 上田自由大学 : 地域の青年の手で立ち上げた自己教育運動	自治労連・地方自治問題研究機構編『季刊自治と分権』87 号		
	古市将樹	自由大学にみる「大学教育の原点」(【書評】長島伸一『民衆の自己教育としての「自由大学」』)	『図書新聞』		8/27
	松田武雄	書評会報告 長島伸一『民衆の自己教育としての自由大学』梨の木舎、2022 年 民衆の自己教育の水脈を探る	『月刊社会教育』66 (10),		10
2023 年	上田市教育委員会 (生涯学習・文化財課) 監修・協力／自由大学運動 100 年記念フォーラム実行委員会		『社会教育の先駆け　上田自由大学を紹介します ! 』	上田市 HP よりダウンロード https://www.city.ueda.nagano.jp/soshiki/shogaku/79094.html	3
	片岡了	創立 100 周年を迎えた自由大学運動について考える	小林繁ほか『生涯学習概論 第 3 版』	エイデル研究所	
	自由大学運動 100 年記念フォーラム実行委員会		自由大学運動 100 年記念フォーラム［上田集会記録集］	伸和印刷	
2024 年	大槻宏樹ほか		『民衆の感じる痛みに応えようとして生まれた自由大学ー自由大学運動１００周年記念東京集会論叢』	エイデル研究所	

本目録は、主に長野大学編『上田自由大学とその周辺』（郷土出版社、2006年）の「自由大学関係文献目録」・長島伸一『民衆の自己教育としての「自由大学」』（梨の木舎、2022年）を参考に作成しています。それらの文献もご参照下さい。

（古市将樹）

V　実行委員会記録等

〈目次〉

1．2017 年度第 64 回日本社会教育学会研究大会ラウンドテーブル

「自由大学から学ぶこと ―自由大学運動 100 周年にむけて―」

大 槻 宏 樹（早稲田大学名誉教授）

自由大学は大正デモクラシーの産物として成立したように書かれたものを散見する。しかしそうではなく、自由大学はプレ･ファシズム期における抵抗運動として誕生した、と考えた方が面白くないだろうか。教育界に自由大学の噴火が起きてから、そろそろ 100 周年を迎えます。この節目を刻印するため、自由大学の自由研究を優先しつつも、多くの会員の知恵を出しあって、できれば共通のいくつかの課題研究をつくりましょう。

コーディネーター：古市将樹（常葉大学）

報告者：大槻宏樹（早稲田大学名誉教授）、古市将樹（常葉大学）

2．2021 年度第 68 回日本社会教育学会研究大会ラウンドテーブル

①自由大学 100 周年への誘い

古市将樹（常葉大学）

日本の社会教育史上注目されてきた自由大学の 100 周年を機に、2022 年秋（予定）に記念集会を開催します。その告知や実施に関する話し合いを二年前にもおこないましたが、その後新型コロナウィルスの問題が発生しました。

そこで今回のラウンドテーブルでは、感染防止策も含めた、より具体的な実施の体制作りや計画について話し合えればと考えております。すでに自由大学をご存じの方も初めて聞く方も、どうぞご参加ください。

コーディネーター：　大槻宏樹（早稲田大学名誉教授）、古市将樹（常葉大学）

報告者：　大槻宏樹（早稲田大学名誉教授）、古市将樹（常葉大学）

（日本社会教育学会「学会からのお知らせ」2021-2-2 号掲載）

3．教育総合研究所　公募研究採択研究計画書

研究計画書（新規）

2022 年　4　月 20 日
教育総合研究所長　殿
本属・資格：　文学学術院　教授
部会主任名：　村田晶子

研究期間：　2022　～　　年度（　1 ヵ年）
研究課題： 学習の自由と主体の形成　—　自由大学 100 周年を記念して　—
キーワード：　自由大学　社会教育　教育における自由　主体形成
研究計画 1．研究の目的・意義 1921 年に長野県上田・小県地域において発足した自由大学は、100 周年を迎えた。 社会教育学においても、近代日本思想史研究においても高く評価されてきた自由大学であるが、それは、若者自らが学びの場を創出する営みであったと同時に地域の文化創造の力を若者たちに育てる学習実践であった。 本研究は、自由大学 100 周年を振り返り、民衆の、農村青年の自己教育としての、そして、その学びの現代的意義や価値を多角的な角度から検討することを目的とする。上田・小県地域の取組のみならず、飯田や他の地域での自由大学の歴史と価値を確認し、改めて今日の日本社会における意義を、社会教育・成人教育の現状や課題との関連で検討をする。 上田地域においても 100 周年記念事業が取り組まれ、東京地区での開催と 2 か所でのシンポジウム開催も予定している。コロナ感染状況の状況次第ではオンラインでの開催となる可能性もあるが、現時点では、リスク回避も配慮しつつ対面での開催を予定し、報告書の作成を予定している。 2．研究計画・方法　2022　年度 ・先行研究の整理　90 周年以降今日に至る 10 年間の研究成果のとりまとめを中心として、文献目録を作成し、その研究動向を把握する。 ・研究会あるいは、公開講演会として研究成果の発信を実施する。春学期、秋学期(シンポジウム後)予定。 ・シンポジウム「自由大学 100 周年」（仮）開催（東京・長野県上田市 2 回開催） 東京会場開催（10 月）　研究報告予定者:古市将樹（常葉大学)、柳沢昌一（福井大学)、渡辺典子（武蔵野美術大学非常勤講師）このほか、飯田地域の研究発表者（2 名）を迎える予定。 ・上田市開催（11 月）大会参加 ・研究総括と報告書作成

4．自由大学運動 100 周年記念集会 東京集会告知

【旬報社『月刊社会教育』2022 年 10 月号（9 月 15 日)】

【記念集会のお知らせ】

自由大学運動 100 周年記念集会(東京集会)

◆開催日時：２０２２年１０月３０日(日) １０時～１７時

◆開催場所：早稲田大学戸山キャンパス 33 号館 3 階第 1 会議室

◆参加方法/形態：予約申込制（来場 100 名またはオンライン）

参加申し込みフォーム：https://forms.gle/n97coiQLJGzHKU7M8

１．集会開催の趣旨

　１９２１年に長野県上田・小県地域において発足した自由大学は、一〇〇周年を迎えました。本東京集会では、自由大学の歴史を振り返り、民衆の、農村青年の自己教育としての、そして、その学びの現代的意義や価値を多角的な角度から検討することを目的として開催します。上田・小県地域の取組のみならず、飯田や他の地域での自由大学の歴史と価値を確認し、改めて今日の日本社会における意義を、社会教育・成人教育の現状や課題との関連で検討します。

２．主な集会プログラム

◇開会のあいさつ（大槻宏樹）

◇Ⅰ　基調報告

「自由大学一〇〇周年の意義」

　長島伸一氏（長野大学名誉教授）

〔昼の休憩〕

◇Ⅱ　学問の自由と主体形成

　報告者に、柳沢昌一、清水迪夫、林茂伸、古市将樹、渡辺典子、米山光儀、大槻宏樹の各氏が登壇して、それぞれの発表をもとに意見交換を行ないます。途中に小休止を挟みます。

◇閉会のあいさつ（藤田秀雄）

なお、詳細につきましては、集会プログラムをご覧ください。

３．参加方法

　コロナ感染対策のため、申し込み方式とさせていただきます。お申し込み方法は、①氏名、②希望の参加方法（来場／オンライン）、③メールアドレス、④電話番号、を明記の上、上記のグーグルフォームから、もしくはファックス［０３（５２８６）３６２４（村田研究室）］にて、お願いします。オンライン参加希望者には、当日の URL 等をお送りします。

４．上田集会のご案内

　来る２０２２年 11 月 13 日（日）には、長野県上田市で「自由大学運動一〇〇年記念フォーラム」が開催されます。併せて、ご参加ください。参加方法につきましては、現地集会事務局にお問い合わせ願います。

５．東京集会のお問い合わせ先

早稲田大学文学学術院・村田晶子研究室

＊メールアドレス：akikom@waseda.jp

＊電話番号：０３（５２８６）３６２４

5．参加者の感想

（会場参加者）

・スタッフとしてかかわらせていただきました。貴重な機会をありがとうございます。目の前の学生さんとともに、また前に進む力をいただきました。ありがとうございます。（研究者　飯塚哲子）

・不景気で治安も悪い時代に聴講生の農民による自治がある大学があったことに驚いた。さらに明治時代に発布された大学令と平成25年の通達が似ていることに対し、今何故「歴史総合」という教科ができたのかと疑問に思った。（小学3年　小川格）

・大槻先生の冒頭のご挨拶、素晴らしかったです。大隈さんの独立宣言による自由、平等の学びと自由大学とを結びつけ、"共同性"について提起された話が心を打ちました。"自由大学"を核として多くの社会教育関係者が集まっている会に参加できたこと、本当に嬉しく思います。周到な準備をされた関係者の皆様、本当にありがとうございました。（社会教育関係者　小林（新保）敦子）

・自由大学100周年を機に、多様な視点から研究の蓄積の総体を振り返る重厚な学びの機会でした。自由大学の「自由」は自己教育の源流を再認識するとともに、戦後の実践への継承、大学との比較、自由大学の学習とその後の人生など、現代社会の学びを考えるうえで示唆を与えられました。（社会教育関係者　佐藤一子）

・大学の講義ですすめられて参加してみた。自由教育について関心があり、今回の自由大学運動はとても意義があった。私たちのような若者は、自由の多い時代で個性などを求められている。そこで、自己教育はただの孤立ではなく、他や社会との対話から自己を認識することであると分かった。ネット社会に依存しすぎず、友や他者との意見交換を大切にしたいと感じた。（学生　清水敦英）

・満蒙開拓平和記念館を早稲田大学大学院の細金恒男先生のゼミで見学したが、批判的記念としての施設を作る地域性の背景を知ることができた。満蒙…と正反対の開拓として嬬恋村・伊那の過酷な開拓が自由大学の精神とつながっていることを知れてよかった。国やファシズムなどの大きな力に抵抗するための学び、生きている場から労働力を都会に持っていかれないための学びについて考える機会になった。人の"学習する能力"を信じて、根本的に民主主義と学習は対概念、安心してTry and Errerしながら省察できる場が学び合うコミュニティであり、その中で共同で学び合いながら自己と向き合うこと＝自由大学（人は何故学ぶのか）であると確認することができました。私の学生時代は一般教養はパンキョーと呼ばれ、学生は自分の専門ではなく何の役に立つかわからないからこそ、学びたい講座を自分で選んで学ぶという意味で、皆、楽しく学んでいたことを思い出しました。（社会教育関係者　鈴木麻里）

・改めて「教養」が持つ意味について問い直したいと考えさせられた。現在の、そしてこれからの学びに対してどんなことを継承していくことができるのか、いまだに答えを見いだせずにいますが、一層力を入れて追及していきたいと思います。（研究者　関本仁）

・恥ずかしながら自由大学運動について詳しくなかったので、とても興味深く聴講しました。特に長島先生の「自己教育が自己教育で完成することはなく、他との関わりが必要である」という趣旨のお話が印象に残っています。講演の内容を踏まえると、互いに学び合うこの記念集会自体も自由大学の精神を引き継いでいるのではと思いました。今回、自由大学運動とその影響、現在の情勢が理解できた一方で、近世や明治期と成立の背景、自由大学運動の接続が気になりました。（学生　古市祈）

・長島さんの「自己教育」としての自由大学をとらえることの意義、柳沢さんの省察的民主主義という観点から自由大学をとらえなおす意義という自由大学の理念の持つ重要さを指摘した報告から、清水さんの伊那自由大学の研究の紹介、古市さんの自由大学の授業に対する学生の感想から改めて教養とは何か、大学とは何か、学びとは何かを考えさせられる報告、米山さんの勤労青少年教育を通して自由大学の影響を考える報告など、盛りだくさんの報告がありました。自由大学運動から100年、自由大学研究は様々な視点からの研究価値があることが明らかにされた集会であったと感じています。私も歴史研究の立場から自由大学をさらに研究していきたいと思っています。（研究者　山野晴雄）

・今回の集会から学ぶこと多く、用意された方々、報告者に感謝いたします。「学会」では一テーマについてこれほど時間をかけることがない点でも貴重です。今後もこのような機会があればと思います。（研究者　藤田秀雄）

・大変お世話になりましてありがとうございました。最後のまとめにあったように、学会の縛りがなく、いろいろな面からの交流ができたことは大変刺激的でした。いつもと違う人と交流する機会を作ること、本当に大事なことだと実感しました。（研究者　渡辺典子）

・これほど多岐にわたって自由大学運動が研究されているとは驚きでした。またお若い研究者の方々がたくさんいらっしゃることに力強さを感じます。100年前の青年たちの思いが脈々と生きているんですね。私事ですが、母校教育学部が研究の拠点となっていることも嬉しいことです。最後の大槻先生の言葉どおり、ファシズムの前兆が見られる現状を打ち破りたいと思います。自由大学運動101年目です！（上田市民）

・現在も継続している高森自由大学の活動について報告させていただきありがとうございました。（高森自由大学関係者）

・自由大学100周年記念大会を、今、コロナ下、民主主義の危機的な世界状況下に開催した意義はとても大きく、改めて共同で学び合う環境を創造し続ける必要性を実感しました。この学習会も長い年月の研究、学び合いの上に「在る」ことが感慨深いです。ありがとうございました。（社会教育関係者）

・大槻先生の報告に大変感動しました。（研究者）

・教育について、大学について考える機会となりました。ありがとうございました。（研究者）

・「教育」という言葉が大学人系の方々から当然のように使用されていたので「自由大学」との違和感を受けました。（教え、育てるという上から目線？）学習→学問→学研というプロセスの中で学習は知識偏重の受験目的となり、大学ですらも「学問の府」ではなくなりつつあるとすると、社会の中での「学問の場」が必要に感じています。（企業経営者）

・大変有意義な時間となりました。自由大学の発祥の地上田市の教育行政に携わる者に自由大学運動の理念や精神をどのように顕彰していくか模索しておりますので、何かの機会にご助言いただけたらと思います。（上田市教育委員会）

・山本鼎の児童自由画運動が図工教育の原点であること、図工は生産性や効率優先で根はない教育という図工の原点ととらえなおすことができた。

（オンライン参加者）

・自分が思っていた以上に今の教育の形は試行錯誤されてできたものだと知りました。
私は午前中しか視聴できないため、このタイミングで感想記入をして失礼したいと思います。（学生）

・上田で小学校教員をしています。上田で行われた事前学習に２度参加し今回となりました。自由大学を中心とした社会教育と学校教育のつながり、実際につなげている研究や自由大学の理念をどのように受け継いでいけばいいのか、受け継がれているもの・ことに対する評価のあり方、人間を捉えるための多面的な思考の必要性等教育現場にいるものとしてとても示唆に富んだ集会でした。自由大学の理念が今義務教育の中でも子どもたちに必要されていると感じました。自由大学の理念を子どもたちに引き継いでいくために何ができるのか、上田自由大学設立者たちがどのような教育を受けてきたのかについて考えてみたいと思いました。上田市民として誇りに思える嬉しい時間になりました。ありがとうございました。（小学校教員）

・早稲田大学出身ですが、社会教育を仕事で40年近くやってきました．現役時代から社会教育活動やりながら、もう一つの民衆の自己教育運動＝自由大学研究して、日米自由大学比較をはじめていますが、こんご早稲田が音頭をとり、自由大学学会を作ってほしい。早稲田ならできると思います。（社会教育関係者　武田拡明）

・学ぶことの多い、充実した内容でした。現代の実践の紹介、「自由大学」運動から何度も学んでいく意義が、学習運動のあり方、大学のあり方、現代に対する危機意識の中で、提示され、感銘を受けました。企画・準備等、ありがとうございました。(社会教育研究者)

・大変充実した時を過ごすことができました。自由大学運動研究を志している者にとっては、研究史を積み上げてきた先生方や自由大学の意思を受け継ぎ実践を続けている方々が目の前で（正しくは画面の前ですが）ご講演されている姿に深い感銘を受けました。まさに、猪坂直一が語った「直接の教えを受けた」ときの「感激」そのもののように感じました。
現在私は、平成生まれである“わたし”がこの運動をどのように理解し、当時人びとの“学び／教育”、あるいはその背後にある“社会”に向けられた思いをどのように受け止め言葉を紡げば良いのか、巡りにめぐる思考の中で自由大学運動と向き合っています。
本日の集会では、自由大学運動研究における現在地を、さまざまな視点・角度から学ぶことができました。そして、それらの議論から、いま院生として大学に身を置く私にとって、「大学とはなにか」「いまおまえは何をしているのか、学問ないしは社会と真摯に向き合っているのか」と自らが立つ足元をも問われている気持ちになりました。
これら問いを追究するためにも、私は自由大学を学び続けたいと思います。
最後になりますが、100周年記念集会という貴重な節目に立ち会うことができ、大変嬉しく思います。ご報告者の皆さま、企画・運営をして下さった皆さまに心より感謝を申し上げます。本日は誠にありがとうございました。(学生　佐々木七美)

・自由大学運動100年記念集会をオンラインで視聴させて頂きました。私は米山先生が教育史の講義に集会の宣伝にいらっしゃるまで自由大学運動というものについて一切内容を知らず、当日までに長島名誉教授の「自由大学運動の歴史的意義とその限界」(2006) を読んで、なるほどこういう感じのものだったのかと、一応把握してきた程度だったので、ちょっとこういうものを聴くには予備知識が足りなさ過ぎたかもしれませんが、先生たちは皆、分かりやすい講演をして下さっていたと思います。
自由大学は、名前こそキャッチ―で派手だけれど、内実を詳しく見てみると今でいうところのカルチャーセンターやオープンカレッジに近いものだったのかなという感じを個人的には抱きました。一番拍子抜けしたところはやはり一講座三円ないし四円という高額の受講料で、農村の若者でそれだけの金額をぽんと支払えるのはどれだけいるだろうと思いました。土田杏村とかいう人物も、別に金に困っていた訳ではあるまいに、田舎の青年たちからしっかり受講料をせしめてちゃっかりした奴だなという印象です。ほんとうに向学精神に溢れた田舎の若者なら、町で古本でも買って少しずつ読み進めた方がよっぽど安上がりなので、よほどお金が余っていない限りそうするのではないかと思いました。ただ箔をつけるためにわざわざ高いお金を払って有名な先生の講義を聴いて、半可通のままのくせに、なんとなく賢くなったような気になっているなら、自由大学の若者も今の大学生とほとんど変わらないということになるでしょう。とはいえ、私は大正デモクラシーの時代の型破りな行動を起こす若者の話が大好きで、今回のお話も面白く聴きました。先生たちが自由や民主主義を大変重んじていることも伝わってきてよかったです。(学生)

・自由大学という存在や100年という歴史、尽力してきた人達、これからの大学についてなどをわかりやすく解説してもらい、貴重かつ有意義な時間でした。ありがとうございました。(学生)

・自由大学運動を通して、大学のあり方を改めて考えるきっかけをいただきました。（研究者）

・大変充実した内容で、とても勉強になりました。ありがとうございました。（研究者）

・大変有意義な研究集会でした。自由大学運動100周年記念集会東京集会をご企画して下さった皆様、本当にお疲れ様でした。数日前に「“学び直し“したいと思わない社会人が約半数に 内閣府の「生涯学習に関する世論調査」で」と題するネット記事がありました。学び直しをしたくない社会人が多い現在の傾向をどのように捉えたら良いのでしょうか。また、自由大学運動から何を学ぶことができるのか、今後とも考えていきたいと思います。（研究者）

・都合により、午前中のみ参加させていただきました。大学の授業で自由大学について学びましたが、杏村を始めとする様々な人の考えや論文から自由大学についてさらに深く学ぶことができました。しかし、まだまだ自由大学についての知識が私には足りず、難しく感じる部分も多かったため、今日の資料を読み返して理解を深めていきたいと感じました。（学生）

・大学の課題で必要であったため受講したが、普段なかなか触れることのできない「自由大学運動」について、深く理解する機会であったため貴重な経験ができた。当運動から100周年が経過したが、我々はこの出来事を忘れてはいけないと感じた。（学生）

あとがきにかえて

私が自由大学運動の100周年記念集会について最初に話を聞いたのは、2011年11月5日に長野大学で行われた自由大学運動90周年記念集会の時であったと記憶している。90周年記念集会が行われたということは、当然、大きな区切りとなる100周年にも記念集会が行われるであろうと皆が考えていた。

そして、2017年に埼玉大学で行われた第64回日本社会教育学会でラウンドテーブル「自由大学から学ぶこと―自由大学運動100周年に向けて―」が実施され、100周年記念集会は順調に滑り出したかのように思えた。しかし、2020年からの新型コロナウイルス感染症の流行で、集会はきわめて困難な状況になってしまった。いつ収束するかわからない状況が続く中で、さまざまなことが模索されながら、100周年記念集会の準備は進められていった。

結果としては、2022年10月30日に早稲田大学で「自由大学運動100周年記念集会東京集会」が、同年11月13日に上田市で「自由大学運動100年記念フォーラム」が開催され、両集会とも多くの参加者があり、成功裡に終わった。早稲田大学での東京集会は、集会当日の新型コロナウイルス感染症の流行状況がどのようになっているかわからないことから、対面での実行ができなくなる可能性があることを配慮し、リモートでも参加できるようにした。このハイブリット方式は、コロナ禍の中で授業や講演などを行う際に導入され、定着するようになった方式であり、コロナがもたらした新しい方式と言っても過言ではない。100周年集会は、このような新しい方式も取り入れながら、なんとか開催に漕ぎ着けた。集会終了後に「無事にできてよかったね」という言葉が交わされたことが、この集会の困難さを物語っていよう。

このように東京と上田で行われた自由大学運動100周年の集会であったが、手前味噌であるかもしれないが、実施されて本当によかったと思っている。自由大学運動の周年事業は、60周年、90周年、100周年とあったが、それぞれにその意味は異なっていたように感じる。60周年は、自由大学研究の盛り上がりの中、自由大学関係者が一堂に会して行われ、さまざまな証言もなされ、新しい研究に繋がっていった意味があった。90周年は、大きな集会ではなかったが、着実に自由大学研究の深化が感じられる集会であった。それでは、100周年の集会には、どのような意味があったのであろうか。

私は「継承」という意味が大きかったのではないかと考えている。私は2023年度に田園調布学園大学と慶應義塾大学の大学院で授業を持っているが、田園調布学園大学では東京都で中学校・高等学校の教師をしている人が、慶應義塾大学では上田で小学校の教師をしている人が授業に参加している。二人とも、上田の出身であるが、一昨年の段階では自由大学の存在を知らなかった。一昨年にその存在に出会ってからは、二人ともそれについて知る努力をし、100周年集会にも参加し、さまざまなことを考え、そして今年度には私の授業に出席してくれている。彼らに共通していることは、自らの教育実践をベースに教育を問う姿勢を持っていることである。彼らは自由大学を知ることで、改めてさまざまな角度から教育の問い直しを行っている。

自由大学運動が展開した地域の出身で、教育に関心を持っていても、自由大学の存在を知らない人も多い。周年事業が行われたことが契機であっても、その存在が知られることは大きな意義がある。前述の二人は100周年集会の前に、自由大学の存在を知ったのであるが、集会によって学びを深めたことは間違いない。彼らは、今、自由大学の存在を次の世代に伝えることを考えている。東京と上田で行われた100周年記念の集会は、自由大学を次の世代に「継承」する契機になっているように思える。

二つの100周年記念集会が無事に終わり、次の周年事業がいつ行われるかは不明である。上田では毎年のように集会が行われており、必ずしも周年事業として集会が行われなければならないわけではない。自由大学運動について闊達に議論が行われ、そして自由大学が「継承」されていくことが大切なのである。自由大学の何を、どのように「継承」していくかが問題なのであるが、100周年記念集会が行われることによって、自由大学研究の課題も改めて見えてきている。私は「自由大学の発展的継承とは何か」という問題をさらに議論していきたいと考えている。

本書は、自由大学運動100周年記念集会東京集会での報告の記録を中心に、参加者の方々の論文や資料などをあわせて、編集したものである。原稿の取りまとめは、古市将樹さんにしていただき、編集については大槻宏樹先生、村田晶子さん、片岡了さんを中心に作業が進められた。大槻先生には、60周年、90周年、100周年と三度の記念集会を中心になって支えていただいた。大槻先生がいなければ、コロナ禍の困難な状況の中で東京集会を実施することはできなかったと思われる。記して感謝したい。

今後も自由大学研究が発展していくことを願って、本書を閉じたい。

田園調布学園大学教授・慶應義塾大学名誉教授
米山 光儀

編集後記

本書は、2022年10月30日の、5年前から準備を重ねてきた自由大学運動100周年記念東京集会での研究報告と参加者の論考をまとめたものです。

まず、論考を執筆していただきました皆様に厚くお礼申し上げます。

編集後記として、ここに本書の構成について述べた後、若干の感想を記したいと思います。

「Ⅰ　報告」は、東京集会での報告者の論考です。集会当日の配布資料とともに、その後発展させた議論をまとめてくださった論考を掲載しました。

「Ⅱ　論文」は、この集会に参加された方々に論考や感想のお呼びかけしたところ寄せていただいた諸論考を掲載しました。

「Ⅲ　自由大学運動関係基本資料」と「Ⅳ　自由大学運動関連文献目録」は、ともに、後学のために基本資料と文献目録を作成しました。

「Ⅴ　実行委員会記録等」では、2022年の東京集会開催に遡ること5年前から学会の皆さんにも呼び掛けながら研究活動を組織化しましたので、そこを基点として取り組んできた経緯を記録し、当日の参加者の感想を掲載しました。

表紙カバーは、佐々木忠綱氏のノート「哲学史概説」の写しを使い、鈴木晴名さんが大槻宏樹先生と相談しながら作成した東京集会のプログラムデザインを活かして作成しました。

東京集会には、当日会場には登壇者10名の他51名の対面での参加者があり、オンライン上では106名の申し込みをいただきました。

私自身にとって自由大学運動との出会いは、「自己教育とはなにか」を仲間とともに問い、実践を通して思想を形成する営みへと向かう契機になりました。それは、近代学校教育が求める立身出世や他の人との競争の中に身をおき、わが身にのみ利益をもたらす学習とは異質の、おとなの学習を追究することでもありました。ですから、100周年の集会も、単に記念の集まりとしてではなく、その問いを持つ仲間を広げ、繋いでいく営みとしていきたいと考えました。大槻先生をはじめ、自己教育研究会として長く研究仲間としてかかわってきた方たちとの共同研究もとても楽しいものでしたが、さらに、幸いなことに、この集会の開催に協力してくれる文学研究科教育学コースの大学院生が10名近くいました。私自身にとって「自己教育とは何か」の問いを共有していきたい存在でした。そこで、2022年の春学期に大槻先生をお迎えして、自由大学について講義をしていただきました。そこには、「学習／学問の自由とは何か」、「自己教育とはどういうことか」の問いとともに、今日の時代状況をどう読み取るか、国家権力と自由の問題などたくさんの問題提起が含まれていました。大学院生の皆さんもそれらを受けとめつつ、当日の開催の実務を担ってくださいました。今回本書には、その院生たちが事前学習から当日の運営を担うなかで考えたこと、学んだことを寄稿してくれました。刊行後もまた、一緒に読み合っていきたいと思います。

なお、本研究活動は、早稲田大学教育総合研究所の2022年度研究助成「研究課題番号　B－11：　学習の自由と主体の形成　—　自由大学100周年を記念して　—」を得て、自由大学運動100周年に向けて研究会を開き、資料収集等を重ねて準備することができました。また、出版事情が厳しい中株式会社エイデル研究所には本書の刊行をお引き受けいただきました。記してお礼申し上げます。

2023年8月

村田 晶子

■執筆者紹介

大槻宏樹　(早稲田大学名誉教授)
片岡　了　(明治大学講師)
長島伸一　(長野大学名誉教授)
柳沢昌一　(福井大学教授)
清水迪夫　(飯田市歴史研究所市民研究員)
林　茂伸　(あち自由大学運営委員会代表)
古市将樹　(常葉大学准教授)
渡辺典子　(日本女子大学・武蔵野美術大学他講師)
米山光儀　(田園調布学園大学教授・慶應義塾大学名誉教授)
藤田秀雄　(立正大学名誉教授)
岡田知弘　(京都橘大学教授・京都大学名誉教授)
佐藤一子　(東京大学名誉教授)
粟谷真寿美　(飯田市歴史研究所市民研究員)
関本　仁　(川村学園女子大学准教授)
城田美好　(早稲田大学大学院文学研究科博士後期課程１年)
小川和子　(早稲田大学大学院文学研究科修士課程３年)
齋藤柚香　(早稲田大学大学院文学研究科修士課程２年)
鈴木晴名　(早稲田大学大学院文学研究科修士課程２年)
平野叶大　(早稲田大学大学院文学研究科修士課程１年)
古市　祈　(早稲田大学文学部４年)
村田晶子　(早稲田大学教授)

■発起人

新井浩子　(常葉大学専任講師)
飯塚哲子　(東京都立大学准教授)
大槻宏樹　(早稲田大学名誉教授)
片岡　了　(明治大学講師)
齊藤俊江　(飯田市歴史研究所調査研究員)
佐藤泰治　(元新潟県高校教員)
清水迪夫　(飯田市歴史研究所市民研究員)
林　茂伸　(あち自由大学運営委員会代表)
平川景子　(明治大学教授)
藤田秀雄　(立正大学名誉教授)
古市将樹　(常葉大学准教授)
村田晶子　(早稲田大学教授)
柳沢昌一　(福井大学教授)
米山光儀　(田園調布学園大学教授・慶應義塾大学名誉教授)

民衆の感じる痛みに
応えようとして生まれた自由大学

—自由大学運動100周年記念東京集会論叢

2024年3月27日　初刷発行

編　集　新井浩子、飯塚哲子、大槻宏樹、片岡了、平川景子、古市将樹、村田晶子、米山光儀
代　表　大槻宏樹、片岡了、古市将樹、村田晶子、米山光儀

発行者　大塚孝喜
発行所　株式会社エイデル研究所
〒102-0073　東京都千代田区九段北4-1-9
TEL. 03-3234-4641
FAX. 03-3234-4644

印刷所　中央精版印刷株式会社

表紙カバーの画像は、佐々木忠綱氏のノート「哲学史概説」の写しである。

落丁・乱丁本はお取替えいたします。定価はカバーに表示してあります。
ISBN 978-4-87168-711-9　Printed in Japan